JN045626

第二次検定

建築
施工管理技士
実戦セミナー

市ケ谷出版社

ま え が き

建築施工管理技士の制度は，建設業法によって制定されたもので，建築技術者の技術水準を高めることと，合わせて社会的地位の向上を目的としております。建設業に携わっている建築技術者にとって，是非取得したい資格の一つでありますが，合格率をみると，取得することが容易でないことがわかります（本書 p.2 参照）。

1級建築施工管理技士の資格取得には，**第一次検定（旧学科試験）**に合格したうえに，**第二次検定（旧実地試験）**に合格することが必要となります。

本書を手にしている皆様は，すでに第一次検定に合格されているか，合格に手ごたえを感じている方であろうと思われます。

第二次検定は，「**監理技術者として十分な実務経験と専門知識をもち，応力能力を有している**」ことを確認するための試験です。

本書は，実務経験と専門知識を判断される「**施工経験記述**」と「**一般記述**」の書き方を丁寧に指導するとともに，**直近10年間の出題**から，**模範的な解答例**を数多く載せてわかりやすく紹介しております。

「**躯体工事**」・「**仕上工事**」・「**施工管理**」・「**法規**」については，第一次検定の内容が，**記述式**，**穴埋め形式**または**五肢一択式**という形で出題されています。本書の姉妹版である「1級建築施工管理技士 要点テキスト」で要点を再確認し，整理して確実な知識を身につけておいてください。

本書を十分に活用し，万全の準備のもと，「1級建築施工管理技士」の資格を獲得してください。

合格を心より祈念しております。

2023年4月　　　　　　　　　　　　　著者一同

本書の利用のしかた

本書は，第二次検定合格のために，最も重要である「**施工経験記述**」と「**一般記述**」について，出題傾向の分析，記述のポイントの整理のしかた，キーワード等を丁寧に解説しております。

また，直近10年間の出題問題に対して記述例を3～5例示しましたので，皆様にとって，最も書きやすい文例を準備することができると思います。

皆様の中には，これらについては口頭で説明できるようなものであるから，準備不要と思われる方もいらっしゃるかもしれません。しかしながら，文章で記述することと口頭で説明することは違います。論文を書くわけではないので，**平易な文章で，箇条書きできるように，事前準備をしておくことが**一番重要です。

さらに，「躯体工事」・「仕上工事」・「施工管理」・「法規」についても，直近10年間の出題問題に対して，出題傾向を分析し，すべての解答例を示しております。

本書を繰り返し読み，確認していくことで，合格のレベルに達することができると確信しております。

さらなるレベルアップのためには，本書のみならず，姉妹版である「1級建築施工管理技士　要点テキスト」で，上記の要点を整理しておくこともお勧めします。

第二次検定合格のためには，まず事前準備が必要で，万全な事前準備ができていれば，試験会場の特殊な雰囲気にあっても，雰囲気に飲まれることなく，実力を発揮できます。

本書をガイドとして，最後のまとめをスタートしてください。

目　　次

序章

受検のためのガイダンス

　第二次検定には，施工経験記述と一般記述のほか，躯体工事・仕上工事・施工管理・法規に関する問題が出題されます。

　出題形式は，記述式が多いが，令和４年度は五肢一択の形式もありました。施工経験記述については準備が必要ですし，そのほかの問題には施工管理に関する正確な知識が必要です。

1　第二次検定とは

1．第二次検定の目的

「1級建築施工管理技士」になるためには，「1級建築施工管理技術検定試験」の第一次検定（旧学科試験）と第二次検定（旧実地試験）の両方に合格しなければならない。

第二次検定は，監理技術者として，

① 建築一式工事の施工の管理を適確に行うために必要な知識を有すること
② 建築材料の強度等を正確に把握し，及び工事の目的物に所要の強度，外観等を得るために必要な措置を適切に行うことができる応用能力を有すること
③ 設計図書に基づいて，工事現場における施工計画を適切に作成し，及び施工図を適正に作成することができる応用能力を有すること

を判定するための試験として実施される。問題は，記述式，穴埋め形式または五肢一択で出題される。

第二次検定では記述式の解答が多く求められるので，より強固な知識として身につけていないと正答できないことになる。

参考までに，第二次検定（旧実地試験）の受検者数と合格者数および合格率の推移を図1，2に示す。

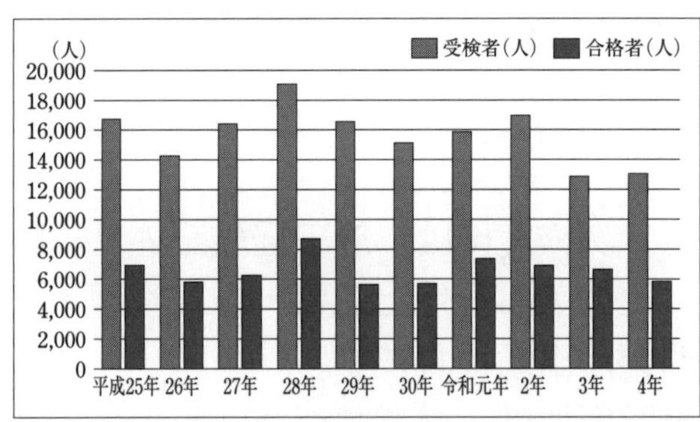

図1　平成25年以降の第二次検定（旧実地試験）の受検者数と合格者数の推移

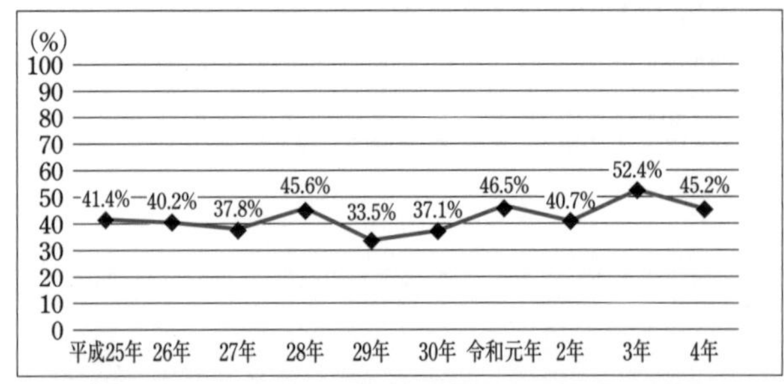

図2　第二次検定（旧実地試験）の合格率の推移

2．試験場

札幌，仙台，東京，新潟，名古屋，大阪，広島，高松，福岡，沖縄の10地区（試験地については，周辺都市も含む）

3．試験時間の配分と合格点

第二次検定は3時間で実施され，経験記述と一般記述のほか，躯体工事・仕上工事・施工管理・法規に関する問題が出題される。日頃から，時間配分を考慮した学習への取り組みが必要である。

合格基準は，第一次検定・第二次検定ともに，得点が60％以上とされているが，試験の実施状況を踏まえて変更することもあるとされている。安全のため，65％以上を目標値におくとよい。

4．技術検定合格証明書交付申請

合格発表日に（一財）建設業振興基金から本人宛に合否の通知が発送される。

国土交通省に技術検定合格証明書の交付申請手続きをした者に，国土交通大臣から「1級技術検定合格証明書」が交付される。

5．受検申込書の提出期間および提出先

受検申込期間は，2月上旬から2月中旬であるが，詳しくは，官報を見るか，（一財）建設業振興基金にて最新の情報を入手するとよい。

また，受検申込書の提出先は，（一財）建設業振興基金である。

一般財団法人　建設業振興基金　試験研修本部

〒105-0001　東京都港区虎ノ門4丁目2番12号　虎ノ門4丁目MTビル2号館
TEL：03-5473-1581　　FAX：03-5473-1592

2　合格までの流れ

令和５年度の場合，第一次検定・第二次検定の受検手続と，試験・合格発表までの流れは，図３に示したようになる。

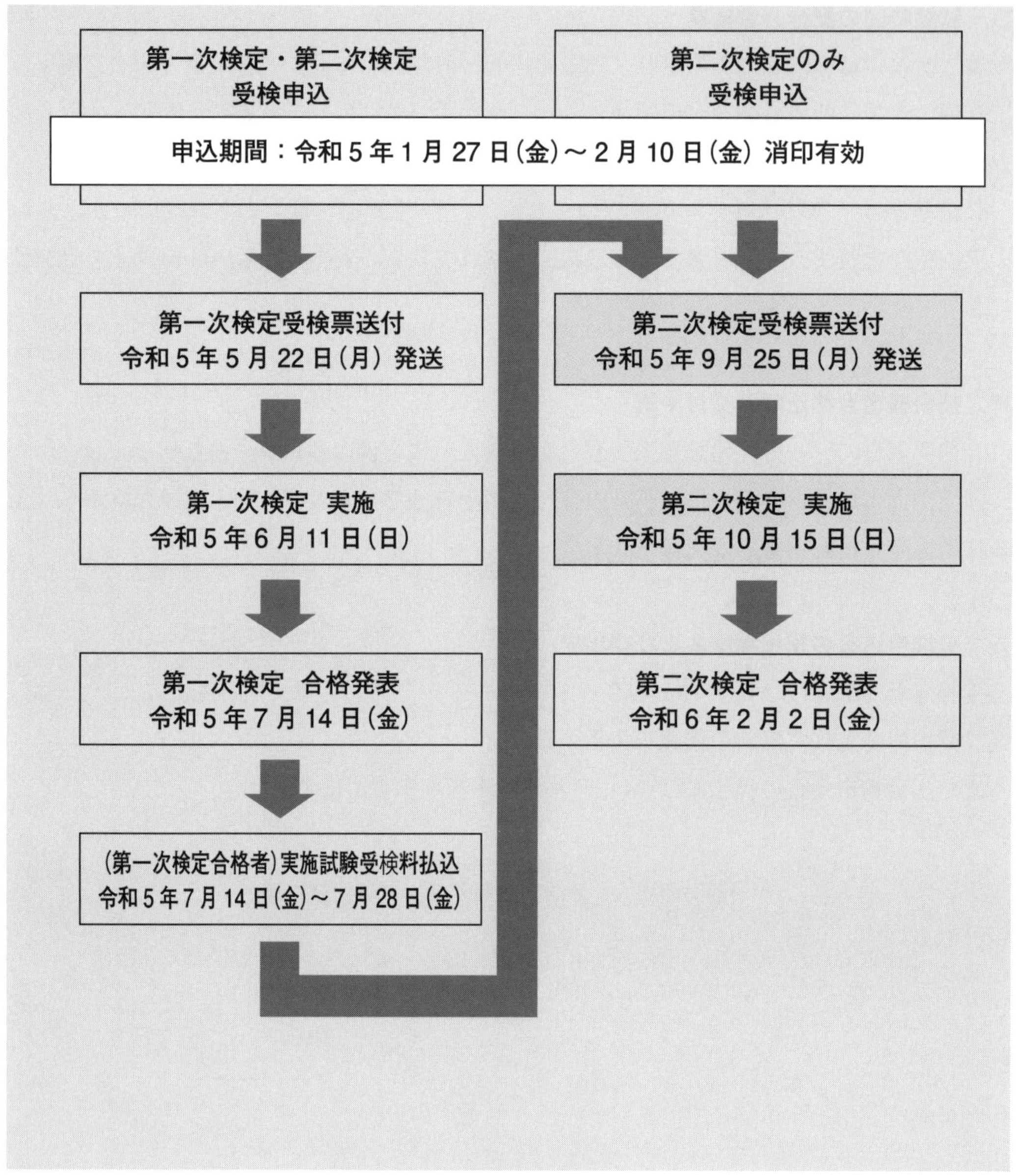

図３　合格までの流れ

3　第二次検定受検資格

1. 受検資格

下記のいずれかに該当する方が受検申込可能である。

①　建築士法による一級建築士試験合格者で，下表の区分イ～ハのいずれかの受検資格を有する者

②　令和４年度１級建築施工管理技術検定第一次検定合格者のうち，下表の区分イ～ハのいずれかの受検資格で受検した者

③　令和４年度１級建築施工管理技術検定第一次検定合格者のうち，下表の区分ニの受検資格で受検した者で，下表の区分イ～ハのいずれかの受検資格を有する者

④　本年度第一次検定の合格者【下表の区分イ～ハの受検資格で受検した者に限る】

表１　受検資格と実務経験年数

<table>
<tr><th rowspan="2">区分</th><th rowspan="2" colspan="2">学歴又は資格</th><th colspan="2">実務経験年数</th></tr>
<tr><th>指定学科</th><th>指定学科以外</th></tr>
<tr><td rowspan="4">イ</td><td colspan="2">大学，専門学校の「高度専門士」</td><td>卒業後３年以上</td><td>卒業後４年６ヶ月以上</td></tr>
<tr><td colspan="2">短期大学，高等専門学校（５年制），
専門学校の「専門士」</td><td>卒業後５年以上</td><td>卒業後７年６ヶ月以上</td></tr>
<tr><td colspan="2">高等学校，中等教育学校（中高一貫校），
専門学校の専門課程</td><td>卒業後 10 年以上
※１，※２</td><td>卒業後 11 年６ヶ月以上
※２</td></tr>
<tr><td colspan="2">その他（学歴問わず）</td><td colspan="2">15 年以上　※２</td></tr>
<tr><td>ロ</td><td colspan="2">二級建築士試験合格者</td><td colspan="2">合格後５年以上</td></tr>
<tr><td rowspan="4">ハ</td><td colspan="2">２級建築施工管理技術検定第二次検定
※合格者（※令和２年度までは実地試験）</td><td colspan="2">合格後５年以上　※１，※２</td></tr>
<tr><td rowspan="3">２級建築施工管理技術検定第二次検定
※合格後，実務経験が５年未満の者
（※令和２年度までは実地試験）</td><td>短期大学
高等専門学校（５年制）
専門学校の「専門士」</td><td>上記イの区分参照</td><td>卒業後９年以上　※２</td></tr>
<tr><td>高等学校
中等教育学校（中高一貫校）
専門学校の専門課程</td><td>卒業後９年以上　※２</td><td>卒業後 10 年６ヶ月以上
※２</td></tr>
<tr><td>その他（学歴問わず）</td><td colspan="2">14 年以上　※２</td></tr>
<tr><td rowspan="2">ニ</td><td colspan="4">【注】　区分ニの受検資格は，第一次検定のみ受検可能です。この区分で受検申請した場合，第一次検定合格後，今年度の第二次検定を受検することができません。</td></tr>
<tr><td colspan="2">２級建築施工管理技術検定第二次検定
※合格者（※令和２年度までは実地試験）</td><td colspan="2">実務経験年数は問わず</td></tr>
</table>

※１ 主任技術者の要件を満たした後，専任の監理技術者の配置が必要な工事に配置され，監理技術者の指導を受けた２年以上の実務経験を有する方は，表中※１印がついている実務経験年数に限り２年短縮が可能です。

※２ 指導監督的実務経験として「専任の主任技術者」を１年以上経験した方は，表中※２印がついている実務経験年数に限り２年短縮が可能です。

2．実務経験

「実務経験」とは，建築工事（建築基準法に基づく建築物等）の施工に直接的に関わる技術上の全ての職務経験をいい，具体的には下記に関するものをいう。

① 受注者（請負人）として施工を管理（工程管理，品質管理，安全管理等を含む）した経験

② 設計者等による工事監理の経験

③ 発注者側における現場監督技術者等としての経験

表２に実務経験として認められる工事種別（業種）・工事内容を，表３に実務経験として認められる従事した立場を示す。また，表４に建築施工管理の実務経験として認められない工事種別（業種）・工事内容・業務等を示す。

表２ 実務経験として認められる工事種別（業種）・工事内容

工事種別	主な工事内容（**建築工事**として実施された工事に限る）
建築一式工事	事務所ビル建築工事，共同住宅建築工事 等
大工工事	大工工事，型枠工事，造作工事 等
とび・土工・コンクリート工事	とび工事，足場仮設工事，囲障工事，（PC，RC，鋼）杭工事，コンクリート工事，地盤改良工事 等
鋼構造物工事	鉄骨工事，屋外広告工事 等
鉄筋工事	鉄筋加工組立工事，ガス圧接工事 等
タイル・レンガ・ブロック工事	コンクリートブロック積み工事，レンガ積み工事，ALC パネル工事，サイディング工事 等
左官工事	左官工事，モルタル工事，吹き付け工事，とぎ出し工事，洗い出し工事
石工事	石積み(張り)工事，エクステリア工事 等
屋根工事	屋根葺き工事 等
板金工事	建築板金工事 等
ガラス工事	ガラス加工取り付け工事 等
塗装工事	塗装工事 等
防水工事	アスファルト防水工事，モルタル防水工事，シーリング工事，塗膜防水工事，シート防水工事，注入防水工事
内装仕上工事	インテリア工事，天井仕上工事，壁張り工事，内部間仕切り壁工事，床仕上工事，畳工事，ふすま工事，家具工事，防音工事 等
建具工事	金属製建具取付工事，金属製カーテンウォール取付工事，サッシ取付工事，シャッター取付工事，木製建具取付工事 等
熱絶縁工事	建築断熱工事 等
解体工事	建築物解体工事
（※）上記工事種別による増改築等の工事は，実務経験と認められます。	

表３ 実務経験として認められる従事した立場

従事した立場	説 明
施工管理	受注者(請負人)の立場で施工を管理(工程管理,品質管理,安全管理等を含む)した経験
設計監理	設計者の立場での工事監理業務の経験
施工監督	発注者側の立場で現場監督技術者等としての工事監理業務の経験

表４　建築施工管理の実務経験として認められない工事種別（業種）・工事内容・業務等

①認められない工事種別・工事内容

建築工事（建築基準法に基づく建築物等）以外は，実務経験として認められません。 認められない工事の代表例は以下のとおりです。	
受検資格を満たす実務経験として認められない工事等	【土木一式工事】 トンネル，橋梁，歩道橋，地下道，鉄道，線路，プラットホーム，ダム，河川，護岸，港湾土木，閘門，水門等門扉設置，道路，舗装，下水道，下水道管埋設，農業用道路，農業用水路，しゅんせつ，造園，さく井　等の工事
	【電気工事】 発電設備，変電設備，送配電設備，構内電気設備，引込線，電車線，信号設備，ネオン装置等の工事
	【電気通信工事】 電気通信線路設備工事，電気通信機械設置工事，放送機械設置工事，放送設備工事，アンテナ設備工事，空中線設備工事，携帯電話設備工事，データ通信設備工事，情報制御設備工事，TV 電波障害防除設備工事，CATV ケーブル工事，コンピューター機器設置工事　等の工事
	【機械器具設置工事】 プラント設備工事，エレベーター設備工事，運搬機器設置工事，集塵機器設置工事，給排気機器設置工事，揚排水（ポンプ場）機器設置工事，ダム用仮設工事，遊技施設設置工事，舞台装置設置工事，サイロ設置工事，立体駐車設備工事　等の工事
	【管工事】 冷暖房設備工事，冷凍冷蔵設備工事，空気調和設備工事，給排水・給湯設備工事，厨房設備工事，衛生設備工事，浄化槽工事，水洗便所設備工事，ガス管配管工事，ダクト工事，管内更生工事，水道施設工事，浄水施設工事，排水処理施設工事，下水処理施設設備工事，ごみ処理施設工事，し尿処理施設工事　等の工事
	【消防施設工事】 屋内消火栓設置工事，スプリンクラー設置工事，水噴霧・泡・不燃ガス・蒸発性液体又は粉末による消火設備工事，屋外消火栓設置工事，動力消防ポンプ設置工事，火災報知設備工事，漏電火災警報器設置工事，非常警報設備工事，金属製避難はしご・救助袋・緩降機・避難橋又は排煙設備の設置工事　等の工事
	【熱絶縁工事】 冷暖房設備・冷凍冷蔵設備・動力設備又は燃料工業，化学工業等の設備の熱絶縁工事
	建築工事として実施されなかった次の工事（土木工事として実施したもの等はすべて不可） とび・土工・コンクリート工事，石工事，タイル・れんが・ブロック工事（築炉等），鋼構造物工事，鉄筋工事，板金工事，ガラス工事，塗装工事（橋梁塗装，鉄塔塗装等），防水工事，（建築物以外の）解体工事

②認められない業務

建築工事の施工に直接的に関わらない以下の業務等は受検資格を満たす実務経験とは認められません。
○工事着工以前における設計者としての基本設計，実施設計のみの業務 ○設計，積算，保守，点検，維持，メンテナンス，事務，営業などの業務 ○測量地盤調査業務，工事現場の事務，積算，営業等の業務 ○工事における雑役務のみの業務，単純な労働作業など ○研究所，教育機関，訓練所等における研究，教育または指導等の業務 ○入社後の研修期間 ○人材派遣による建設業務（土木，建築その他の工作物の建設，改造，保存，修理，変更，破壊もしくは解体の作業またはこれらの準備の作業に直接従事した業務は，労働者派遣事業の適用除外の業務のため不可。ただし，建築工事の施工管理業務は除く）

～その他，建築工事とは認められない工事・業務はすべて受検できません～

4　第二次検定問題（令和４年度の例）

第二次検定は，**施工経験記述が１問，一般記述が３問，記述式で出題される。さらに，躯体工事・仕上工事・施工管理・法規について，それぞれの形式で出題される。**

参考として，令和４年度第二次検定の問題を以下に掲載する。

受検番号	氏　　名

1建二

令和４年度

１級建築施工管理技術検定

第二次検定問題

令和４年10月16日(日)

〔**注　意　事　項**〕

1．ページ数は，表紙を入れて**13ページ**です。

2．試験時間は，**13時から16時**です。

3．解答用紙は，別紙（両面）になっています。

4．試験問題は，**6問題**です。

5．**問題１～問題４**は，**記述式**です。
　解答は，解答用紙の定められた範囲内に，〔HB〕の**黒鉛筆**か**黒シャープペンシル**で記入してください。

6．**問題５～問題６**は，**五肢一択式**です。正解と思う肢の番号を**１つ**選んでください。
　解答の記入にあたっては，次によってください。
　イ．解答は，選んだ番号を右のマーク例に従って，〔HB〕の**黒鉛筆**か**黒シャープペンシル**で塗りつぶしてください。
　ロ．マークを訂正する場合は，消しゴムできれいに消して訂正してください。

マークの塗りつぶし例 ●

7．解答用紙は，雑書きしたり，汚したり，折り曲げたりしないでください。

8．この問題用紙は，計算等に使用しても差し支えありません。

9．漢字に付した**ふりがな**は補足であり，異なる読み方の場合があります。

10．この問題用紙は，試験終了時刻まで在席した場合に限り，持ち帰りを認めます。
　途中退席する場合は，持ち帰りできません。

必ず［注意事項］をよく読むこと。
読み落としのないようにしてください。

問題 1　建設業を取り巻く環境の変化は著しく，労働生産性の向上や担い手の確保に対する取組は，建設現場において日々直面する課題となり，重要度が一層増している。

あなたが経験した**建築工事**のうち，要求された品質を確保したうえで行った**施工の合理化**の中から，労働生産性の向上に繋がる**現場作業の軽減**を図った工事を **1 つ**選び，工事概要を具体的に記入したうえで，次の 1. 及び 2. の問いに答えなさい。

なお，**建築工事**とは，建築基準法に定める建築物に係る工事とし，建築設備工事を除くものとする。

令和 4 年度は施工の合理化に関する経験記述

〔工事概要〕

イ．工　事　名

ロ．工　事　場　所

ハ．工　事　の　内　容　（新築等の場合：建物用途，構造，階数，延べ面積又は施工数量，主な外部仕上げ，主要室の内部仕上げ
改修等の場合：建物用途，建物規模，主な改修内容及び施工数量）

ニ．工　期　等　（工期又は工事に従事した期間を年号又は西暦で年月まで記入）

ホ．あなたの立場

ヘ．あなたの業務内容

1.　工事概要であげた工事において，あなたが実施した**現場作業の軽減**の事例を **3 つ**あげ，次の①から③について具体的に記述しなさい。

ただし，**3 つ**の事例の②及び③はそれぞれ異なる内容を記述するものとする。

①　**工種名等**

②　現場作業の軽減のために**実施した内容**と軽減が必要となった**具体的な理由**

③　②を実施した際に低下が**懸念された品質**と品質を確保するための**施工上の留意事項**

施工の合理化に関する経験記述

2.　工事概要であげた工事にかかわらず，あなたの今日までの建築工事の経験を踏まえて，建設現場での労働者の確保に関して，次の①及び②について具体的に記述しなさい。

ただし，労働者の給与や賃金に関する内容及び 1. の②と同じ内容の記述は不可とする。

①　労働者の確保を困難にしている建設現場が直面している**課題や問題点**

②　①に効果があると考える建設現場での**取組や工夫**

労働者の確保に関する一般記述

問題 2　建築工事における次の 1. から 3. の災害について，施工計画に当たり事前に検討した事項として，災害の発生するおそれのある**状況又は作業内容**と災害を防止するための**対策**を，**それぞれ 2 つ**具体的に記述しなさい。

ただし，解答はそれぞれ異なる内容の記述とする。また，保護帽や要求性能墜落制止用器具の使用，朝礼時の注意喚起，点検や整備などの日常管理，安全衛生管理組織，新規入場者教育，資格や免許に関する記述は除くものとする。

安全管理に関する一般記述

1.　墜落，転落による災害

2.　崩壊，倒壊による災害

3.　移動式クレーンによる災害

問題3　市街地での事務所ビル新築工事において，同一フロアをA，Bの2工区に分けて施工を行うとき，右の内装工事工程表（3階）に関し，次の1．から4．の問いに答えなさい。

工程表は計画時点のもので，検査や設備関係の作業については省略している。

各作業日数と作業内容は工程表及び作業内容表に記載のとおりであり，Aで始まる作業名はA工区の作業を，Bで始まる作業名はB工区の作業を，Cで始まる作業名は両工区を同時に行う作業を示すが，作業A1，B1及び作業A6，B6については作業内容を記載していない。

各作業班は，それぞれ当該作業のみを行い，各作業内容共，A工区の作業が完了してからB工区の作業を行う。また，A工区における作業A2と作業C2以外は，工区内で複数の作業を同時に行わず，各作業は先行する作業が完了してから開始するものとする。

なお，各作業は一般的な手順に従って施工されるものとする。

〔工事概要〕

用　　途：事務所
構造・規模：鉄筋コンクリート造，地上6階，塔屋1階，延べ面積2,800 m²
仕　上　げ：床は，フリーアクセスフロア下地，タイルカーペット仕上げ
　　　　　壁は，軽量鉄骨下地，せっこうボード張り，ビニルクロス仕上げ
　　　　　天井は，システム天井下地，ロックウール化粧吸音板仕上げ
　　　　　A工区の会議室に可動間仕切設置

1.　作業A1，B1及び作業A6，B6の**作業内容**を記述しなさい。

2.　㊕から㊎までの**総所要日数**を記入しなさい。

3.　作業A4の**フリーフロート**を記入しなさい。

4.　次の記述の［　　］に当てはまる**作業名と数値**をそれぞれ記入しなさい。

建具枠納入予定日の前日に，A工区分の納入が遅れることが判明したため，B工区の建具枠取付けを先行し，その後の作業もB工区の作業が完了してからA工区の作業を行うこととした。

なお，変更後のB工区の建具枠取付けの所要日数は2日で，納入の遅れたA工区の建具枠は，B工区の壁せっこうボード張り完了までに取り付けられることが判った。

このとき，当初クリティカルパスではなかった作業［あ］から作業A8までがクリティカルパスとなり，㊕から㊎までの総所要日数は［い］日となる。

内装工事工程表（3階）

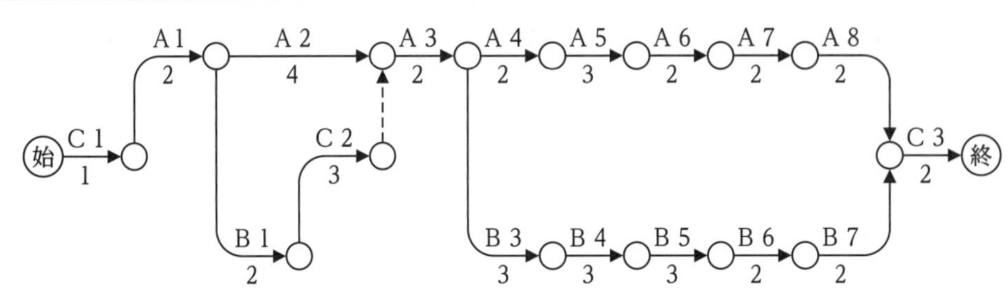

※　凡例 ○—B 1 (2)→○：作業 B 1 の所要日数が 2 日であることを表している。

※　所要日数には，各作業に必要な仮設，資機材運搬を含む。

作業内容表（各作業に必要な仮設，資機材運搬を含む）

作業名	作業内容
C 1	墨出し
A 1，B 1	
A 2	可動間仕切レール取付け（下地共）
C 2	建具枠取付け
A 3，B 3	壁せっこうボード張り
A 4，B 4	システム天井組立て（ロックウール化粧吸音板仕上げを含む）
A 5，B 5	壁ビニルクロス張り
A 6，B 6	
A 7，B 7	タイルカーペット敷設，幅木張付け
A 8	可動間仕切壁取付け
C 3	建具扉吊込み

施工管理については，6年連続でネットワーク工程表に関する問題

検討用

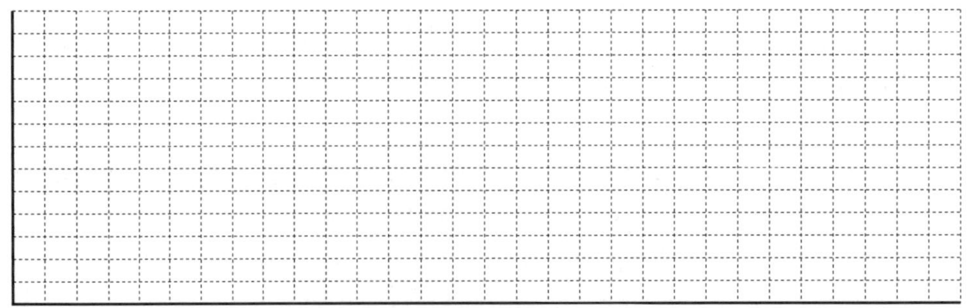

問題4　次の1. から4. の問いに答えなさい。

ただし，解答はそれぞれ異なる内容の記述とし，材料（仕様，品質，運搬，保管等），作業環境（騒音，振動，気象条件等），下地，養生及び作業員の安全に関する記述は除くものとする。

1.　屋根保護防水断熱工法における保護層の平場部の施工上の**留意事項を2つ**，具体的に記述しなさい。

なお，防水層はアスファルト密着工法とし，保護層の仕上げはコンクリート直均し仕上げとする。

2.　木製床下地にフローリングボード又は複合フローリングを釘留め工法で張るときの施工上の**留意事項を2つ**，具体的に記述しなさい。

3.　外壁コンクリート面を外装合成樹脂エマルション系薄付け仕上塗材（外装薄塗材E）仕上げとするときの施工上の**留意事項を2つ**，具体的に記述しなさい。

4.　鉄筋コンクリート造の外壁に鋼製建具を取り付けるときの施工上の**留意事項を2つ**，具体的に記述しなさい。

仕上工事については完全記述式で出題

問題5 次の1. から8. の各記述において，［　］に**当てはまる最も適当な語句又は数値の組合せ**を，下の枠内から**1つ**選びなさい。

1. 地盤の平板載荷試験は，地盤の変形及び支持力特性を調べるための試験である。
試験は，直径［ a ］cm以上の円形の鋼板にジャッキにより垂直荷重を与え，載荷圧力，載荷時間，［ b ］を測定する。
また，試験結果により求められる支持力特性は，載荷板直径の1.5～［ c ］倍程度の深さの地盤が対象となる。

	a	b	c
①	30	載荷係数	2.0
②	30	沈下量	2.0
③	20	載荷係数	3.0
④	20	沈下量	3.0
⑤	30	沈下量	3.0

2. 根切りにおいて，床付け面を乱さないため，機械式掘削では，通常床付け面上30～50 cmの土を残して，残りを手掘りとするか，ショベルの刃を［ a ］のものに替えて掘削する。
床付け面を乱してしまった場合は，礫や砂質土であれば［ b ］で締め固め，粘性土の場合は，良質土に置換するか，セメントや石灰等による地盤改良を行う。
また，杭間地盤の掘り過ぎや掻き乱しは，杭の［ c ］抵抗力に悪影響を与えるので行ってはならない。

	a	b	c
①	平　状	水締め	水　平
②	爪　状	水締め	鉛　直
③	平　状	転　圧	水　平
④	爪　状	転　圧	水　平
⑤	平　状	転　圧	鉛　直

3.　場所打ちコンクリート杭地業のオールケーシング工法において，地表面下 [a] m 程度までのケーシングチューブの初期の圧入精度によって以後の掘削の鉛直精度が決定される。

掘削は [b] を用いて行い，一次スライム処理は，孔内水が多い場合には，[c] を用いて処理し，コンクリート打込み直前までに沈殿物が多い場合には，二次スライム処理を行う。

	a	b	c
①	10	ハンマーグラブ	沈殿バケット
②	5	ハンマーグラブ	沈殿バケット
③	5	ドリリングバケット	底ざらいバケット
④	10	ドリリングバケット	沈殿バケット
⑤	5	ハンマーグラブ	底ざらいバケット

4.　鉄筋のガス圧接を手動で行う場合，突き合わせた鉄筋の圧接端面間の隙間は [a] mm 以下で，偏心，曲がりのないことを確認し，還元炎で圧接端面間の隙間が完全に閉じるまで加圧しながら加熱する。

圧接端面間の隙間が完全に閉じた後，鉄筋の軸方向に適切な圧力を加えながら，[b] により鉄筋の表面と中心部の温度差がなくなるように十分加熱する。

このときの加熱範囲は，圧接面を中心に鉄筋径の [c] 倍程度とする。

	a	b	c
①	2	酸化炎	3
②	2	酸化炎	2
③	2	中性炎	2
④	5	中性炎	2
⑤	5	酸化炎	3

5. 型枠に作用するコンクリートの側圧に影響する要因として，コンクリートの打込み速さ，比重，打込み高さ及び柱，壁などの部位の影響等があり，打込み速さが速ければコンクリートヘッドが [a] なって，最大側圧が大となる。

また，せき板材質の透水性又は漏水性が [b] と最大側圧は小となり，打ち込んだコンクリートと型枠表面との摩擦係数が [c] ほど，液体圧に近くなり最大側圧は大となる。

	a	b	c
①	大きく	大きい	大きい
②	小さく	小さい	大きい
③	大きく	小さい	大きい
④	小さく	大きい	小さい
⑤	大きく	大きい	小さい

6. 型枠組立てに当たって，締付け時に丸セパレーターのせき板に対する傾きが大きくなると丸セパレーターの [a] 強度が大幅に低下するので，できるだけ垂直に近くなるように取り付ける。

締付け金物は，締付け不足でも締付け過ぎでも不具合が生じるので，適正に使用することが重要である。締付け金物を締め過ぎると，せき板が [b] に変形する。

締付け金物の締付け過ぎへの対策として，内端太（縦端太）を締付けボルトとできるだけ [c] 等の方法がある。

	a	b	c
①	破断	内側	近接させる
②	圧縮	外側	近接させる
③	破断	外側	近接させる
④	破断	内側	離す
⑤	圧縮	外側	離す

7.　コンクリート工事において，暑中コンクリートでは，レディーミクストコンクリートの荷卸し時のコンクリート温度は，原則として [a] ℃以下とし，コンクリートの練混ぜから打込み終了までの時間は，[b] 分以内とする。

打込み後の養生は，特に水分の急激な発散及び日射による温度上昇を防ぐよう，コンクリート表面への散水により常に湿潤に保つ。

湿潤養生の開始時期は，コンクリート上面ではブリーディング水が消失した時点，せき板に接する面では脱型 [c] とする。

	a	b	c
①	30	90	直　後
②	35	120	直　前
③	35	90	直　後
④	30	90	直　前
⑤	30	120	直　後

8.　鉄骨工事におけるスタッド溶接後の仕上がり高さ及び傾きの検査は，[a] 本又は主要部材１本若しくは１台に溶接した本数のいずれか少ないほうを１ロットとし，１ロットにつき１本行う。

検査する１本をサンプリングする場合，１ロットの中から全体より長いかあるいは短そうなもの，又は傾きの大きそうなものを選択する。

なお，スタッドが傾いている場合の仕上がり高さは，軸の中心でその軸長を測定する。

検査の合否の判定は限界許容差により，スタッド溶接後の仕上がり高さは指定された寸法の± [b] mm 以内，かつ，スタッド溶接後の傾きは [c] 度以内を適合とし，検査したスタッドが適合の場合は，そのロットを合格とする。

	a	b	c
①	150	2	5
②	150	3	15
③	100	2	15
④	100	2	5
⑤	100	3	5

躯体工事については適当な語句または数値を選ぶ五肢一択の形式で出題

問題6　次の1. から3. の各法文において，[　　]に当てはまる**正しい語句又は数値**を，下の該当する枠内から**1つ**選びなさい。

1.　建設業法　（特定建設業者の下請代金の支払期日等）

第24条の6　特定建設業者が[①]となった下請契約（下請契約における請負人が特定建設業者又は資本金額が政令で定める金額以上の法人であるものを除く。以下この条において同じ。）における下請代金の支払期日は，第24条の4第2項の申出の日（同項ただし書の場合にあっては，その一定の日。以下この条において同じ。）から起算して[②]日を経過する日以前において，かつ，できる限り短い期間内において定められなければならない。

2　（略）

3　（略）

4　（略）

①	①注文者	②発注者	③依頼者	④事業者	⑤受注者

②	①20	②30	③40	④50	⑤60

2.　建築基準法施行令　（落下物に対する防護）

第136条の5　（略）

2　建築工事等を行なう場合において，建築のための工事をする部分が工事現場の境界線から水平距離が[③]m以内で，かつ，地盤面から高さが[④]m以上にあるとき，その他はつり，除却，外壁の修繕等に伴う落下物によって工事現場の周辺に危害を生ずるおそれがあるときは，国土交通大臣の定める基準に従って，工事現場の周囲その他危害防止上必要な部分を鉄網又は帆布でおおう等落下物による危害を防止するための措置を講じなければならない。

③	①3	②4	③5	④6	⑤7

④	①3	②4	③5	④6	⑤7

3. 労働安全衛生法　（元方事業者の講ずべき措置等）

第 29 条の 2　建設業に属する事業の元方事業者は，土砂等が崩壊するおそれのある場所，機械等が転倒するおそれのある場所その他の厚生労働省令で定める場所において関係請負人の労働者が当該事業の仕事の作業を行うときは，当該関係請負人が講ずべき当該場所に係る［ ⑤ ］を防止するための措置が適正に講ぜられるように，［ ⑥ ］上の指導その他の必要な措置を講じなければならない。

⑤	①破　損	②損　壊	③危　険	④労働災害	⑤事　故

⑥	①教　育	②技　術	③施　工	④作　業	⑤安　全

法規は穴埋め部分を五肢一択

※　解答用紙は別にあります。

1．施工経験記述

施工経験記述は，受検者が経験した建築工事について，工事名，工事の内容，施工管理上の受検者の立場の記述を求めるものである。具体的な現場状況と特に留意した技術的課題，その技術的課題を解決するために検討した項目と検討理由および検討内容，その技術的課題に対して現場で実施した対応処置を記述させる試験である。

出題される管理項目は，**品質管理**，**施工の合理化**，**建設副産物対策**のいずれかである。最近10年間の出題項目を分析した結果を，表5に示す。

表5 経験記述出題項目の分析

年 度	R4年	R3年	R2年	R元年	H30年	H29年	H28年	H27年	H26年	H25年
品質管理		○		○			○		○	
施工の合理化	○		○			○				○
建設副産物対策					○			○		

※R：令和，H：平成

2．一般記述

一般記述は，3問出題される。

出題項目は，安全管理，仮設計画に限られるので，ねらいをしぼって学習する。最近10年間の出題項目を，表6に示す。

表6 一般記述出題項目の分析

年 度	R4年	R3年	R2年	R元年	H30年	H29年	H28年	H27年	H26年	H25年
安全管理	○		○		○		○		○	
仮設計画		○		○		○		○		○

※R：令和，H：平成

3．躯体工事

躯体工事は隔年ごとに「完全記述形式」と「誤った語句を摘出し，適当な語句を記入する形式」で出題されていたが，令和4年度は，「適当な語句又は数値の組合せを五肢一択する形式」で出題された。

出題項目は，多岐にわたる。第一次検定の復習をするつもりで学習したい。最近10年間の出題項目を表7に示す。

表7 躯体工事出題項目の分析

年 度	R4年	R3年	R2年	R元年	H30年	H29年	H28年	H27年	H26年	H25年
地盤調査	○				○					
仮設工事			○				○		○	
土工事	○		○	○	○		○		○	
地業工事	○	○	○		○	○	○	○	○	○
型枠工事	○○	○	○○		○		○	○	○	○
鉄筋工事	○		○	○	○○	○	○		○	○
コンクリート工事	○	○		○	○	○	○	○	○○	
鉄骨工事	○	○	○○	○	○	○	○○	○	○	○
建設機械										

※R：令和，H：平成

4．仕上工事

仕上工事は，躯体工事同様，隔年ごとに「完全記述形式」と「誤った語句を摘出し，適当な語句を記入する形式」で出題されていたが，令和４年度は，「完全記述式」で出題された。出題項目は，多岐にわたる。第一次検定の復習をするつもりで学習したい。直近10年間の出題項目を表８に示す。

表８　仕上工事出題項目の分析

年　度	R4年	R3年	R2年	R元年	H30年	H29年	H28年	H27年	H26年	H25年
防水工事	○	○		○	○	○	○	○		○
シーリング工事										
タイル工事		○	○	○	○	○	○	○		○
屋根・樋工事		○	○	○		○		○	○	
木工事										○
金属工事				○	○	○		○		
左官工事				○		○		○		
建具工事	○			○		○		○		
ガラス工事										○
塗装工事	○	○			○	○		○	○	○
内装工事	○	○○	○○	○○		○	○○	○	○○	○○
押出成形セメント板										○
補修		○								
外装工事		○								

※R：令和，H：平成

5．施工管理

施工管理は，16年連続で**バーチャート工程表**に関する問題が出題されていたが，平成29年から６年連続**ネットワーク工程表**に関する問題が出題されている。過去問を中心に，工程管理について学習したい。直近10年間の出題項目を表９に示す。

表９　施工管理出題項目の分析

年　度	R4年	R3年	R2年	R元年	H30年	H29年	H28年	H27年	H26年	H25年
バーチャート工程表							○	○	○	○
ネットワーク工程表	○	○	○	○	○	○				

※R：令和，H：平成

6．法　規

法規は，建設業法・労働安全衛生法・建築基準法などから穴埋め問題が出題されていたが，令和４年度は，穴埋め部分を五肢一択する形式で出題された。

平成24年と平成21年は，請負関係図から建設業法上の施工体制台帳の作成等及び技術者の設置に関する問題も出題されている。建設業法を中心に学習する。直近10年間の出題項目を，表10に示す。

表10　法規出題項目の分析

年　度	R4年	R3年	R2年	R元年	H30年	H29年	H28年	H27年	H26年	H25年
建設業法	○	○	○	○	○	○	○	○	○	○
労働安全衛生法	○	○	○	○	○	○	○	○	○	○
建築基準法	○	○	○	○	○	○	○	○	○	○

※R：令和，H：平成

第1章

施工経験記述の書き方

施工経験記述の目的は，次のとおりです。

・実際の施工経験や指導的監督実務の経験から，求められている事項に対して，**経験，技術，知識，そして表現力** が問われます。

1・1　施工経験記述の概要

1．出題傾向

近年，出題されている施工経験記述の設問を大別すると，「品質管理」，「施工の合理化」，「建設副産物対策」の3つに分類される。直近10年間の出題傾向は，下表のとおりである。

項目＼年度	令和4年	令和3年	令和2年	令和元年	平成30年	平成29年	平成28年	平成27年	平成26年	平成25年
品質管理		○		○			○		○	
施工の合理化	○		○			○				○
建設副産物対策					○			○		

2．記述のポイント

① 建築工事の施工管理技術者として，十分な現場施工管理経験と有資格者としての知識，能力を持ち，現場で適切な施工を指導監督できる技術者であるかを判断される。

② 施工経験記述は，第二次検定において必ず出題される必須問題であり，配点および重要度は高いと考えられる。

③ 設問に対して，自分自身の経験を基に実施してきたことを簡潔に記述することが求められる。現在工事中，過去の失敗例などの記述は避ける。

④ できる限り，丁寧に読みやすい字を書く。文字の濃さにも注意。薄すぎて読み難くならないように，句読点を入れて読みやすくなるように心がける。箇条書きにすることで読みやすくなることもある。

⑤ 限られた解答欄（スペース）いっぱいまで書けるように心がける。

⑥ 誤字，脱字，当て字のない文字で，専門用語をできる限り使用して書く。

⑦ 日本国内で竣工している工事，最近（約5年間）の事例について，記述する。

⑧ 計画，検討，予定の表現ではなく，実行，実施した表現とする。

経験したことを「デミングサークル（P・D・C・A）」で整理すると記述しやすくなる。

Plan（計画）→ Do（実施・実行）→ Check（点検・評価）→ Act（処置・改善）

⑨ 特殊なケース，会社内やその現場だけの言葉は避ける。採点者に伝わらず，採点されないおそれがあるためである。

⑩ いままで経験してきた工事を振り返り，経験した2～3の工事について，近年出題されている施工経験記述の設問に対して，必ず事前に整理，まとめを行う。（表1･1参照）。

表1・1　ポイント整理リスト

工事名称	＊固有名詞などがあり，工事の正式名称を記入しましょう。	
立　場	＊指導監督的立場であることが望ましい。	
項　目	**取り組んだこと**	
品質管理	1	＊例えば，躯体工事で…
	2	＊例えば，仕上工事で…
	3	＊例えば，工事全体で…
施工の合理化	1	＊例えば，仮設工事，土工事，地業工事で…
	2	＊例えば，躯体工事，仕上工事で…
	3	＊例えば，工事全体で…
建設副産物対策	1	＊例えば，発生抑制で…
	2	＊例えば，再使用，再生利用で…
	3	＊例えば，熱回収，適正処分で…

3．工事概要の書き方

工事概要を記載する際の留意事項は，次のとおりである。

[工 事 概 要]

・解体工事など建築工事以外の工事，かつ海外の工事は一般的ではないと判断されるおそれがあるため，できるだけ記載しない。
・特殊なケースはできるだけ避けて，一般的に行われている記述とする。
・施工中の工事は，結果が出ていないため，完了した工事のことについて記載する。
・是正工事や失敗からの対応については記述しない。
・設計上の問題と解釈されるおそれがあるものは避ける。
・記述は，簡潔に，定められたスペース内に納まるように書く。
・誤字・脱字・当て字に注意する。
・できるだけ専門用語を使用し，各々の現場でしか通用しない用語や，一般的でない表現は使用しない。

イ．工　事　名

建築工事名には，必ず，○○ビルや△△工場のような建物名称がわかる固有名詞に加え，新築工事や改修工事というように工事内容がわかる表現で記述すること。

(例)　○○○○ビル新築工事，○○○○マンション新築工事
　△△△△工場改修工事

ロ．工 事 場 所

都道府県名，市町村名，丁目，番地，号まで記載する。工場地帯や指定地域などの場合は，○○地域内でもよい。

ハ．工事の内容

• 建物用途

(例)　事務所／百貨店／共同住宅／劇場・集会場／学校／病院／工場　など

• 構　造

(例)　鉄骨鉄筋コンクリート造／鉄筋コンクリート造／鉄骨造／地下 RC 造，地上階 SRC 造／CFT 造　など

• 建物規模

規模は，高さと面積がわかるよう，**階数と建築面積・延床面積を記載**する。

(例)　階数：地下○階，地上○階，建築面積：○○○m²，延床面積：○,○○○m²

• 主な外装工事／主要室の内装工事

床・幅木・腰壁・壁・天井・屋上・外装**などの仕様を記載**する。

（例）　外装工事：金属カーテンウォール，45 二丁掛けタイル　など
　　　　内装工事：床　フリーアクセスフロア，フローリング
　　　　　　　　　壁　ビニルクロス張り，合成樹脂エマルション系薄付け仕上塗材
　　　　　　　　　天井　ビニルクロス張り，ロックウール化粧吸音板貼り　など

ニ．工　　期

令和○○年○○月～令和○○年○○月　というように年月まで記載する。西暦で表記してもよい。

（例）　令和3年3月～令和4年12月
　　　　2020年4月～2021年10月

ホ．あなたの立場

1級建築施工管理技士として，現場において監督的・指導的な立場にあることが必要で，現場代理人，工事主任，主任技術者，作業所所長，工事長，総括所長などの立場を記載する。なお，「監督員」という表現は，施主または設計者の立場での監理であり，施工者側で管理する場合には，使用しない。

ヘ．あなたの業務内容

＊平成17年度以降，項目としてなくなったが令和3年度より再度，項目となった。工事現場における指導監督の内容を簡潔に記入する。

（例）：施工管理全般，工事管理全般，工事総合管理，施工・安全管理全般，品質管理，原価管理，工程管理，安全管理，環境管理，○○工事担当，各種申請書・届出書類作成　など

ト．工事概要の記述例

経験した工事について，必ず事前に整理，まとめを行うこと（表1・2　参照）。

表1・2　工事概要

イ．工　事　名：	
ロ．工事場所：	
ハ．工事の内容：	
ニ．工　　期：	年　　月　～　　年　　月
ホ．あなたの立場：	
ヘ．あなたの業務内容：	

記述
施工経験

記述例-1：新築工事

イ．工　事　名：〇〇〇マンション新築工事

ロ．工事場所：東京都〇〇区〇〇　〇丁目〇番地

ハ．工事の内容：共同住宅，鉄筋コンクリート造，地上７階，建築面積 596 m²，延床面積 3,476 m²

外装：45 角二丁掛けタイル張り，内装：ビニールクロス張り，フローリング　屋上：アスファルト防水押えコンクリート

ニ．工　　期：2019 年１月　～　2020 年３月

ホ．あなたの立場：工事主任

ヘ．あなたの業務内容：工事全般（仮設工事，躯体工事，仕上工事）

記述例-2：新築工事

イ．工　事　名：〇〇〇ビル新築工事

ロ．工事場所：神奈川県〇〇市〇〇町　〇丁目〇番地

ハ．工事の内容：事務所，鉄骨造，地下１階，地上４階，建築面積 1,150 m²，延べ面積　4,783m²

外装：PC 板の上 タイル・石打込み貼り，内装：クロス張り，OA フロアー，長尺シート

ニ．工　　期：2020 年３月　～　2021 年３月

ホ．あなたの立場：現場代理人

ヘ．あなたの業務内容：施工管理全般

記述例-3：新築工事

イ．工　事　名：〇〇〇学園　新〇号館新築工事

ロ．工事場所：東京都〇〇〇市〇〇町　〇丁目〇番地

ハ．工事の内容：学校，鉄筋コンクリート造，地上８階，建築面積 1,050 m²，延床面積 4,380 m²

外装：小口タイル張り，内装：ビニールクロス張り，ビニール床タイル，OA フロアー

ニ．工　　期：2019 年 11 月　～　2021 年２月

ホ．あなたの立場：現場代理人

ヘ．あなたの業務内容：工事管理全般

記述例-4：新築工事

イ．工　事　名：　○○○ショッピングセンター新築工事

ロ．工事場所：　福岡県○○○市○○町　○丁目○番地

ハ．工事の内容：　商業施設，鉄骨造，地上3階，塔屋1階，建築面積 25,130 m²，
延床面積 59,715 m²
外装：ALC 張り，吹付タイル　内装：ビニールクロス張り，
PB 上塗装，ビニール床タイル

ニ．工　　期：　2019 年 12 月　～　2020 年 11 月

ホ．あなたの立場：　工事主任

ヘ．あなたの業務内容：　施工・安全管理全般

記述例-5：改修工事

イ．工　事　名：　○○○ビル改修工事

ロ．工事場所：　東京都○○区○○　○丁目○番地

ハ．工事の内容：　事務所ビル，鉄筋コンクリート造　10 階，延床面積 3,850 m²，
屋上アスファルト防水 390 m²，外装シーリング　4,090 m
改修他

ニ．工　　期：　2020 年 11 月　～　2021 年 2 月

ホ．あなたの立場：　現場代理人

ヘ．あなたの業務内容：　工事総合管理

1・2 直近 10 年間の施工経験記述の出題内容

直近 10 年間に出題されたテーマおよび内容は，次のとおりである。

年度	出題テーマ	出　題　内　容
令和４年度	施工の合理化	1．あなたが実施した**現場作業の軽減**の事例を**３つ**あげ，次の①から③について具体的に記述しなさい。 ただし，**３つ**の事例の②及び③はそれぞれ異なる内容を記述するものとする。 ①　**工種名等** ②　**実施した内容**と軽減が必要となった**具体的な理由** ③　**懸念された品質**と品質を確保するための**施工上の留意事項** 2．建設現場での労働者の確保に関して，次の①及び②について具体的に記述しなさい。 ①　建設現場が直面している**課題や問題点** ②　①に効果があると考える建設現場での**取組や工夫**
令和３年度	品質管理	1．あなたが現場で重点をおいて実施した**品質管理**の事例を**２つ**あげ，次の①から④について具体的に記述しなさい。 ただし，**２つ**の事例の②から④は，それぞれ異なる内容を記述するものとする。 ①　**工種名** ②　施工に当たっての**品質の目標**及びそれを達成するために定めた**重点品質管理項目** ③　②の重点品質管理項目を**定めた理由**及び発生を予測した**欠陥又は不具合** ④　②の重点品質管理項目について，**実施した内容**及びその**確認方法又は検査方法** 2．あなたの今日までの工事経験を踏まえて，現場で行う**組織的な品質管理活動**について，次の①，②を具体的に記述しなさい。 ①　品質管理活動の**内容**及びそれを協力会社等に伝達する**手段又は方法** ②　品質管理活動によってもたらされる**良い影響**
令和２年度	施工の合理化	1．あなたが実施した現場における労務工数の軽減，工程の短縮などの**施工の合理化**の事例を**２つ**あげ，次の①から④について記述しなさい。 ただし，２つの事例の②から④は，それぞれ異なる内容を具体的に記述するものとする。 ①　工種又は部位等 ②　実施した**内容**と品質確保のための**留意事項** ③　実施した内容が**施工の合理化となる理由** ④　③の施工の合理化以外に得られた**副次的効果**

年度	出題テーマ	出　題　内　容
令和2年度	施工の合理化	2．あなたの今日までの工事経験に照らして，施工の合理化の取組みのうち，品質を確保しながらコスト削減を行った事例を**2つ**あげ，①工種又は部位等，②施工の**合理化の内容**とコスト削減できた**理由**について具体的に記述しなさい。
令和元年度	品質管理	1．あなたが重点的に**品質管理**を実施した事例を2つあげ，次の①から③について具体的に記述しなさい。 　ただし，2つの事例の**工種名**は同じでもよいが，他はそれぞれ異なる内容の記述とする。 ①　**工種名，要求された品質**及びその品質を実現させるために設定した**品質管理項目** ②　①の品質管理項目を**設定した理由** ③　①の品質管理項目について，**実施した内容及び留意した内容** 2．工事経験に照らして，次の①，②について具体的に記述しなさい。 ①　作業所において，組織的な品質管理を行うための**方法や手段** ②　①の方法や手段で組織的な品質管理を行うことによって得られる**効果**
平成30年度	建設副産物対策	1．実施した**建設副産物対策**に係る**3つ**の事例をあげ，それぞれの事例について，次の①から④を具体的に記述しなさい。 　ただし，3つの事例の③及び④はそれぞれ異なる内容の記述とする。 　なお，ここでいう①建設副産物対策は，**発生抑制**，**再使用**又は**再生利用**とし，重複して選択してもよい。 ①　建設副産物対策（該当するものを1つ○で囲むこと。） ②　工種名等 ③　対策として**実施したこと**と実施に当たっての**留意事項** ④　実施したことによって得られた**副次的効果** 2．建設廃棄物の**適正な処理**の事例を**2つ**あげ，対策として**実施したこと**と，それらを適切に実施するための**留意事項**を具体的に記述しなさい。
平成29年度	施工の合理化	1．品質を確保した上での**施工の合理化**の事例，それぞれ**2つ** ①　工種又は部位等 ②　施工の合理化が必要となった原因と実施した内容 ③　実施する際に確保しようとした品質と留意事項 ④　実施したことにより施工の合理化ができたと考えられる理由 2．品質を確保したうえで行う施工の合理化の方法であって，**建設資材廃棄物の発生抑制**に効果があると考えられるものについて ①　施工方法 ②　そう考える理由

年度	出題テーマ	出　題　内　容
平成 28 年度	品質管理	1．**品質管理活動**の事例を**２つ**あげ，次の①から③についてそれぞれ記述しなさい。ただし，２つの品質管理活動は，それぞれ異なる内容の記述とすること。 ①　発注者や設計図書等により**要求された品質**及びその品質を満足させるために特に設定した**品質管理項目**を，**工種名**をあげて具体的に記述しなさい。 ②　①で設定した品質管理項目について**取り上げた理由**を具体的に記述しなさい。 ③　①で設定した品質管理項目をどのように管理したか，その**実施した内容**を具体的に記述しなさい。 2．品質管理目標，品質管理項目及び活動内容を協力業者等に，**周知するため**及びそれらに基いて施工されていることを**確認するため**の**方法・手段**を具体的に記述しなさい。
平成 27 年度	建設副産物対策	1．計画し実施した建設副産物対策のうちから**発生抑制**について**２つ**，**再生利用**について**１つ**あげ，次の①から③の事項についてそれぞれ具体的に記述しなさい。ただし，②の「計画・実施した内容」はそれぞれ異なる内容の記述とする。 ①　工種名 ②　計画・実施した内容 ③　結果と波及効果 2．現場で分別された産業廃棄物の**適正処分**にあたっての**留意事項を２つ**，産業廃棄物をあげて具体的に記述しなさい。
平成 26 年度	品質管理	1．設計図書などから読み取った要求品質を実現するために行った**品質管理活動**を**２つ**あげ，次の①から③について具体的に記述しなさい。ただし，２つの品質管理活動の内容は，異なる記述とする。 ①　設計図書などから読み取った**要求品質**とそれを実現するために定めた**重点品質管理目標** ②　①の重点品質管理目標を達成するために設定した，施工プロセスにおける**品質管理項目**とそれを**定めた理由** ③　②の品質管理項目について，どのように管理したか，**実施した内容** 2．工事経験を踏まえて ①　作業所における組織的な品質管理活動は，どのように行ったら良いと思うか ②　組織的な品質管理活動を行うことにより，どのような効果が得られるか
平成 25 年度	施工の合理化	1．品質を確保した上での**施工の合理化**の事例，それぞれ**２つ** ①　工種又は部位等 ②　合理化を行った目的と実施した内容 ③　実施した内容が合理化に結び付く理由 ④　実施した内容が品質を確保できる理由 2．施工の合理化で，建設資材廃棄物の縮減に効果があると考えられる**施工方法**と，それが**効果的であると考える理由**

1・3　直近10年間の施工経験記述問題と記述例

直近10年間の問題を「**品質管理**」,「**施工の合理化**」,「**建設副産物対策**」の3つに分類した。

1. 品質管理　＜出題：令和3，元，平成28，26年度＞

令和3年度

【解答欄】

［工事概要］　省略　p. 26～29を参照。

1.

(1)	①	工種名	
	②	品質の目標及び重点品質管理項目	
	③	定めた理由及び欠陥又は不具合	
	④	実施した内容及び確認方法又は検査方法	
(2)	①	工種名	
	②	品質の目標及び重点品質管理項目	
	③	定めた理由及び欠陥又は不具合	
	④	実施した内容及び確認方法又は検査方法	

2.

①	内容及び手段又は方法	
②	良い影響	

問題1 建築工事における品質確保は，建築物の長寿命化を実現するために重要である。このため，施工者は，発注者のニーズ及び設計図書等を把握し，決められた工期やコスト等の条件の下で適切に品質管理を行うことが求められる。

あなたが経験した**建築工事**のうち，発注者及び設計図書等により要求された品質を確保するため，重点的に**品質管理**を行った工事を**1つ**選び，工事概要を具体的に記述したうえで，次の1. 及び2. の問いに答えなさい。

なお，**建築工事**とは，建築基準法に定める建築物に係る工事とし，建築設備工事を除くものとする。

〔工事概要〕

イ．工　事　名

ロ．工　事　場　所

ハ．工　事　の　内　容　（新築等の場合：建物用途，構造，階数，延べ面積又は施工数量，主な外部仕上げ，主要室の内部仕上げ
改修等の場合：建物用途，建物規模，主な改修内容及び施工数量）

ニ．工　期　等　（工期又は工事に従事した期間を年号又は西暦で年月まで記入）

ホ．あなたの立場

ヘ．あなたの業務内容

1. 工事概要であげた工事で，あなたが現場で重点をおいて実施した**品質管理**の事例を**2つ**あげ，次の①から④について具体的に記述しなさい。

ただし，**2つ**の事例の②から④は，それぞれ異なる内容を記述するものとする。

① **工種名**

② 施工に当たっての**品質の目標**及びそれを達成するために定めた**重点品質管理項目**

③ ②の重点品質管理項目を**定めた理由**及び発生を予測した**欠陥又は不具合**

④ ②の重点品質管理項目について，**実施した内容**及びその**確認方法又は検査方法**

2. 工事概要にあげた工事にかかわらず，あなたの今日までの工事経験を踏まえて，現場で行う**組織的な品質管理活動**について，次の①，②を具体的に記述しなさい。

ただし，1. ④と同じ内容の記述は不可とする。

① 品質管理活動の**内容**及びそれを協力会社等に伝達する**手段又は方法**

② 品質管理活動によってもたらされる**良い影響**

記述例-1

1．

(1)	①	工種名	コンクリート工事
	②	品質の目標及び重点品質管理項目	コンクリート打放し仕上げの精度，美観の確保。 コンクリートの確実な締固め。
	③	定めた理由及び欠陥又は不具合	打放し仕上げとなるため，コールドジョイント，ジャンカによる耐久性および美観の低下。
	④	実施した内容及び確認方法又は検査方法	コンクリート打設計画書を用いて打設手順，役割の確認。 ポンプ車と生コン車２台付けとし，バイブレータ，叩きの作業員増員で打設。作業員間での声掛け，笛を用いた合図の実施。
(2)	①	工種名	鉄骨工事
	②	品質の目標及び重点品質管理項目	高力ボルト接合部の確実な接合で，構造耐力を確保する。 高力ボルト接合部全箇所のチェック。
	③	定めた理由及び欠陥又は不具合	高力ボルトの締め付け，施工不良が発生すると，構造耐力の確保ができないため。接合の忘れ，ヒューマンエラー。
	④	実施した内容及び確認方法又は検査方法	高力ボルト接合箇所を，作業班と作業班以外でチェックシートを用いて確認した。マーキングのずれを目視し，ピンテールの破断および軸回り，共回りが無いことを確認し，全箇所記録した。

2．

①	内容及び手段又は方法	各種工事にて要求品質，品質管理項目および実施方法を定め，品質管理体制，役割を明確化する。事前打合わせにて，書面やチェックシートを用いて伝達，確認する。
②	良い影響	手戻りがなくなり，品質の高い建物を引き渡すことができた。会社・組織としての技術力の高さを伝えることができた。顧客の満足度と信頼を得ることに繋がった。

記述例-2

1．

(1)	①	工種名	鉄筋工事
	②	品質の目標及び重点品質管理項目	確実な鉄筋のかぶり厚さの確保と耐久性の確保。配筋後、コンクリート打設前にかぶり厚さ，スペーサー取付け確認の実施。
	③	定めた理由及び欠陥又は不具合	必要なかぶり厚さを確保できないとコンクリートのひび割れ，さび等が発生し，構造耐力と耐久性の低下になるため。
	④	実施した内容及び確認方法又は検査方法	必要なかぶり厚さのスペーサーを取付け，かぶり厚さを適正に確保。配筋完了後，コンクリート打設前の２回チェックシートを用いて目視で確認，記録し，シートを保管した。
(2)	①	工種名	防水工事
	②	品質の目標及び重点品質管理項目	防水層の確実な接着力の確保のため，下地の状況，勾配および含水率，規定値以下での施工の実施。
	③	定めた理由及び欠陥又は不具合	コンクリート下地の乾燥状況，水勾配が不十分だと防水層のふくれ，破損，漏水および水たまりの発生に繋がるため。
	④	実施した内容及び確認方法又は検査方法	コンクリート下地での計画した水勾配になっているかをレベル機で計測。また高周波水分計で計測し，下地（コンクリート）の含水率８％以下になるまで養生後施工した。

2．

①	内容及び手段又は方法	チェックシートを用いて，PDCA サイクルを回す。作業所・休憩所に品質管理目標値を大きく掲示し，作業員全員で品質確保の意識を高め，内容を周知する。
②	良い影響	工事関係者のコミュニケーションも高まり，情報共有や声掛けなど作業環境が良くなり，工程厳守と安全行動が徹底され，無事故無災害で引き渡しができた。

記述例-3

1．

(1)	①	工種名	鉄骨工事
	②	品質の目標及び重点品質管理項目	鉄骨の建方精度の管理。柱の倒れの管理許容差は高さの1／1000以下かつ10mm以下とした。
	③	定めた理由及び欠陥又は不具合	鉄骨柱の垂直度，精度により内外装工事の取り合い，品質および構造耐力に大きく影響を及ぼすため。
	④	実施した内容及び確認方法又は検査方法	建入れ直し時の管理値を管理許容差として，小区画ごとにトランシット，建入れ直し用ワイヤーを張り，レバーブロックで建入れ直しを実施。その記録をチェックシートで保管した。
(2)	①	工種名	内装工事
	②	品質の目標及び重点品質管理項目	石こうボードの貼り方と軽量鉄骨（LGS），スタッド，スペーサ，振れ止めの配置，取付け。
	③	定めた理由及び欠陥又は不具合	壁下地（石こうボード）のひび割れ対策と遮音性能を確保するため。下地のひび割れ，快適な住空間が確保できない。
	④	実施した内容及び確認方法又は検査方法	石こうボード重ね張りの上張りと下張りのジョイントが同位置にならないようにした。開口部の角にボートの目地がこない割付けを実施し，写真で記録。スタッドを千鳥配置し，吸音材を用いた。

2．

①	内容及び手段又は方法	工種ごとに品質管理の重点管理項目と目標管理値を明確にした施工計画書を作成し，協力会社に理解，納得してもらえるまで打合せを実施し，計画書に関係者の署名をもらう。
②	良い影響	各種工事および作業所内の全工種での品質確保の意識が高揚し，より良い建物ができ，手戻りや手直しが無くなり，工程の前倒しとコスト低減に繋がった。

令和元年度

【解答欄】

［工事概要］ 省略 p. 26 ～ 29 を参照。

1.

(1)	①	工種名	
		要求された品質	
		品質管理項目	
	②	設定した理由	
	③	実施した内容及び留意した内容	
(2)	①	工種名	
		要求された品質	
		品質管理項目	
	②	設定した理由	
	③	実施した内容及び留意した内容	

2.

①	方法や手段	
②	効果	

問題 1　建築工事の施工者は，設計図書等に基づき，要求された品質を実現させるため，施工技術力，マネジメント力等を駆使し，確実に施工することが求められる。

あなたが経験した**建築工事**のうち，要求された品質を実現するため，品質管理計画に基づき，**品質管理**を行った工事を**1つ**選び，工事概要を具体的に記述したうえで，次の1．及び2.の問いに答えなさい。

なお，**建築工事**とは，建築基準法に定める建築物に係る工事とし，建築設備工事を除くものとする。

〔工事概要〕

イ．工　事　名

ロ．工 事 場 所

ハ．工事の内容　新築等の場合：建物用途，構造，階数，延べ面積又は施工数量，主な外部仕上げ，主要室の内部仕上げ

改修等の場合：建物用途，建物規模，主な改修内容及び施工数量

ニ．工　　期　（年号又は西暦で年月まで記入）

ホ．あなたの立場

1．工事概要であげた工事で，あなたが重点的に**品質管理**を実施した事例を**2つ**あげ，次の①から③について具体的に記述しなさい。

ただし，**2つ**の事例の**工種名**は同じでもよいが，他はそれぞれ異なる内容の記述とする。

①　**工種名，要求された品質**及びその品質を実現させるために設定した**品質管理項目**

②　①の品質管理項目を**設定した理由**

③　①の品質管理項目について，**実施した内容**及び**留意した内容**

2．工事概要にあげた工事にかかわらず，あなたの今日までの工事経験に照らして，次の①，②について具体的に記述しなさい。

ただし 1．③と同じ内容の記述は不可とする。

①　作業所において，組織的な品質管理を行うための**方法や手段**

②　①の方法や手段で組織的な品質管理を行うことによって得られる**効果**

記述例-1

1．

(1)	①	工種名	鉄骨工事
		要求された品質	接合部の確実な構造耐力の確保
		品質管理項目	トルシア形高力ボルト接合部の全箇所に，一次締め付け後，マーキングを行い，その後，本締めを実施。全箇所，目視検査によりマーキングのずれとピンテールの破断を確認する。
	②	設定した理由	ボルトでの締め付けは現場作業となり，確実な接合ができていないと構造耐力へ大きな影響を及ぼすため。締め付け忘れや不具合（軸回り，共回り）の防止のため。
	③	実施した内容及び留意した内容	白いマジックを用いて，マーキングによるずれ（軸回り，共回りの確認），ピンテールの破断を全箇所目視で確認し，チェックシートに記録を残した。点検漏れ箇所はなくした。
(2)	①	工種名	山留工事（ソイルセメント柱列壁工法）
		要求された品質	大深度施工のため，確実な遮水性
		品質管理項目	芯材（H形鋼）の建込みの垂直精度の管理と芯材（H形鋼）の天端高さの確保。
	②	設定した理由	大深度施工のため，確実な遮水性が確保できないと工程や土工事はじめ地下部分の他の工事に影響を及ぼす可能性が生じるため。
	③	実施した内容及び留意した内容	芯材（H形鋼）の建込み時，トランジットで建入れ精度，レベル機で芯材の高さを管理した。芯材の頭部が下がらないようにアングルを用いて固定した。

2．

①	方法や手段	設計者，工事関係者，協力会社で品質確保に関して，定期的に打合せを重ね，品質管理計画書を作成，署名の上，作業所内に目標値を掲示して意識の共有を図った。
②	効果	作業員，関係者全員の意識が高まり，全員参加で品質管理に取り組め，品質管理計画書に沿って，チェックが行え，高品質な物件を施主へ，工程内に引き渡すことができた。

記述例-2

1．

(1)	①	工種名	コンクリート工事
		要求された品質	コンクリートの耐久性の確保
		品質管理項目	沈下ひび割れの抑制，耐久性の確保。
			単位水量，水セメント比が小さいコンクリートの使用。
			コンクリート打設速度の管理。
	②	設定した理由	初期のコンクリートひび割れを抑制し，構造体の耐久性を確保するため。コンクリートの使用材料，施工手順で沈下ひび割れは抑制することができるため。
	③	実施した内容及び留意した内容	柱，壁からスラブ・梁のような断面変わりの部分は，連続して打ち込まず，沈下後にスラブ・梁のコンクリートを打設した。ひび割れが発生した場合はタンピングにて迅速に処置する。
(2)	①	工種名	内装工事（軽量鉄骨・LGS 工事）
		要求された品質	内装壁の精度とひび割れ，亀裂の抑制
		品質管理項目	スタッドの垂直精度と間隔精度の確保。
			振れ止め，スペーサーの確実な取付け。
			溶接個所には全箇所，錆止め塗装の実施。
	②	設定した理由	内装下地の精度が悪いとその後のボード貼り付け，さらにはクロス張りや塗装仕上げにも影響を及ぼすため。
	③	実施した内容及び留意した内容	スタッドの垂直精度は± 2mm 以内，間隔精度は± 5mm 以内とした。耐火被覆を施す場合には，耐火被覆を施す前にランナー取付け用プレートを先付けした。

2．

①	方法や手段	本社・支店，現場関係者にて，過去の類似物件，事例を基に重要品質管理項目，管理方法，数値を策定し，PDCA（計画・実施・チェック・処置）を回し，全社的に取り組んでいく。
②	効果	PDCA サイクルを回しながら品質管理を行うことで，後戻りがなく，品質確保ができ，さらに効率的に工程が進み，品質管理の他，工程短縮にも繋がった。

記述例-3

1．

(1)	①	工種名	塗装（吹き付け）工事
		要求された品質	塗膜の厚みと付着力の確保
		品質管理項目	塗装前に下地の乾燥，不陸，ひび割れ，凹凸，汚れのないことの管理。塗装が仕様通りの塗装工程で実施されていることの確認。適切な塗料の厚み，塗り付け量の確認。
	②	設定した理由	美観上，耐久性および下地の保護に影響を及ぼすため。仕様通りの塗装工程，塗装材料の使用量による品質確保のため。
	③	実施した内容及び留意した内容	気温，湿度の天候確認と強風時，降雨時，降雪時は施工を中止とした。塗装材料の使用量（空缶）と単位面積当たりの塗り付け量の検査，確認を行い，写真（記録）を残した。
(2)	①	工種名	型枠工事
		要求された品質	構造体の形状，垂直精度
		品質管理項目	コンクリート打設前と打設後（出来形）で寸法，精度の確認，検査，記録（写真）をして保管。コンクリートの打設速度の確認。埋め込み金物，スリーブ等の抜けチェック。
	②	設定した理由	垂直精度がタイル割り，建具やサッシュなどとの取り合いに大きな影響を及ぼすため，補修・はつりのない構造体を目指すため。
	③	実施した内容及び留意した内容	コンクリート打設時に相番として，下げ振りにて垂直精度を確認し，ターンバックルにて，チェーンの張力を調整して，建て入れ直しを行った。

2．

①	方法や手段	品質管理の目標値，検査項目，施工手順，注意点等を明確にして，書類をもとに現場管理者と協力業者で確認の上，打合せ記録に署名を行い，意識の共有を徹底し，手戻り作業をなくす。
②	効果	目標値，目的が明確となり，作業所内メンバーで意識の共有が図れ，手戻りの作業がなくなったことで，工程厳守と品質確保に繋がり，施主からの満足度も向上した。

平成28年度

【解答欄】

［工事概要］　省略　p. 26～29を参照。

1．

(1)	①	工種名	
		要求された品質	
		品質管理項目	
	②	取り上げた理由	
	③	実施した内容	
(2)	①	工種名	
		要求された品質	
		品質管理項目	
	②	取り上げた理由	
	③	実施した内容	

2．

①	周知するための方法・手段	
②	確認するための方法・手段	

問題1　建築工事の施工者に対して，建築物の施工品質の確保が強く求められている。あなたが経験した**建築工事**のうち，発注者や設計図書等により要求された品質を実現するため，品質計画に基づき**品質管理**を行った工事を**1つ**選び，工事概要を具体的に記入したうえで，次の1．から2．の問いに答えなさい。

なお，**建築工事**とは，建築基準法に定める建築物に係る工事とし，建築設備工事を除くものとする。

〔工事概要〕

イ．工　事　名

ロ．工事場所

ハ．工事の内容　（新築等の場合：建物用途，構造，階数，延べ面積又は施工数量，主な外部仕上げ，主要室の内部仕上げ
改修等の場合：建物用途，主な改修内容，施工数量又は建物規模）

ニ．工　　　期　（年号又は西暦で年月まで記入）

ホ．あなたの立場

1．工事概要であげた工事で，あなたが担当した工種において実施した**品質管理活動**の事例を**2つ**あげ，次の①から③についてそれぞれ記述しなさい。

ただし，2つの品質管理活動は，それぞれ異なる内容の記述とすること。

①　発注者や設計図書等により**要求された品質**及びその品質を満足させるために特に設定した**品質管理項目**を，**工種名**をあげて具体的に記述しなさい。

②　①で設定した品質管理項目について**取り上げた理由**を具体的に記述しなさい。

③　①で設定した品質管理項目をどのように管理したか，**その実施した内容**を具体的に記述しなさい。

2．工事概要にあげた工事にかかわらず，あなたの今日までの工事経験に照らして，品質管理目標，品質管理項目及び活動内容を協力業者等に，**周知するため**及びそれらに基いて施工されていることを**確認するため**の**方法・手段**を具体的に記述しなさい。

なお，1．③の「実施した内容」と同一の記述は不可とする。

記述例-1

1．

(1)	①	工種名	タイル工事
		要求された品質	外壁タイルの剥離をなくす。
		品質管理項目	全数目視検査と，打診棒による打診検査を行う。 抜き取り検査を実施し，接着力 0.4 N/mm² 以上を確保する。
	②	取り上げた理由	タイルの剥離，浮き等の施工不良が，第三者災害に繋がるおそれがある。さらには建物の耐久性の低下に繋がるため，確実な接着力が必要のため。
	③	実施した内容	タイル貼り，目地詰め後，全数目視検査と，打診棒による打診検査を行い，浮き等を確認した。100 m² に1箇所の抜き取り検査を実施し，すべて接着力 0.4 N/mm² 以上を確保できた。
(2)	①	工種名	防水工事
		要求された品質	漏水のない建物
		品質管理項目	ルーフドレン周りの納まり，施工手順の管理。 水たまりにならないように下地での水勾配を確保，ひび割れ箇所は下地処理をする。
	②	取り上げた理由	ルーフドレン周りの防水施工不良による漏水を防ぎ，屋上からの漏水をなくす。 漏水はクレームや建物品質低下に繋がるため。
	③	実施した内容	ルーフドレンは，コンクリート打設前にコンクリート面から 4 cm 程度下げて，先付で打ち込み，アスファルトプライマーおよびストレッチルーフィングをドレン防水受けまで十分に敷き込む。

2．

①	周知するための方法・手段	品質管理の項目，目標値を作業員全員へ作業前にチェックシートと口頭で説明，チェックシートの提出(回収)，保管により，品質管理の意識を高める。
②	確認するための方法・手段	目標値の明確化とチェックシートにより，かぶり厚さの記録をする。コンクリート打設前に，チェックシートを基に，再度，かぶり厚さを確認した。

記述例-2

1.

(1)	①	工種名	鉄骨工事
		要求された品質	鉄骨建て方の垂直精度
		品質管理項目	管理許容差として，H/4000+7 mm かつ 30 mm 以下とした。
	②	取り上げた理由	外部仕上げ工事，内部仕上げ工事をする際に影響が生じないように精度を確保し，品質管理を徹底した。
	③	実施した内容	鉄骨製作工場での品質管理の徹底。さらには，建て方時にトランシットによる垂直精度と２方向のずれを確認し，小区画（エリア）ごとに歪み直しを行った後，本締めを実施した。
(2)	①	工種名	防水工事
		要求された品質	外壁の耐久性の確保
		品質管理項目	コンクリート（躯体）の誘発目地部分のシーリングの密着性の確保のため，目地幅 20 mm 以上，深さ 10 mm 以上を確保する。
	②	取り上げた理由	外壁タイル面のひび割れを防ぐために，コンクリート（躯体）の誘発目地の品質確保が重要なため。
	③	実施した内容	コンクリート（躯体）の誘発目地の位置と，タイルの伸縮目地の位置が同一位置になるように，タイル割り付けで調整した。誘発目地の目地幅，目地深さを全箇所計測し，管理目標値以上で施工した。

2.

①	周知するための方法・手段	施工計画書を作成し，無理のない作業員の配置およびポンプ車，生コン車の配車計画，打設計画など十分な打合せを行い，合意の上，施工する。施工計画書等を休憩室に掲示する。
②	確認するための方法・手段	打設前に作業員全員にて，打設計画，順序の確認をして，徹底した。打設スピードの管理と打設部位の時間記録と生コン工場との連絡体制を整えて，品質管理を行った。

記述例-3

1．

(1)	①	工種名	鉄筋工事
		要求された品質	躯体の品質確保
		品質管理項目	鉄筋の種類，配筋，定着長さ，継手長さを全箇所チェック。ガス圧接部分については，外観検査の他に，超音波探傷検査を全箇所実施。
	②	取り上げた理由	構造上重要な工事であるにも関わらず，昨今の欠陥構造物などで鉄筋工事の不備が取り上げられているため，配筋ミスの絶無を図るため。
	③	実施した内容	設計図書どおりであるか，チェックシートを用いて全箇所チェックを行った。定規，メジャー，マーク等を用いて，配筋状況の写真撮影をして，記録として残した。
(2)	①	工種名	型枠工事
		要求された品質	外壁，内壁のコンクリート打放し仕上げ部分の美観を確保。
		品質管理項目	型枠精度と鉄筋のかぶり厚さ等の確保による耐久性の確保。種別Ａ種の良好な面を確保できるせき板のみを使用する。
	②	取り上げた理由	建物外装および建物内部の顔となるエントランス部分の仕上げがコンクリート打ち放し仕上げであり，美観上重要なため。
	③	実施した内容	パネル，セパレーターの割り付けを行い，型枠表面の平滑度の確保のため，剥離剤を用いた。鉄筋のかぶり厚さを確保し，結束線を内部に曲げた。

2．

①	周知するための方法・手段	工事着手前に工事担当責任者，作業員全員で品質管理項目，基準，数値，図・絵などを入れ分かりやすくしたチェックリスト（紙面）にて説明，合意を得てから作業を開始する。
②	確認するための方法・手段	記録写真管理と計測の記録をチェックリストにて確認する。また，検査の日時，担当者の氏名等を記載の上，保管・管理する。氏名を記録することで担当者の責任感を高める。

施工経験記述

平成 26 年度

【解答欄】

［工事概要］　省略　p. 26 ～ 29 を参照。

1．

(1)	①	要求品質	
		重点品質管理目標	
	②	品質管理項目	
		定めた理由	
	③	実施した内容	
(2)	①	要求品質	
		重点品質管理目標	
	②	品質管理項目	
		定めた理由	
	③	実施した内容	

2．

①	作業所における組織的な品質管理活動は，どのように行ったら良いか	
②	組織的な品質管理活動を行うことにより，どのような効果が得られるか	

問題1　建築物は，現場施工による一品生産である。生産現場である作業所では，着工前に発注者のニーズ及び設計図書から建築物の要求品質を事前に抽出し，「重点品質管理目標」を設定して施工にあたる。

あなたが経験した**建築工事**のうち，建築物の要求品質をつくり込むため，重点的に**品質管理**を行った工事を1つ選び，下記の工事概要を具体的に記入した上で，次の1. から2. の問いに答えなさい。

なお，**建築工事**とは，建築基準法に定める建築物に係る工事とし，建築設備工事を除くものとする。

〔工事概要〕

イ．工　事　名

ロ．工 事 場 所

ハ．工 事 の 内 容　（新築等の場合：建物用途，構造，階数，延べ面積又は施工数量，主な外部仕上げ，主要室の内部仕上げ
改修等の場合：建物用途，主な改修内容，施工数量又は建物規模）

ニ．工　　　期　（年号又は西暦で年月まで記入）

ホ．あなたの立場

1.　工事概要であげた建築工事において，設計図書などから読み取った要求品質を実現するために行った**品質管理活動**を**２つ**あげ，次の①から③について具体的に記述しなさい。

ただし，２つの品質管理活動の内容は，異なる記述とする。

①　設計図書などから読み取った**要求品質**と，それを実現するために定めた**重点品質管理目標**を，それぞれ具体的に記述しなさい。

②　①の重点品質管理目標を達成するために設定した，施工プロセスにおける**品質管理項目**とそれを**定めた理由**を，具体的に記述しなさい。

③　②の品質管理項目について，どのように管理したか，**実施した内容**を，具体的に記述しなさい。

2.　工事概要であげた工事にかかわらず，あなたの今日までの工事経験を踏まえて，次の①，②について具体的に記述しなさい。

①　作業所における組織的な品質管理活動は，どのように行ったら良いと思いますか，あなたの考えを記述しなさい。

②　組織的な品質管理活動を行うことにより，どのような効果が得られると思いますか，あなたの考えを記述しなさい。

記述例-1

1．

(1)	①	要求品質	躯体（コンクリート）の精度の確保
		重点品質管理目標	型枠工事
	②	品質管理項目	型枠建込み精度の確保
		定めた理由	型枠精度が悪いと，手戻り作業が増えたり，その後の内外装工事の納まりに影響するため。
	③	実施した内容	型枠建込後の精度確認。コンクリート打設中およびコンクリート打設後の精度を管理値以内で管理。ターンバックル，パイプサポートで調整した。
(2)	①	要求品質	外壁タイルの耐久性確保
		重点品質管理目標	タイル工事
	②	品質管理項目	外壁タイル　引張接着力　0.4 N／mm²　以上の確保
		定めた理由	外壁タイルの浮き，剥落は重大な事故を引き起こす要因となる。確実な接着力を確保するため。
	③	実施した内容	タイル施工に先立ち，躯体面の下地処理として，高圧洗浄を実施し，タイルを張り付けた。タイル張付け2週間以降に全数打診検査と引張接着力試験を実施し，0.4 N／mm² 以上を確認した。

2．

①	作業所における組織的な品質管理活動は，どのように行ったら良いか	情報の共有化と情報の見える化を徹底する。 目標値，チェック項目などを休憩所に掲示する。 各工種における担当者を決め，情報を一元化。
②	組織的な品質管理活動を行うことにより，どのような効果が得られるか	情報の共有化と情報の見える化を徹底することにより，管理方針の共通認識が図れ，より精度の高い品質管理をすることができる。

記述例-2

1.

(1)	①	要求品質	杭工事での支持力確保
		重点品質管理目標	支持層の確認，スライム処理の徹底
	②	品質管理項目	支持層の土質を確認，スライムの完全処理
		定めた理由	支持地盤まで杭が届いていないと，建物の自重により沈下が発生する重大な欠陥となるため。また，スライム処理も不十分であると同様に沈下が発生する恐れがあるため。
	③	実施した内容	支持層の土質を，土質調査のサンプルと照合し，目視確認をした。スライム処理は，一次処理，二次処理とエアーリフト処理で除去した。
(2)	①	要求品質	鉄筋工事の継手
		重点品質管理目標	ガス圧接部の検査
	②	品質管理項目	外観目視検査，超音波探傷検査，引張試験の実施
		定めた理由	継手の不具合は，耐力に大きな影響を与えるため。超音波探傷試験，引張試験以外は，外観目視検査に頼らざるを得ないため，検査の充実を図る。
	③	実施した内容	圧接部の形状，ふくらみ，直径，偏心量，ずれなど全箇所を検査する。1ロットに対して，超音波探傷試験を30カ所，引張試験は3本抜き取り，引張試験を行い，強度を確認。

2.

①	作業所における組織的な品質管理活動は，どのように行ったら良いか	管理部門(本社または支店)の品質管理担当者，協力業者と現場管理者で目標達成のための施工方法，検査方法を定める。定めた方法についてPDCA(計画・実行・チェック・処置)の徹底。
②	組織的な品質管理活動を行うことにより，どのような効果が得られるか	管理部門(本社または支店)の担当部署は，これまでの実績，経験，参考資料などが集積されている。情報提供や新しい提案をもらい，工事関係者一同で意識の共有を図れる。

記述例-3

1．

(1)	①	要求品質	ひび割れしない耐久性のあるコンクリート
		重点品質管理目標	鉄筋のかぶり厚さの確保，コンクリートの品質検査の確保
	②	品質管理項目	鉄筋のかぶり厚さの確認とコンクリート打設の立会い
		定めた理由	ひび割れ，かぶり厚さ不足，コンクリートの締固め不足は，耐久性の低下，構造耐力の低下に繋がり，建物の寿命を短くする恐れがあるため。
	③	実施した内容	コンクリートの単位水量をできる限り減らす。適切なかぶり厚さを確保するため，スペーサーの取り付けと鉄筋相互の空きをコンクリート打設前にチエックした。
(2)	①	要求品質	外壁タイルの剥離防止
		重点品質管理目標	タイルの浮き，剥離事故の防止
	②	品質管理項目	下地の適正処理と張付けモルタルの管理
		定めた理由	外壁タイルの接着力確保。外壁の耐久性の確保して第三者災害をなくす。伸縮目地をまたいでタイルを張らない。
	③	実施した内容	下地の適切な処理，水湿しを行い，張付けモルタルは2回塗りとし，規定の厚さとした。タイル張付け，養生後，打診棒で検査した。また伸縮目地上には，タイルを張らないように管理，点検を実施。

2．

①	作業所における組織的な品質管理活動は，どのように行ったら良いか	設計者から要求される品質項目を明確に書面等で施工関係者全員に周知し，さらに作業事務所，休憩所などに品質項目，目標値，管理方法等を掲げ，全員で取り組む。
②	組織的な品質管理活動を行うことにより，どのような効果が得られるか	作業の手戻りがなくなり，工期の遅延が防げる。よって，高い品質が得られ，建築主へ高品質な建物を引き渡しでき，建築主の満足度向上に繋がる。

2．施工の合理化　＜＊出題：令和4，2，平成29，25年度＞

令和4年度

【解答欄】

［工事概要］　省略　p. 26～29ページを参照。

1．

(1)	①	工種名等	
	②	実施した内容と具体的な理由	
	③	懸念された品質と施工上の留意事項	
(2)	①	工種名等	
	②	実施した内容と具体的な理由	
	③	懸念された品質と施工上の留意事項	
(3)	①	工種名等	
	②	実施した内容と具体的な理由	
	③	懸念された品質と施工上の留意事項	

2．

①	建設現場が直面している課題や問題点	
②	建設現場での取組や工夫	

問題1　建設業を取り巻く環境の変化は著しく，労働生産性の向上や担い手の確保に対する取組は，建設現場において日々直面する課題となり，重要度が一層増している。

あなたが経験した**建築工事**のうち，要求された品質を確保したうえで行った**施工の合理化**の中から，労働生産性の向上に繋がる**現場作業の軽減**を図った工事を**1つ**選び，工事概要を具体的に記入したうえで，次の1. 及び2. の問いに答えなさい。

なお，**建築工事**とは，建築基準法に定める建築物に係る工事とし，建築設備工事を除くものとする。

〔工事概要〕

イ．工　事　名

ロ．工 事 場 所

ハ．工 事 の 内 容　（新築等の場合：建物用途，構造，階数，延べ面積又は施工数量，主な外部仕上げ，主要室の内部仕上げ
改修等の場合：建物用途，建物規模，主な改修内容及び施工数量）

ニ．工　期　等　（工期又は工事に従事した期間を年号又は西暦で年月まで記入）

ホ．あなたの立場

ヘ．あなたの業務内容

1. 工事概要であげた工事において，あなたが実施した**現場作業の軽減**の事例を**3つ**あげ，次の①から③について具体的に記述しなさい。

ただし，**3つ**の事例の②及び③はそれぞれ異なる内容を記述するものとする。

①　**工種名等**

②　現場作業の軽減のために**実施した内容**と軽減が必要となった**具体的な理由**

③　②を実施した際に低下が**懸念された品質**と品質を確保するための**施工上の留意事項**

2. 工事概要であげた工事にかかわらず，あなたの今日までの建築工事の経験を踏まえて，建設現場での労働者の確保に関して，次の①及び②について具体的に記述しなさい。

ただし，労働者の給与や賃金に関する内容及び1. の②と同じ内容の記述は不可とする。

①　労働者の確保を困難にしている建設現場が直面している**課題や問題点**

②　①に効果があると考える建設現場での**取組や工夫**

記述例-1

1．

(1)	①	工種名等	鉄筋工事
	②	実施した内容と具体的な理由	柱筋と梁筋は工場での先組工法を実施した。また現場での継手は機械式継手を採用し，天候に左右されない工場でユニット化、現場では機械継手として品質向上と工期短縮になるため。
	③	懸念された品質と施工上の留意事項	ガス圧接・溶接継手と比較して，天候の影響を受けにくく、施工不良個所の発生が大幅に減り，品質向上する。機械式継手のカプラー部分のかぶり厚さの確保に留意した。
(2)	①	工種名等	仕上げ工事
	②	実施した内容と具体的な理由	トイレ内の仕上げ工事を意匠性，清掃のしやすさからも「ユニット化」で仕上げた。各住戸と箇所数も多く，狭所で複数の工種が関わるため作業の効率化が図れる。
	③	懸念された品質と施工上の留意事項	床・壁・天井のパネル，吊戸は工場仕上げのため，搬入・組立時に注意。下地の精度，寸法を図面通りに確保した。必要な場所には下地へ取付け用補強材を入れ，チエックリストに記録した。
(3)	①	工種名等	全工事
	②	実施した内容と具体的な理由	デジタル工事写真の小黒板情報電子化の導入，工事書類の作成，管理の省力化と複数台の PC でデータ共有を実施。現場での写真撮影，写真帳管理の効率化、信憑性の確保を図るため。
	③	懸念された品質と施工上の留意事項	実施工事時の大雨等の天候，高温多湿，粉じん等の現場条件の影響により，対象機器の使用不具合。前もって撮影に反映したい情報を書き込むことで撮影の効率化が図られる。

2．

①	建設現場が直面している課題や問題点	職場環境の高齢化とデジタル技術,ICT 技術への投資や普及が業界全体へはまだ十分でない。作業効率化ツール,ワークフロー管理システム,工事関係書類の簡素化や電子化の遅れ。
②	建設現場での取組や工夫	ICT 技術を活用し,タブレット端末等による連絡,書類・図面・計画書の確認,写真の記録,現場状況の監視体制の構築および i-Construction にも積極的に取り組み生産性の向上を図る。

記述例-2

1．

(1)	①	工種名等	型枠工事
	②	実施した内容と具体的な理由	スラブ下型枠はフラットデッキを用いた。支保工の組み立て，解体および型枠の解体が不要となる。また，下層階に空間ができるため次工程の作業ができ，工程短縮と安全性が確保できる。
	③	懸念された品質と施工上の留意事項	フラットデッキは衝撃に弱いため変形しやすい。揚重時，施工時の注意が必要。割付け図の作成と所定のかかり代の確保と確実な固定。RC 造のため縦桟木を取付け支持部の固定をした。
(2)	①	工種名等	鉄骨工事
	②	実施した内容と具体的な理由	トータルステーションを活用して３次元計測システムによる鉄骨建入れ管理。１人で行うことによる計測作業の省力化とデータ管理の効率化，高所作業を無くすことで安全管理に繋がるため。
	③	懸念された品質と施工上の留意事項	鉄骨の建て入れ精度。建て方前の反射シート貼付け時期と位置について業者間で密な打合せを行った。計測データの記録は関係者で閲覧でき管理した。
(3)	①	工種名等	左官工事
	②	実施した内容と具体的な理由	床の仕上げをモルタルの金ゴテ仕上げから熟練工を必要としないセルフレベリング材で水平精度の確保を行った。工期もなく熟練工の手配、動員が難しく、工期短縮と省人化になるため。
	③	懸念された品質と施工上の留意事項	セルフレベリング仕上げは品質、精度を確保しやすい。実施後の適切な養生管理。直射日光や風などを遮り，乾燥させないようにした。

2．

①	建設現場が直面している課題や問題点	若年層の業界離れや在職者減少と技術者の高齢化および女性の入職や育児後の復帰しやすい職場環境の整備と改善。省力化が図られる工法や汎用性の高い工法の導入や活用。
②	建設現場での取組や工夫	人材の流出を防ぐためにフォロー体制を整え，働き方改革促進に取り組み，長時間労働の是正と年間スケジュールの平準化を実施する。快適トイレ，更衣室等の女性への配慮と設置。

記述例-3

1．

(1)	①	工種名等	鉄骨工事
	②	実施した内容と具体的な理由	エレベーターと階段廻り部分は，鉄骨梁を地組でユニット化して取付け。ユニット化の際，先行して水平ネット・親綱等の取付けを実施して，高所作業を減らし，工期短縮と安全確保のため。
	③	懸念された品質と施工上の留意事項	部品の取付位置の間違い，ねじれ，ひずみなど。ユニット化で鉄骨の自重が大きくなる分，揚重機を含めた仮設計画をする。介錯ロープを取付け，施工性を確保する。
(2)	①	工種名等	躯体工事
	②	実施した内容と具体的な理由	地上階の立ち上がり部分をPCa化して鋼製型枠を転用した。上層部まで繰り返し使用ができる同サイズであり，天候に左右されずに工場製作のため品質確保および工程短縮になるため。
	③	懸念された品質と施工上の留意事項	コンクリートの接合部分が弱点になりやすいため，確実な接合計画と処置をする。計画の早期段階での綿密な設計や施工計画（運搬・揚重・工程）の検討が必要になる。
(3)	①	工種名等	内装工事（造作工事）
	②	実施した内容と具体的な理由	木枠・カーテンボックス・造作家具等を工場で加工，組立て，塗装仕上げを行う工場生産品を採用。現場での加工・塗装作業を大幅に軽減し,省力化と現場での端材の発生抑制にも繋がる。
	③	懸念された品質と施工上の留意事項	各種工程での熟練工，技能者不足による品質低下を工場生産品により解消。取付ける下地の精度の確保。仕上げられた製品が搬入されるため,運搬・取付け・養生に注意を払う。

2．

①	建設現場が直面している課題や問題点	年間を通じて仕事量の変動が少なくなることによる雇用の安定化，長時間労働の是正，労働環境・条件の改善，技術の継承等。
②	建設現場での取組や工夫	閑散期が無くなるように施工時期の平準化と生産性向上ために一人の人材が複数の作業ができる多能工人材の育成をめざし，企業や個人へ技術習得等含めた支援やフォロー体制の構築。

施工経験記述

令和2年度

【解答欄】

［工事概要］　省略　p. 26 ～ 29 を参照。

1.

(1)	①	工種，部位等	
	②	実施した内容と留意事項	
	③	施工の合理化となる理由	
	④	施工の合理化以外に得られた副次的効果	
(2)	①	工種，部位等	
	②	実施した内容と留意事項	
	③	施工の合理化となる理由	
	④	施工の合理化以外に得られた副次的効果	

2.

(1)	①	工種又は部位等	
	②	合理化の内容とコスト削減できた理由	
(2)	①	工種又は部位等	
	②	合理化の内容とコスト削減できた理由	

問題 1　建築工事の施工者は，設計図書に基づき，施工技術力，マネジメント力等を駆使して，要求された品質を実現させるとともに，設定された工期内に工事を完成させることが求められる。

あなたが経験した**建築工事**のうち，品質を確保したうえで，**施工の合理化**を行った工事を**1つ**選び，工事概要を具体的に記述したうえで，次の1．及び2．の問いに答えなさい。

なお，**建築工事**とは，建築基準法に定める建築物に係る工事とし，建築設備工事を除くものとする。

〔工事概要〕

イ．工　事　名

ロ．工 事 場 所

ハ．工事の内容　（新築等の場合：建物用途，構造，階数，延べ面積又は施工数量，主な外部仕上げ，主要室の内部仕上げ
改修等の場合：建物用途，建物規模，主な改修内容及び施工数量）

ニ．工　　　期（年号又は西暦で年月まで記入）

ホ．あなたの立場

1．工事概要であげた工事において，あなたが実施した現場における労務工数の軽減，工程の短縮などの**施工の合理化**の事例を**2つ**あげ，次の①から④について記述しなさい。

ただし，2つの事例の②から④は，それぞれ異なる内容を具体的に記述するものとする。

①　工種又は部位等

②　実施した**内容**と品質確保のための**留意事項**

③　実施した内容が**施工の合理化となる理由**

④　③の施工の合理化以外に得られた**副次的効果**

2．工事概要にあげた工事にかかわらず，あなたの今日までの工事経験に照らして，施工の合理化の取組みのうち，品質を確保しながらコスト削減を行った事例を**2つ**あげ，①工種又は部位等，②施工の**合理化の内容**とコスト削減できた**理由**について具体的に記述しなさい。

なお，コスト削減には，コスト増加の防止を含む。

ただし，2つの事例は，1.②から④とは異なる内容のものとする。

施工経験記述

記述例-1

1.

(1)	①	工種又は部位等	仮設工事
	②	実施した内容と留意事項	外部足場の解体作業を大バラシとした。外壁の仕上げ工事の工程確保と検査をしっかり確保し，足場の解体日を決めた。
	③	施工の合理化となる理由	大バラシでの解体作業は地上作業が多く作業効率が上がり，工程短縮ができ，その分仕上げ工事の工程を確保できるため。
	④	施工の合理化以外に得られた副次的効果	高所での解体作業が減り，作業員への心理的な負担が抑制され，安全性が高まり無事故無災害に繋がった。
(2)	①	工種又は部位等	型枠工事
	②	実施した内容と留意事項	合板型枠をフラットデッキ型枠とした。フラットデッキは衝撃に弱いため揚重方法，吊り治具等の使用と敷設時の固定を確実に行う。
	③	施工の合理化となる理由	型枠支保工の設置・解体作業が不要となり，作業手間の抑制となり，スペースが確保できた。工期短縮・省力化になった。
	④	施工の合理化以外に得られた副次的効果	合板の廃棄が減り，廃棄物の抑制に繋がった。型枠支保工の組み立てと解体作業がなくなり，危険作業がなくなった。

2.

(1)	①	工種又は部位等	土工事
	②	合理化の内容とコスト削減できた理由	残土搬出車両を根切り底まで進入できるように車両用スロープを設け，掘削効率を高めた。掘削土を現場内でストックすることで運搬費，残土処分費，埋戻土の購入を抑制した。
(2)	①	工種又は部位等	金属工事
	②	合理化の内容とコスト削減できた理由	軽量鉄骨下地は工場で指定サイズにプレカットしたものを搬入したことで現場での切断作業がなくなり，工期短縮となった。現場での端材発生がなくなり，廃棄物の抑制に繋がった。

記述例-2

1．

(1)	①	工種又は部位等	外壁工事・塗装工事
	②	実施した内容と留意事項	防水型複層仕上げ材を工場で ALC パネルに施して，現場搬入取付け。取付け時，塗装面が仕上がっているため確実な養生をした。
	③	施工の合理化となる理由	工場内での塗装作業のため天候，湿度の影響を受けずに工期短縮ができた。塗装のために全面足場も不要となった。
	④	施工の合理化以外に得られた副次的効果	高所での吹き付け作業および天候，湿度等の影響がなく，色むらを抑え，塗装の付着力も高まり品質向上になった。
(2)	①	工種又は部位等	左官工事
	②	実施した内容と留意事項	床の仕上げをセルフレベリング（自己水平）材で実施。実施後の気温，湿度の管理および強風等が当たらないように養生した。
	③	施工の合理化となる理由	熟練した左官技術が不要となり，平滑な床下地を素早く完成でき，施工面積も広がるため。
	④	施工の合理化以外に得られた副次的効果	平滑な床レベルを確保することができ品質向上，作業員の省力化と工期短縮となった。

2．

(1)	①	工種又は部位等	ＩＣＴ（ＢＩＭ，タブレット）の活用
	②	合理化の内容とコスト削減できた理由	材料の数量出しで残材の抑制ができた。３Ｄで納まりの検証をすることで２Ｄでは気付かなかった問題点が明らかになり，手戻り等がなくなり，生産性の向上と工期短縮に繋がった。
(2)	①	工種又は部位等	石工事
	②	合理化の内容とコスト削減できた理由	湿式工法から乾式工法で石張りを行った。熟練工でなくても施工ができ，天候にも左右されず，モルタルの養生期間が不要となり，工期短縮と耐震性向上が図れた。

記述例-3

1．

(1)	①	工種又は部位等	内装工事
	②	実施した内容と留意事項	軽量鉄骨下地(LGS)，石こうボードを工場でプレカットの上，現場搬入・施工。LGS，石こうボードともに隙間なく，指定されている固定ピッチでしっかりと取付けた。
	③	施工の合理化となる理由	指定されたサイズでの材料搬入のため，現場での加工の手間が大幅になくなり，省力化と工期短縮になるため。
	④	施工の合理化以外に得られた副次的効果	現場でのカットによる粉塵の発生や端材の発生が抑制され，快適な現場環境と廃棄物の抑制につながった。
(2)	①	工種又は部位等	階段工事
	②	実施した内容と留意事項	階段部分を躯体工事から鉄骨階段へ変更した。工場での鉄骨製作の品質検査，据え付け時の精度。
	③	施工の合理化となる理由	躯体工事では鉄筋の配筋，型枠組立，コンクリート打設，型枠解体と多くの工種，工程が必要のため，鉄骨階段とした。
	④	施工の合理化以外に得られた副次的効果	工場製作のため品質確保，工期短縮ができた。先行取付けすることで作業員の昇降階段として利用でき，安全確保になった。

2．

(1)	①	工種又は部位等	コンクリート工事
	②	合理化の内容とコスト削減できた理由	人工軽量骨材を使用した軽量コンクリートを床に打設することで，建物自重が低減でき，地震力や基礎構造物への負担が減り，トータルコストで抑制できた。
(2)	①	工種又は部位等	外壁工事
	②	合理化の内容とコスト削減できた理由	外壁ALCパネルを工場塗装としたことで，塗装の品質確保ができた。無足場工法での据え付けにより，足場組立，解体が不要となり，仮設材のリース，運搬費と作業員のコストが削減できた。

平成29年度

【解答欄】

［工事概要］　省略　p.26～29を参照。

1.

(1)	①	工種又は部位等	
	②	原因と実施した内容	
	③	品質と留意事項	
	④	合理化ができたと考えられる理由	
(2)	①	工種又は部位等	
	②	原因と実施した内容	
	③	品質と留意事項	
	④	合理化ができたと考えられる理由	

2.

①	施工方法	
②	効果的であると考える理由	

問題1　今後，建設業において，高齢化等により技能労働者が大量に離職し，労働力人口が総じて減少するために，建設現場の生産性の向上がなお一層求められている。

あなたが経験した**建築工事**のうち，生産性向上をめざして，**品質を確保したうえで施工の合理化**を行った工事を**1つ**選び，工事概要を具体的に記入したうえで，次の1. から2. の問いに答えなさい。

なお，**建築工事**とは，建築基準法に定める建築物に係る工事とし，建築設備工事を除くものとする。

〔工事概要〕

イ．工　事　名

ロ．工 事 場 所

ハ．工事の内容　（新築等の場合：建物用途，構造，階数，延べ面積（又は施工数量），主な外部仕上げ，主要室の内部仕上げ
改修等の場合：建物用途，主な改修内容，施工数量（又は建物規模））

ニ．工　　期　（年号又は西暦で年月まで記入）

ホ．あなたの立場

1．工事概要であげた工事において，あなたが計画した**施工の合理化**の事例を**2つ**あげ，それぞれの事例について，次の①から④を具体的に記述しなさい。

ただし，2つの事例の②から④の内容は，それぞれ異なる内容の記述とする。

①　工種又は部位等

②　施工の合理化が必要となった原因と実施した内容

③　実施する際に確保しようとした品質と留意事項

④　実施したことにより施工の合理化ができたと考えられる理由

2．工事概要にあげた工事にかかわらず，あなたの今日までの工事経験に照らして，品質を確保したうえで行う施工の合理化の方法であって，**建設資材廃棄物の発生抑制**に効果があると考えられるものについて，次の①から②を具体的に記述しなさい。

ただし，1. の②から④と同じ内容の記述は不可とする。

①　施工方法

②　そう考える理由

記述例-1

1．

(1)	①	工種又は部位等	型枠工事
	②	原因と実施した内容	作業の省力化，工期短縮のため。 スラブ型枠を合板型枠から，フラットデッキに変更をした。
	③	品質と留意事項	フラットデッキの配置は割り付け図面の通り，配置をする。 フラットデッキのかかり代をしっかりと確保，固定する。
	④	合理化ができたと考えられる理由	型枠，支保工ともに解体作業が不要となり，コンクリート打設後，下階の設備工事，内装工事など次工程の作業ができ，省力化と工期短縮につながったため。
(2)	①	工種又は部位等	石工事
	②	原因と実施した内容	工期厳守と耐震性の向上のため，外壁の石張り工事を湿式工法から，乾式工法へ変更した。
	③	品質と留意事項	モルタルでの固定ではなく，ファスナーでの取付けとなり，熟練工でなくても施工可能となり，作業の省力化と耐震性の確保ができる。 作業手順の厳守と確実なファスナーの取付け。
	④	合理化ができたと考えられる理由	乾式工法では，モルタル等の作業，養生期間が不要となり，作業の省力化につながり，工期厳守となった。さらにファスナーでの取付けにより，耐震性の向上になったため。

2．

①	施工方法	木造の造作材，建具枠及び額縁などを現場加工材からプレカット材とした。さらに搬入時には過分な養生材，梱包材をなくした。
②	そう考える理由	現場での木くず，小片等の発生を抑制することができ，工期短縮にも効果がある。養生材，梱包材の削減，発生抑制に繋がる。

記述例-2

1.

(1)	①	工種又は部位等	左官工事
	②	原因と実施した内容	熟練工不足，労働時間の短縮等と床レベルの精度確保のため，床の下地調整にセルフレベル材を使用した。
	③	品質と留意事項	接着力確保のため，下地の養生期間，下地のケレン，清掃および接着不良となりそうな下地部分には目荒し処理を行う。
	④	合理化ができたと考えられる理由	自己水平性をもっており，短時間で平滑な床下地が得られる。高度な技能が不要で省力化，工期短縮に効果があったため。
(2)	①	工種又は部位等	鉄筋工事
	②	原因と実施した内容	躯体工事の工程短縮と品質確保のため，鉄筋工事において，ユニット鉄筋を採用し，品質向上と工期短縮を図った。
	③	品質と留意事項	搬入されたユニット鉄筋の使用箇所，方向の間違いを無くす。耐久性確保のためにかぶり厚さの確保と搬入された材料が雨ざらし，泥の付着等ならないように養生および材料管理を行う。
	④	合理化ができたと考えられる理由	鉄筋の切断，加工および自動化された機械による溶接を工場で行うため，天候に左右されることなく品質管理と作業効率が改善し，品質向上と工期短縮ができたため。

2.

①	施工方法	現場打ち鉄筋コンクリート壁から，工場で製造された壁式プレキャストパネルを工事現場に搬入して組み立てるPC（プレキャスト・コンクリート）工法に変更した。
②	そう考える理由	鉄筋の残材，型枠工事に付随する合板型枠の削減およびコンクリートロスなど，使用量を抑制することが出来る。

記述例-3

1．

(1)	①	工種又は部位等	屋上の防水工事
	②	原因と実施した内容	近隣住民に対して，溶融釜でのアスファルトを高温で溶融させる際の臭気や危険性などの懸念があり，環境への配慮のため，改良アスファルトシート防水トーチ工法にて施工をおこなった。
	③	品質と留意事項	アスファルトコンパウンドをしっかり溶融させて，張り付けていくため，ルーフィングシートの下面をしっかりと炙りながら，シートの外に溶融アスファルトが少しはみ出ることを確認する。
	④	合理化ができたと考えられる理由	近隣住民への臭気や危険性がなくなり，作業の省力化と工期短縮と環境負荷に貢献することができたため。
(2)	①	工種又は部位等	外壁タイル工事のPC化
	②	原因と実施した内容	工期短縮とタイルの接着力向上のため，躯体打ち込みのタイルとした。外壁の躯体と仕上げ材（タイル）をPC化により一体化して実施した。
	③	品質と留意事項	タイル裏面のコンクリート充填不良などが考えられるため，製品検査の際にタイルの目地部だけではなく，タイル裏面のコンクリート充填不良確認のため，打診検査を実施した。
	④	合理化ができたと考えられる理由	タイルの接着力向上と剥落防止，白華の発生抑制および仕上がり面の精度が向上し，品質確保と工期短縮につながったため。

2．

①	施工方法	型枠工事において，基礎，基礎梁部分の合板型枠から，ラス型枠へ変更する。
②	そう考える理由	合板の切断，加工による，残材や小片の廃棄や転用での合板劣化による廃棄を抑えられる。また解体作業が不要となり，省力化および工期短縮にも効果がある。

施工経験記述

平成 25 年度

【解答欄】

［工事概要］ 省略 p. 26 ～ 29 を参照。

１.

(1)	①	工種又は部位等	
	②	目的と実施した内容	
	③	合理化に結び付く理由	
	④	品質を確保できる理由	
(2)	①	工種又は部位等	
	②	目的と実施した内容	
	③	合理化に結び付く理由	
	④	品質を確保できる理由	

２.

①	施工方法	
②	効果的であると考える理由	

問題 1　建築工事の施工技術は，社会的・経済的環境等により変化しており，建築物の性能水準の高い，より高度な技術による施工が求められている。その一方，建設業の就業者数の減少も大きな課題となっており，このような中で，施工技術や合理化工法の開発など新たな取組みが行われている。

あなたが経験した**建築工事**のうち，品質を確保した上で**施工の合理化**を行った工事を1つ選び，下記の工事概要を具体的に記入した上で，次の問いに答えなさい。

なお，**建築工事**とは，建築基準法に定める建築物に係る工事とする。ただし，建築設備工事を除く。

〔工事概要〕

イ．工　事　名

ロ．工事場所

ハ．工事の内容　（新築等の場合：建物用途，構造，階数，延べ面積又は施工数量，主な外部仕上げ，主要室の内部仕上げ
改修等の場合：建物用途，主な改修内容，施工数量又は建物規模）

ニ．工　　期（年号又は西暦で年月まで記入）

ホ．あなたの立場

1．工事概要であげた工事で，あなたが担当した工種において実施した，**施工の合理化**の事例を**2つ**あげ，次の①から④について，それぞれ具体的に記述しなさい。

ただし，2つの事例の「合理化を行った目的と実施した内容」は，それぞれ異なる内容の記述とすること。また，現在一般的に行われている躯体・仕上げ材料のプレカットに関する記述は不可とする。

①　工種又は部位等

②　合理化を行った目的と実施した内容

③　実施した内容が合理化に結び付く理由

④　実施した内容が品質を確保できる理由

2．上記の工事概要であげた工事にかかわらず，あなたの今日までの工事経験に照らして，施工の合理化の方法であって，建設資材廃棄物の縮減に効果があると考えられる**施工方法**と，それが**効果的であると考える理由**を具体的に記述しなさい。

ただし，現在一般的に行われている躯体・仕上げ材料のプレカットに関する記述は除くものとする。また，上記1．の②「実施した内容」及び③「合理化に結び付く理由」と同じ内容の記述は不可とする。

記述例-1

1．

(1)	①	工種又は部位等	型枠工事
	②	目的と実施した内容	支保工が不要のため作業スペースが確保でき，工期短縮になる。スラブ型枠を合板からデッキプレートに変更した。
	③	合理化に結び付く理由	支保工および型枠の解体作業が不要となり，次工程の作業が進められるため，工期短縮につながる。
	④	品質を確保できる理由	デッキプレートにすることにより，合板型枠より，たわみも少なくなり躯体精度が上がる。
(2)	①	工種又は部位等	仮設工事
	②	目的と実施した内容	外壁工事，作業の工期確保のため，外部足場の組み立て，解体はクレーンを使用して，地上作業となる大組，大払とした。
	③	合理化に結び付く理由	地上の組み立て，解体作業のため，高所作業が大幅に減り，部材の落下防止の抑制と安全性が確保でき，作業効率が大幅に上昇し，工期短縮に繋がった。
	④	品質を確保できる理由	作業効率が大幅に改善でき，仮設工事の工期短縮に繋がるため，多くの工種，作業がある外壁工事，外構工事の工期を十分確保できたため。

2．

①	施工方法	基礎，基礎梁の合板型枠から，ラス型枠へ変更。
②	効果的であると考える理由	合板型枠を使用しないことにより，型枠の解体作業が不要となり，転用ができない合板，端材などの廃棄処分は発生しなくなる。

記述例-2

1．

(1)	①	工種又は部位等	鉄筋工事
	②	目的と実施した内容	鉄筋のガス圧接工事を強風時，雨天時でも施工が可能な機械式継手工法に変更した。
	③	合理化に結び付く理由	鉄筋のガス圧接工事は，強風時，雨天時では，養生シート等が必要となり，作業の遅れが発生することも考えられる。
	④	品質を確保できる理由	機械式継手工法は，雨天での施工が可能であり，工期厳守ができる。施工後，1ロットから3本の引張試験を行い，すべて合格で品質が確保できた。
(2)	①	工種又は部位等	石工事
	②	目的と実施した内容	工期短縮が目的であり，正面玄関横の壁の張石工事を湿式工法から乾式工法に変更した。
	③	合理化に結び付く理由	正面玄関横は，建物の顔でもあり，美化を守り続けたい。乾式工法は，白華現象の発生防止と施工工期の短縮ができ，施工の合理化につながるため。
	④	品質を確保できる理由	地震時のコンクリート躯体との挙動によるひび割れや脱落を防ぐことが可能である。白華等も生じず，品質を確保することができた。

2．

①	施工方法	搬入される構造材や内外装材などの部材保護の養生材（梱包材）は簡易養生とし，業者にて持ち帰りとした。
②	効果的であると考える理由	簡易養生となり，使用されるダンボールや養生材が減少。さらに，持ち帰りにより廃棄物発生量が大幅に削減できたため。

記述例-3

1.

(1)	①	工種又は部位等	基礎，地中梁側面型枠
	②	目的と実施した内容	基礎，地中梁の側面型枠を合板型枠から，ラス型枠へ変更。外周面のコンクリートを 20 mm ふかして，かぶり厚さを確保した。
	③	合理化に結び付く理由	ラス型枠を使用することで，型枠の解体作業が不要となり，すぐに埋め戻し作業ができ，在来工法に比べて工期短縮につながる。
	④	品質を確保できる理由	かぶり厚さを 20 mm 外周面のみふかして，かぶり厚さを確保したことで品質確保することができた。
(2)	①	工種又は部位等	内装（天井）工事
	②	目的と実施した内容	天井のボード張り工事に高所作業車を使用した。内装（天井）工事のための全面足場掛けを止め，高所作業車を複数台使用した。
	③	合理化に結び付く理由	天井作業のための足場組立て，解体作業がなくなった。天井面作業，天井内作業が高所作業車の高さを変更することで，足場組み換え作業がなくなり，施工の合理化が図れた。
	④	品質を確保できる理由	天井面，天井内作業とも，通常の姿勢で作業ができるため，無理な姿勢での作業はなくなり，施工品質の向上が図れた。

2.

①	施工方法	内装タイル工事（湿式工法）をポリカーボネート化粧板に変更。
②	効果的であると考える理由	湿式工法壁タイル張りでのタイル残材，端材およびモルタル等の排出削減と工期短縮につながる。

施工経験記述

3．建設副産物対策　＜＊出題：平成30，27年度＞

平成30年度

【解答欄】

［工事概要］　省略　p. 26～29を参照。

1．

(1)	①	建設副産物対策	発生抑制・再使用・再生利用
	②	工種名等	
	③	実施したことと実施に当たっての留意事項	
	④	得られた副次的効果	
(2)	①	建設副産物対策	発生抑制・再使用・再生利用
	②	工種名等	
	③	実施したことと実施に当たっての留意事項	
	④	得られた副次的効果	
(3)	①	建設副産物対策	発生抑制・再使用・再生利用
	②	工種名等	
	③	実施したことと実施に当たっての留意事項	
	④	得られた副次的効果	

2．

(1)	①	実施したこと	
	②	実施するための留意事項	
(2)	①	実施したこと	
	②	実施するための留意事項	

問題 1　建設業においては，高度成長期に大量に建設された建築物の更新や解体工事に伴う建設副産物の発生量の増加が想定されることから，建設副産物対策への更なる取組みが求められている。

あなたが経験した**建築工事**のうち，施工に当たり**建設副産物対策**を施工計画の段階から検討し実施した工事を1つ選び，工事概要を具体的に記述したうえで，次の1．及び2．の問いに答えなさい。

なお，**建築工事**とは，建築基準法に定める建築物に係る工事とし，建築設備工事を除くものとする。

〔工事概要〕

イ．工　事　名

ロ．工 事 場 所

ハ．工事の内容　（新築等の場合：建物用途，構造，階数，延べ面積又は施工数量，主な外部仕上げ，主要室の内部仕上げ
改修等の場合：建物用途，建物規模，主な改修内容及び施工数量）

ニ．工　　　期（年号又は西暦で年月まで記入）

ホ．あなたの立場

1．工事概要であげた工事において，あなたが実施した建設副産物対策に係る**3つ**の事例をあげ，それぞれの事例について，次の①から④を具体的に記述しなさい。

ただし，3つの事例の③及び④はそれぞれ異なる内容の記述とする。

なお，ここでいう① 建設副産物対策は，**発生抑制**，**再使用**又は**再生利用**とし，重複して選択してもよい。

①　建設副産物対策（該当するものを1つ○で囲むこと。）

②　工種名等

③　対策として**実施したこと**と実施に当たっての**留意事項**

④　実施したことによって得られた**副次的効果**

2．工事概要であげた工事にかかわらず，あなたの今日までの工事経験に照らして，1．で記述した内容以外の建設副産物対策として，建設廃棄物の**適正な処理**の事例を**2つ**あげ，対策として**実施したこと**と，それらを適切に実施するための**留意事項**を具体的に記述しなさい。

ただし，2つの事例は異なる内容の記述とする。

記述例-1

1．

(1)	①	建設副産物対策	[発生抑制]・再使用・再生利用
	②	工種名等	型枠工事
	③	実施したことと実施に当たっての留意事項	型枠材の発生を抑制するために，柱・梁にプレキャスト工法（PC工法）を採用し，その部材を場内のPCヤードで製作し，PC立ち上り部の型枠を繰り返し転用できる鋼製型枠とした。
	④	得られた副次的効果	鋼製型枠を用いたことで，型枠材の転用回数が高まり，作業効率が図れた。部材搬入のための車両台数が減り，CO_2排出量を抑制できた。
(2)	①	建設副産物対策	発生抑制・[再使用]・再生利用
	②	工種名等	土工事・外構工事
	③	実施したことと実施に当たっての留意事項	発生土は場外搬出処分の計画であったが，良質土であり，設計変更提案，承認の上，外構工事の盛土に使用した。敷地内で発生土のストックヤードを明確化し，品質の管理をする。
	④	得られた副次的効果	場外処分場への運搬，購入発生土が減り，工程短縮，作業効率が図れた。
(3)	①	建設副産物対策	発生抑制・再使用・[再生利用]
	②	工種名等	内装工事
	③	実施したことと実施に当たっての留意事項	石膏ボードの切れ端等に異物が混入しないよう分別回収した。水漏れ，湿気には弱いため，水漏れ等を避ける。
	④	得られた副次的効果	石膏ボードメーカーへ引き取りを依頼し，石膏ボード用原料への再生や土質改良材など他の用途として，再生利用することが可能である。

2．

(1)	①	実施したこと	マニフェスト（産業廃棄物管理票）を発行し，産業廃棄物の名称，数量，運搬業者名，処分業者名などを記入し，適正に処理されていることを管理した。
	②	実施するための留意事項	許可業者であるかを事前に確認の上，契約を交わす。最終処分場の視察なども行い，処理業者からの写しの交付があるまで，マニフェスト書類の控えを管理，保管する。
(2)	①	実施したこと	木くずや残材など分別集積，回収を徹底して，パーティクルボードなど製作メーカにパーティクルボード用原料として回収依頼をした。
	②	実施するための留意事項	金属類などは取り外し，異物が混入しないように分別集積，回収を徹底する。

施工経験記述

記述例-2

1.

(1)	①	建設副産物対策	**発生抑制**・再使用・再生利用
	②	工種名等	型枠工事
	③	実施したことと実施に当たっての留意事項	基礎工事（基礎・基礎梁）部分の型枠を合板型枠からラス型枠に変更して，合板の残材の発生を抑制。コンクリート打設および寸法管理に留意した。
	④	得られた副次的効果	合板の残材発生を抑えることができた。型枠の解体作業がなくなり，工期短縮が図れた。
(2)	①	建設副産物対策	発生抑制・再使用・**再生利用**
	②	工種名等	工事全般
	③	実施したことと実施に当たっての留意事項	分別回収用（鉄くず，ダンボール，石膏ボード）のコンテナを設け分別を徹底し，再生工場へ搬出した。混合廃棄物とならないように作業員への周知徹底と日々，目視点検管理をした。
	④	得られた副次的効果	作業員へ周知徹底することができ，分別回収ができ，同規模の現場と比較して，排出量を抑えられた。さらに現場の美化も進み，作業員の分別回収意識が向上した。
(3)	①	建設副産物対策	発生抑制・再使用・**再生利用**
	②	工種名等	工事全般
	③	実施したことと実施に当たっての留意事項	梱包材などの木材を分別回収し，木質セメント板工場にてチップ化の上，木質セメント板の材料とした。木材についている金属類は撤去を徹底した。
	④	得られた副次的効果	産業廃棄物の発生を抑制でき，再資源化に貢献できた。

2.

(1)	①	実施したこと	金属くずとして，鉄，アルミニウム，ステンレスなどで専用コンテナを設け，分別回収を徹底し，回収業者へ回収依頼を行い，リサイクル処理に努めた。
	②	実施するための留意事項	分別のシール（サイン看板）をコンテナに貼り付け，分別管理と飛散防止のネットを取り付けた。
(2)	①	実施したこと	分別回収の徹底を図るため，週１回の全員清掃の後，職長会にて，分別回収・保管場所の点検を実施。分別ができていない時は，職長会にて，分別を実施した。
	②	実施するための留意事項	作業員，職長会ともに分別回収・保管の意識を高め，全作業員で取り組む意識を共有する。

記述例-3

1．

(1)	①	建設副産物対策	[発生抑制]・再使用・再生利用
	②	工種名等	内装工事
	③	実施したことと実施に当たっての留意事項	内装天井工事をシステム天井に変更した。また，搬入に伴う過剰な養生材も抑え，余剰材料の搬入も控えた。
	④	得られた副次的効果	せっこうボードおよび下地となる軽量鉄骨の端材発生抑制と塗装工期などの工期短縮となった。
(2)	①	建設副産物対策	[発生抑制]・再使用・再生利用
	②	工種名等	型枠工事
	③	実施したことと実施に当たっての留意事項	合板から鋼製デッキプレートに型枠を変更した。デッキプレートの敷き込み後の端部固定，落下，飛散，ずれ防止のため溶接の徹底。
	④	得られた副次的効果	合板や合板残材の廃材発生抑制と解体作業の省力化。支保工がないため，作業効率が上がり，工程短縮が図れた。
(3)	①	建設副産物対策	発生抑制・[再使用]・再生利用
	②	工種名等	土工事
	③	実施したことと実施に当たっての留意事項	掘削で発生した良質土を近隣現場の埋め戻しに必要としている現場で利用した。現場間の連絡を密にとり，スケジュール調整を行った。
	④	得られた副次的効果	近隣現場での相互利用により，作業効率が図れた。処分費のコストも抑制できた。

2．

(1)	①	実施したこと	ダンボール，せっこうボードの分別回収と再資源化のため，専門回収業者に引き取りを実施した。
	②	実施するための留意事項	飛散や湿気，雨に濡れない場所にて保管，管理をした。作業員への分別回収の徹底と日々の保管場所の点検を実施した。
(2)	①	実施したこと	ベントナイト溶液を含む含水率が高く粒子の微細な泥状の掘削物は，建設汚泥として処理業者へ委託し処理を行った。
	②	実施するための留意事項	建設汚泥と建設発生土が混ざらないように区分けして管理をする。

施工経験記述

施工経験記述

平成27年度

【解答欄】

［工事概要］ 省略 p. 26 ～ 29 を参照。

1．

(1)	建設副産物対策		発生抑制
	①	工種名	
	②	計画・実施した内容	
	③	結果と波及効果	
(2)	建設副産物対策		発生抑制
	①	工種名	
	②	計画・実施した内容	
	③	結果と波及効果	
(3)	建設副産物対策		再生利用
	①	工種名	
	②	計画・実施した内容	
	③	結果と波及効果	

2．

①	産業廃棄物	
	適正処分にあたっての留意事項	
②	産業廃棄物	
	適正処分にあたっての留意事項	

問題 1　建設工事における建設副産物は，その種類と発生量が多いため，建設業においては資源循環型社会の推進に向けて建設副産物に対する更なる取組みが求められている。

あなたが経験した**建築工事**のうち，施工にあたり**建設副産物対策**を計画し実施した工事を1つ選び，工事概要を記入したうえで，次の1. から2. の問いに答えなさい。

なお，**建築工事**とは，建築基準法に定める建築物にかかる工事とし，建築設備工事を除くものとする。

〔工事概要〕

イ．工　事　名

ロ．工 事 場 所

ハ．工事の内容　（新築等の場合：建物用途，構造，階数，延べ面積（又は施工数量），主な外部仕上げ，主要室の内部仕上げ
改修等の場合：建物用途，主な改修内容，施工数量（又は建物規模））

ニ．工　　期（年号又は西暦で年月まで記入）

ホ．あなたの立場

1．工事概要であげた工事において，あなたが計画し実施した建設副産物対策のうちから**発生抑制**について**2つ**，**再生利用**について**1つ**あげ，次の①から③の事項についてそれぞれ具体的に記述しなさい。

ただし，②の「計画・実施した内容」はそれぞれ異なる内容の記述とする。

①　工　　種　　名

②　計画・実施した内容

③　結 果 と 波 及 効 果

2．工事概要にあげた工事にかかわらず，あなたの今日までの工事経験に照らして，現場で分別された産業廃棄物の**適正処分**にあたっての**留意事項**を**2つ**，産業廃棄物をあげて具体的に記述しなさい。

ただし，留意事項はそれぞれ異なる内容の記述とする。

記述例-1

1.

		建設副産物対策	発生抑制
(1)	①	工種名	各種工事
	②	計画・実施した内容	梱包材等は，出来る限り簡易なものでの搬入をするように協力会社，メーカーに事前に連絡の上，徹底した。 端太角などは，資材として協力会社，メーカーに持ち帰らせた。
	③	結果と波及効果	結果，ほぼ作業所で発生する廃棄物は，“ゼロ”に近づけることができ，処分費も削減できた。発生抑制に関して，協力会社，メーカーの意識も高くなる。
(2)		建設副産物対策	発生抑制
	①	工種名	型枠工事
	②	計画・実施した内容	床，屋根のコンクリート型枠を木製型枠から，鋼製デッキプレートへ変更をした。
	③	結果と波及効果	型枠の現場加工，木くず等の廃材の発生を削減することができた。また支保工の組み立て，解体が不要となり，安全性の向上と工期短縮につながった。
(3)		建設副産物対策	再生利用
	①	工種名	地業工事
	②	計画・実施した内容	設計監理者の承認の上，基礎と基礎梁下の砕石敷きは再生砕石を使用して，所定の厚みを敷き転圧をした。
	③	結果と波及効果	当初の予定通りの砕石敷きの厚みが確保できた。 地球環境保全，資源の再生利用として，今後，推し進めることができる。

2.

	産業廃棄物	せっこうボード
①	適正処分にあたっての留意事項	雨や水に濡れない場所として，屋外でも屋根，壁がある場所で，専用の回収コンテナにて保管をして，メーカーに引き取らせて再生利用を促進する。
②	産業廃棄物	金属くず
	適正処分にあたっての留意事項	鉄，ステンレス，アルミなど専用の分別回収コンテナを設置し，分別回収，保管を行い，スクラップ業者に回収を依頼した。

記述例-2

1．

(1)	建設副産物対策		発生抑制
	①	工種名	型枠工事
	②	計画・実施した内容	基礎，地中梁の型枠を合板型枠から，ラス製型枠に変更し，木くずの発生量を抑えた。型枠解体作業が不要。
	③	結果と波及効果	型枠の残材，木くずの発生量を抑え，型枠解体作業が不要となり，早期に埋め戻し作業が可能となり，工期短縮にもつながった。
(2)	建設副産物対策		発生抑制
	①	工種名	土工事
	②	計画・実施した内容	残土の搬出車両台数や労務不足の懸念もあり，掘削残土の仮置きをするストックヤードを敷地内に設け，残土搬出および運搬に伴う車両台数を抑制した。
	③	結果と波及効果	掘削した残土運搬費，処分費がなくなり，ストックヤードから効率的に埋め戻し作業ができ，工期短縮とコスト縮減となった。
(3)	建設副産物対策		再生利用
	①	工種名	内装工事
	②	計画・実施した内容	せっこうボードの端材は水濡れ，湿気等を避けた場所に専用コンテナを設置の上，分別収集を徹底し，メーカーの処理施設へ運搬，引き取りをしてもらった。
	③	結果と波及効果	せっこうボードの再生利用が図れ，さらに作業所内の分別収集の意識が高まり，分別を徹底することができ，建設混合廃棄物の量が大幅に抑制できた。

2．

①	産業廃棄物	ダンボール
	適正処分にあたっての留意事項	水濡れや湿気があると再生処理が難しくなるため，水濡れがなく，湿気の少ない屋内の指定場所にて分別回収を行い，回収業者に引き取ってもらった。
②	産業廃棄物	産業廃棄物全般
	適正処分にあたっての留意事項	新規入場者教育や定期的に朝礼等にて，作業員全員が再資源化を促進するために分別回収を周知，協力会社，職長会などで分別パトロールを徹底した。

記述例-3

1．

(1)	建設副産物対策		発生抑制
	①	工種名	型枠工事・タイル工事
	②	計画・実施した内容	外壁タイル打込みプレキャストコンクリートを用いることで，工場内にて鋼製型枠を転用し，再利用できる。タイルの梱包材を現場内に入れることなく製品化した。
	③	結果と波及効果	工場内にて鋼製型枠を転用することができ，タイル張り付け作業で発生する材料の余り，梱包材等は削減できた。また，タイルを先付けすることで，タイル剥落防止にもつながる。
(2)	建設副産物対策		発生抑制
	①	工種名	内装工事
	②	計画・実施した内容	せっこうボードを壁の天井高さまでの寸法（長さ）で発注したものを現場搬入し，現場での切断加工をなくした。高さの施工誤差の微調整はボード下部にて調整した。
	③	結果と波及効果	現場での切断加工をなくすことができ，作業効率が向上した。切断した残材の発生がほとんどなくなり，発生抑制につながった。
(3)	建設副産物対策		再生利用
	①	工種名	木工事
	②	計画・実施した内容	分別回収を行い，パーティクルボード，木質セメント板にできる再生工場に引き取ってもらった。
	③	結果と波及効果	産業廃棄物量を抑えることができ，建設副産物を加工再生することで，資源の有効活用が図れ，森林保護にも貢献できた。

2．

①	産業廃棄物	建設汚泥
	適正処分にあたっての留意事項	汚泥と残土をしっかりと区分けを行い，汚泥にはリサイクル型固化材を混ぜ，含水率を下げてから搬出。固化材を混ぜるとき，風向き等近隣への飛散注意。
②	産業廃棄物	木くず
	適正処分にあたっての留意事項	木製パレットは，再利用可能な養生材のため，持込業者に持ち帰りを徹底。その他の木くずは，分別集積を徹底して，燃料用・ボード用チップとして回収業者に引き渡した。

第2章

一般記述

一般記述は，直近10年間，大別すると「安全管理」または「仮設計画」が出題されています。

留意事項を簡潔に具体的に記述する形式

・仮設計画 …（奇数年度）
・安全管理 …（偶数年度）

2・1　一般記述の概要

1．出題傾向

近年，出題されている一般記述の設問を大別すると，「安全管理」，「仮設計画」の2つに分類される。直近10年間の出題傾向は，下表のとおりである。

奇数年度は，「仮設計画」，偶数年度では，「安全管理」と交互に出題されている。そのため，令和5年度は「**仮設計画**」が出題される可能性が高いと考えられる。

分類	年度 {令和：R 平成：H} / 項目	R4年	R3年	R2年	R元年	H30年	H29年	H28年	H27年	H26年	H25年
安全管理	墜落・転落災害	○				○				○	
	崩壊・倒壊災害	○								○	
	重機関連，車両系建設機械災害					○		○		○	
	移動式クレーン，高所作業車	○						○			
	移動式足場										
	交流アーク溶接，電気災害					○					
	飛来落下災害										
	外部枠組足場			○							
	建設用リフト，ロングスパンエレベーター			○				○			
	コンクリートポンプ車			○							
仮設計画	外部足場								○		
	仮設電気設備								○		
	荷受け構台				○				○		
	場内仮設事務所		○								○
	仮設道路										○
	鋼製仮囲い				○						○
	工事ゲート（車両出入口）		○								
	揚重機，工事用エレベーター				○						
	つり足場						○				
	起伏式（ジブ）タワークレーン						○				
	仮設ゴンドラ		○				○				

2．記述のポイント

第1章　経験記述の書き方　1・1　施工経験記述の概要　2. 記述のポイント (p. 24) を参考。さらに，**ポイント**を整理すること。

ポイント

① 問題数は，3問に対して，それぞれ2つ留意または検討すべき事項を具体的に記述する。

② 今まで経験してきた工事を振り返り，経験した2～3の工事について，近年出題されている，「安全管理」，「仮設計画」の項目に対して，留意または検討すべき事項について，必ず事前に整理，まとめを行うこと（表2･1　安全管理，表2･2　仮設計画 参照）。

表2・1　安全管理　ポイント整理リスト

項　目	留意または検討すべき事項
墜落・転落災害	
崩壊・倒壊災害	
重機関連， 車両系建設機械災害	
移動式クレーン 高所作業車	
移動式足場	
交流アーク溶接， 電気災害	
飛来落下災害	
外部枠組足場	
建設用リフト ロングスパンエレベーター	
コンクリートポンプ車	

表2・2　仮設計画　ポイント整理リスト

項　目	留意または検討すべき事項
外部足場	
仮設電気設備	
荷受け構台	
場内仮設事務所	
仮設道路	
鋼製仮囲い	
工事ゲート (車両出入口)	
揚重機 工事用エレベーター	
乗入れ構台	
つり足場	
起伏式（ジブ）タワークレーン	
仮設ゴンドラ	

3．キーワード（留意または検討すべき事項）

(1)　安全管理

①　墜落災害

・高所作業においては，親綱の設置と安全帯を必ず使用。

・足場の組立てにおいて，手すり先行工法を採用する。高さ85 cmの手すりと中さん，幅木を取り付ける。

・開口部には手すりの設置，開口部の養生（蓋）をする。

・鉄骨工事では，水平ネット，親綱などを取り付ける。

・雨天時，強風，積雪時などの悪天候では高所作業を中止する。また，再開時には点検を実施する。

②　崩壊・倒壊災害

・土工事などではヒービングによる山留め壁の崩壊防止のため，地下水位を下げる。

・根切りの法面の崩壊防止のため，法面をシート養生する。

・山留め壁，支保工の点検。異常が認められた場合は，工事を止め，速やかに対応措置をする。

・外部足場の倒壊防止のため定期点検の実施。決められた間隔にて，壁つなぎの設置。

・鉄骨建方,解体工事では,倒壊防止のために適切な方向にワイヤーロープを設置する。

③　重機関連災害，バックホウ

・作業開始前の点検・整備の実施。点検記録を残す。

・作業前に運転免許等，有資格者の確認。作業計画書の作成と当日の作業の打合せ。

・重機旋回中に作業員等の接触防止のため，旋回範囲内への立ち入り禁止措置をカラーコーンまたは，バリケート等で行う。

・重機の設置地盤は，地盤改良や鉄板を敷き，地耐力を確保する。

・主たる用途以外での使用を禁止。

④　移動式クレーン，高所作業車

・移動式クレーンの転倒事故防止のため，敷き鉄板の上にアウトリガーを最大張り出して設置。

・作業計画書の作成，作業前ミーティングの実施。作業半径内への立ち入り禁止措置。

・有資格者による玉掛け作業と吊り荷の下には入らないこと。玉かけ用具の点検と記録を残す。

・重機の点検・整備の実施。点検記録を残す。

・悪天候，強風時における作業中止の基準を明確にし，基準を超えたときは作業を中止する。

⑤　移動式足場

・最大積載荷重，使用会社，使用責任者等の表示をする。
・高さ 90 cm 以上で手すりを設け，中さんおよび高さ 10 cm 以上の幅木を取り付ける。
・作業中は安全帯を使用，キャスター（車輪）のブレーキを 4 か所確実にかける。
・作業床に隙間のないように敷き，緊結をする。
・作業床では脚立，はしごなどを使用してはならない。また，作業者を乗せたままでの移動をしてはならない。さらに，物を持っての昇降はしない。

⑥　交流アーク溶接

・保護めがねの着用，乾いた皮手袋の使用。
・感電しやすい環境下での作業は避ける。雨天時，衣服がぬれた状態での作業は避ける。
・アーク溶接等の作業に使用する溶接棒等のホルダーは，絶縁防護部分およびホルダー用ケーブルの接続部の損傷を確認。
・自動電撃防止装置，感電防止用漏電しゃ断装置の確認。
・溶接部のブラシ清掃，溶接材に応じて電流を調整する。

⑦　飛来落下災害

・外部足場に養生用のメッシュシートを設置。さらに足場，躯体間に層間ネットを設置する。
・外部足場等から通行人等への災害防止のため，張り出し長さ 2 m 以上の防護棚を設ける。
・屋上，バルコニー等からの資材が風で飛来落下しないように資材の養生をして，外部面にメッシュシートを取り付ける。
・高所作業中は，足場上に道具，不要材を放置しない。
・高所作業の下では，立ち入り禁止措置をとり，上下作業を禁止する。

⑧ 外部枠組足場

・壁つなぎは垂直方向 9 m 以下，水平方向 8 m 以下の間隔で設ける。取り外されていないかを確認する。
・最上階および 5 層以内ごとに水平材を設ける。根がらみの設置をする。最大積載荷重の標示をし，作業を厳守する。
・高さが 5 m 以上の足場の組立て解体変更の作業には，作業主任者を選任し，現場の見やすい位置に掲示する。

・足場の外部面にはメッシュシートなどを設置する。

・昇降設備，階段の配置計画，階段廻りの開口部周辺に手すりを設置する。

⑨　建設用リフト，ロングスパンエレベーター

・出来るだけ荷さばき場，ストックヤードが広くとれる場所に設置する。また，他の作業が運搬動線と交錯しない位置とする。

・最大積載荷重の表示と厳守。昇降路内に立入り禁止措置をする。荷の積みおろしはエレベーターが完全に停止してから行う。

・昇降は水平であるかを確認。ブザー，回転灯，開閉器及び制御装置に異常がないか点検する。

・運転者は搬器を上げたままで，運転位置から離れてはならない。

・「設置届」，「設置報告書」等の届け出の作成，保管。

⑩　第三者災害

・車両の出入口部分にて，通行人との接触事故を防止するため，誘導員の配置をして誘導。

・工事現場に第三者が立ち入らないように高さ 1.8 m 以上の仮囲いをし，工事関係者以外の立入り禁止措置をする。作業終了時の施錠。

・車両等出入口にて，車輌の出入りがないときは，ゲート等を一時閉める。

・外部足場から通行人等への飛来落下事故を防止するために，張り出し長さ 2 m 以上の防護棚を設ける。

・梱包材の飛散防止として，メッシュシートを外部足場または鉄骨の外部に取り付ける。

・工事現場の境界線から水平距離 5 m 以内かつ，高さ 3 m 以上の場所から，ゴミを投下する場合は，ダストシュートを用いる。

(2)　仮設計画

①　外部足場

・高さ 5 m 以上の足場の組立て等には作業主任者を選任し，その指揮のもと作業をする。

・建地は敷板，ベース金物を用いて，釘留めをする。

・建地の間隔，壁つなぎ，控えの間隔を厳守。

・足場の組立てにおいて，手すり先行工法を採用する。高さ 85 cm の手すりと中さん，幅木の取付け。

一般記述

・第三者への飛来落下事故防止のため，防護柵（朝顔）を設ける。

② 仮設電気設備

・キュービクル，トランス等は堅固な地盤にアンカーボルト等で固定する。
・機器の操作，点検に支障がない余地を施し，仮囲い（H = 2.0 m 程度）で防護し，出入口には施錠する。
・取扱責任者名および立入り禁止の標識等を設置する。
・開口部はできるだけ小さくし，小動物の侵入を防ぐ処置をする。
・風雪，氷雪による被害を受けないように防護する。

③ 荷受け構台

・搬入，搬出材の重量，形状，数量と揚重機の距離を考慮した位置に設ける。
・自重，積載荷重，作業荷重，風荷重等に対して，安全な構造とする。
・作業床には墜落防止用に，高さ 85 cm 以上の手すりと中さん等を設ける。
・手すり，幅木を取り付けると共に許容積載荷重を記載する。
・搬出入に適した位置に配置し，搬出入の機材，材料に応じた形状，規模とする。

④ 場内仮設事務所

・工事計画上，工事の支障にならない場所，作業場内が見渡せる場所に設置する。
・作業員の出入り口に近い場所に設置する。
・電気，給排水など引き込みやすい敷地外周部に設置する。
・近隣の民家側に窓，通路等を設けない配慮をする。
・監理事務所と工事事務所は，役割が異なるため，同室はさける。

⑤ 仮設道路

・車両，重機の大きさ，通行量に合わせた必要な幅員とする。
・車両と作業員が交差しないように動線計画をする。
・骨材等を使用する場合は，環境問題も考慮し，再生骨材等の利用を検討する。
・雨水が溜まらないように水勾配を設ける。
・車両，重機等が頻繁に動く場所には，敷き鉄板を設置する。

⑥ 鋼製仮囲い

・災害のおそれのない場合を除き，高さ 1.8 m（自治体によっては 3.0 m）以上の仮囲いを設置する。
・道路を占用して仮囲いを設置する場合は，道路管理者に許可を得る。

・風等により倒れないように，建地及び控えの根元をしっかりと固定する。
・道路面等と下端の隙間などは幅木を設置し，隙間を塞ぐ。
・通行者同士の接触防止のため，コーナー部は透明なアクリル板の使用を検討する。

⑦　工事ゲート（車両出入口）
・有効幅は全面道路の幅員により，ある程度の余裕を持たせる。
・有効高さは，荷を積んだ大型車輌の最も高い状態で通過出来る高さ（4.0 ～ 4.2 m 程度）とする。
・通行人の安全や交通の妨げにならない位置に設け，誘導員の配置や車両の出入りに関しては，標示灯などを設置する。
・車両等の出入りが少ないとき，または出入りがないときは，出入口のゲートを閉鎖し，関係者以外の侵入を防ぐ。
・台風，強風時には，ゲートを開いて，支柱に束ねるなど転倒防止措置を行う。

⑧　揚重機，工事用エレベーター
・吊り荷の重量，作業半径，建物高さ等の揚重条件を十分に検討し，適切な揚重能力のある機種，形式を選定。
・作業工程，規模等から，場合によっては，複数の揚重機を設置する。
・建設用リフト，ロングスパンエレベーターの昇降時の立入り禁止措置をする。
・送電線からの離隔距離，電波障害などの有無の確認と配置計画で考慮する。
・揚重機械の設置場所，組立て，クライミング，解体方法を事前に考慮する。

⑨　乗入れ構台
・構台の水平，垂直精度を確認する。
・鋼材の支柱，梁，筋かい等の緊結部は，緊結金具等で堅固に固定されているかを確認する。
・支柱の支持力は，重機等の総体重量に耐えるように確保されているかを確認する。
・最大積載荷重の標示，載荷試験等を行う。
・乗入れ構台の支柱と山留めの切梁受け支柱は，兼用されていないかを確認する。

⑩　つり足場
・足場桁，スターラップ，作業床等に控えを設けるなど，動揺又は転位を防止すること。
・つり足場の外周，開口部には墜落防止用の手すりを設ける。
・作業床は幅を 40cm 以上かつ，すき間がないようにすること。

一般記述

・組立て，解体，変更の作業は，作業主任者技能講習を修了した者のうちから，足場の組立て等作業主任者を選任して作業をする。

・つり足場の上で脚立，はしごなどを用いて作業をしてはならない。

⑪ 起伏式（ジブ）タワークレーン

・揚重物の質量，取り込み・取付け位置とクレーンの吊り上げ能力等を考慮し，無理のない適切な機種を選定する。

・作業終了時のジブの向きは，近隣への配慮をした方向，角度で終了する。

・クレーンをコンクリート構造体上に設置する場合は，実際に設置される時点のコンクリート養生期間に応じたコンクリートの発現強度により構造計算を行う。

・解体時は，部材の引き上げ時や切り離し時に，接触したりバランスが崩れて揺れる場合もあるため，建物や仮設物等との十分なクリアランスを考えて計画する。

・複数台設置の場合は，隣接するタワークレーン相互のジブが接触する恐れもあるため，相手方の現在位置情報を相互に通信して，ジブ接触事故の防止を図る。

⑫ 仮設ゴンドラ

・積載荷重を超える荷重をかけて使用してはならない。

・ゴンドラに関する安全のための特別の教育を受けた者以外は，ゴンドラの操作を行わせないこと。また，操作を行う者は，ゴンドラが使用されている間は操作位置から離れないこと。

・ゴンドラの作業床での作業を行うときは，作業員に安全帯そのほかの命綱を使用させること。

・作業を行っている箇所の下方には，関係作業員以外の立入禁止措置を行う。

・悪天候などで危険が予想されるときには，ゴンドラを使用する作業は行わない。

2・2　直近 10 年間の一般記述の出題内容

直近 10 年間に出題された内容は，次のとおりである。

年度	出題内容
令和 4 年度	施工計画に当たり事前に検討した事項として，災害の発生するおそれのある状況又は作業内容と災害を防止するための対策を，それぞれ 2 つ 1. 墜落，転落による災害 2. 崩壊，倒壊による災害 3. 移動式クレーンによる災害
令和 3 年度	仮設物の設置を計画するに当たり，留意及び検討すべき事項を 2 つ 1. 仮設ゴンドラ 2. 場内仮設事務所 3. 工事ゲート（車両出入口）
令和 2 年度	設備又は機械を安全に使用するための留意事項を，それぞれ 2 つ 1. 外部枠組足場 2. コンクリートポンプ車 3. 建設用リフト
令和元年度	仮設物について，設置計画の作成に当たり検討すべき事項を，それぞれ 2 つ 1. 荷受け構台 2. 鋼板製仮囲い（ゲート及び通用口を除く） 3. 工事用エレベーター
平成 30 年度	施工計画に当たり事前に検討した災害の発生するおそれのある状況や作業の内容と災害を防止するための対策を，それぞれ 2 つ 1. 墜落，転落による災害 2. 電気による災害 3. 車両系建設機械による災害
平成 29 年度	仮設物について，設置計画の作成に当たり，留意又は検討すべき事項をそれぞれ 2 つ 1. つり足場 2. 起伏式（ジブ）タワークレーン 3. 仮設ゴンドラ
平成 28 年度	設備又は機械を安全に使用する留意事項をそれぞれ 2 つ 1. ロングスパンエレベーター 2. 高所作業車（クローラ式の垂直昇降型） 3. バックホウ（バケット容量 0.5 m^3 程度）
平成 27 年度	仮設物の設置計画の作成にあたり，留意・検討すべき事項をそれぞれ 2 つ 1. 外部枠組足場 2. 仮設電力設備 3. 荷受け構台
平成 26 年度	施工計画にあたり事前に検討した災害の発生するおそれのある作業の内容とそれを防止するための対策をそれぞれ 2 つ 1. 墜落災害 2. 崩壊・倒壊災害 3. 重機関連災害
平成 25 年度	仮設物の設置計画に関する留意又は検討すべき事項をそれぞれ 2 つ 1. 場内仮設事務所 2. 場内仮設道路 3. 鋼板製仮囲い（ゲート及び通用口を除く。）

一般記述

2・3　直近10年間の一般記述問題と記述例

1. 安全管理　＜＊出題：令和4，2，平成30，28，26年度＞

令和4年度

【解答欄】

1.	墜落，転落	(1)	
		(2)	
2.	崩壊，倒壊	(1)	
		(2)	
3.	移動式クレーン	(1)	
		(2)	

問題2　建築工事における次の1. から3. の災害について，施工計画に当たり事前に検討した事項として，災害の発生するおそれのある**状況又は作業内容**と災害を防止するための**対策**を，**それぞれ2つ**具体的に記述しなさい。

ただし，解答はそれぞれ異なる内容の記述とする。また，保護帽や要求性能墜落制止用器具の使用，朝礼時の注意喚起，点検や整備などの日常管理，安全衛生管理組織，新規入場者教育，資格や免許に関する記述は除くものとする。

1. 墜落，転落による災害

2. 崩壊，倒壊による災害

3. 移動式クレーンによる災害

記述例-1

1.	墜落, 転落	(1)	足場の最上層での組立て作業時は事前打合わせで上下で異なる作業を無くし，手すり先行工法を導入し，設備的対策を徹底した。
		(2)	開口部からの転落防止のため，開口部養生として高さ 90 cm の手すり，高さ 35 cm の中さんと幅木，水平安全ネット，注意看板を設けた。
2.	崩壊, 倒壊	(1)	壁つなぎの固定箇所が少なく外部足場の倒壊。枠組足場の壁つなぎ間隔は垂直方向 9 m 以下，水平方向 8 m 以下より密に配置して，建物と足場を確実に緊結した。
		(2)	型わく支保工を組み立てる前に組立図を作成し組み立てる。支柱脚部に敷角の使用，脚部の固定，根がらみの取付け等支柱の脚部の滑動を防止するための措置を講じた。
3.	移動式 クレーン	(1)	複数台のクレーンの接触を避けるため，クレーン間の設置距離，旋回方向，合図を決めた。旋回範囲内立入禁止措置のバリケートを設置した。
		(2)	送配電線類との感電災害防止として，安全な離隔距離を保つ。監視責任者を現場に配置し，送配電線との距離間を注視の上作業した。

記述例-2

1.	墜落, 転落	(1)	はしごや脚立は足元が不安定になりやすいため，作業床面の広いローリングタワー（移動式足場）や作業台の使用を徹底した。
		(2)	足場の組み立て，解体作業による高所作業を極力抑制するために大組，大払工法を採用して，地上部での作業を増やした。
2.	崩壊, 倒壊	(1)	山留壁の崩壊防止のため，掘削作業中にボイリングが発生する可能性がある場合は地下水位を排水等により低下させる対策を実施した。
		(2)	強風による鋼製仮囲いの倒壊防止として，支柱の適切な埋め込み深さ，間隔の保持と控えパイプをしっかりと固定する。
3.	移動式 クレーン	(1)	吊荷の最大重量，形状，重機と作業距離を十分検討の上，定格荷重の範囲内での作業性能を有する移動式クレーンを選び，作業した。
		(2)	作業中は巻過防止装置等の安全装置の機能を無効にしない。また，巻過防止装置，操作レバー等の機能に異常を認めた時は直ちに作業を中止・補修等を行い，確認の上作業を再開する。

記述例-3

1.	墜落, 転落	(1)	高所での足場組立て，解体作業および足場上での作業をなくすために，無足場工法として，高所作業車を活用した。
		(2)	足場上の昇降による不安全行動をなくすために昇降階段の設置が困難な場所にはハッチ式の床付き布枠と昇降はしご，看板を設置した。
2.	崩壊, 倒壊	(1)	足場の脚部の滑動又は沈下を防止するためベース金具を用い，かつ敷板に固定して低い位置に根がらみを設け，建地同士を連結した。
		(2)	高さのあるパイプサポート（支柱）崩壊。パイプサポートを三本以上継いで用いない。高さ 3.5 m を超えるときは高さ 2 m 以内ごとに水平つなぎを二方向に設け，かつ水平つなぎの変位を防止した。
3.	移動式 クレーン	(1)	天候不良時や強風時（10 分間の平均風速が 10 m/s 以上）での作業は中止。強風により移動式クレーンが転倒するおそれがあるときはジブを固定する等の措置を講ずる。
		(2)	敷鉄板を設け，脚部の耐力を確実に確保の上，アウトリガーは両側ともに最大張り出しで作業を実施した。

令和2年度

【解答欄】

1.	外部枠組足場	(1)	
		(2)	
2.	コンクリートポンプ車	(1)	
		(2)	
3.	建設用リフト	(1)	
		(2)	

問題2

次の1. から3. の設備又は機械を安全に使用するための**留意事項**を，それぞれ**2つ**具体的に記述しなさい。

ただし，解答はそれぞれ異なる内容の記述とし，保護帽や要求性能墜落制止用器具などの保護具の使用，気象条件，資格，免許及び届出に関する記述は除くものとする。また，使用資機材に不良品はないものとする。

1. 外部枠組足場

2. コンクリートポンプ車

3. 建設用リフト

記述例-1

1.	外部枠組足場	(1)	足場を建てる地面を整地し，敷板・敷角の上に建枠の脚柱にジャッキベースを使用し，釘止めをする。各建枠が水平垂直になるように調整する。
		(2)	墜落防止のため，高さ 85cm 以上の手すり，高さ 35cm 以上 50cm 以下の中さん，高さ 10cm 以上の幅木を設ける。
2.	コンクリートポンプ車	(1)	軟弱な地盤では敷鉄板を使用して，その上に受盤木を設置して，両側アウトリガー最大張り出しでコンクリートの圧送作業を行う。
		(2)	ポンプ車の自走を防ぐためにタイヤに車止めを確実に取り付ける。輸送管は継手金具を用いて輸送管又はホースに確実に接続する。
3.	建設用リフト	(1)	巻き上げ用ワイヤーロープの巻き上げによる労働者の危険を防止するため，警報装置等を設ける。また，人を乗せて運転してはならない。
		(2)	積載荷重を超えて使用してはならない。また，運転者は搬器を上げたままで運転位置を離れてはいけない。

記述例-2

1.	外部枠組足場	(1)	建枠の脚柱部分で一方向のみ敷板を使用する場合は，敷板と直角方向に根がらみを設けて連結し，脚部の滑動及び沈下を防止する。
		(2)	建枠の連結は，アームロックによる方式の他に，回転式やピン式などもあり，ロックされているか全箇所必ず確認する。
2.	コンクリートポンプ車	(1)	ブームジョイント部周辺の始業前点検を確実に行う。圧送管の閉そく解除及び洗浄作業を行う場合は，作業箇所周辺への作業員以外の者の立入禁止の措置を講ずる。
		(2)	やむを得ず傾斜地に設置の場合は転倒事故のため，アウトリガーのジャッキで車体の水平角度を調整し，水平に設置する。
3.	建設用リフト	(1)	作業を行う区域に関係者以外の労働者が立ち入ることを禁止し，かつ，その旨を見やすい箇所に表示すること。
		(2)	組立およびクライミング，分解又は解体作業は施工要領を定め，作業指揮者を指名し，定められた手順，指示を厳守して作業を徹底すること。

記述例-3

1.	外部枠組足場	(1)	壁つなぎは建枠ジョイントの近くに取り付ける事。間隔は垂直方向 9m 以下，水平方向 8m 以下で設け，足場と建物をしっかりと固定する。
		(2)	昇降設備階段は 2 ～ 3 スパンに渡って架設し，階段に沿って 85cm 以上の高さに手摺，高さ 35cm 以上 50cm 以下の中さんを設ける。
2.	コンクリートポンプ車	(1)	ブームの直下およびホース先端の正面での作業禁止および作業員の立入り禁止。作業員を事故に巻き込む恐れがあるため。
		(2)	配電線や送電線とブームの距離が近くなる場所は避ける。どうしても近くなる場合は電線への接触防止措置を講ずる。
3.	建設用リフト	(1)	運転について一定の合図を定め，合図を行う者を指名して，その者に合図を行なわせなければならない。
		(2)	定める自主検査及び点検の結果を記録し，三年間保存する。点検を行った際，異常が認められた時は直ちに使用を止め，整備する。

平成30年度

【解答欄】

1.	墜落，転落	(1)	
		(2)	
2.	電気	(1)	
		(2)	
3.	車両系 建設機械	(1)	
		(2)	

問題2

建築工事における次の1.から3.の災害について，施工計画に当たり事前に検討した災害の発生するおそれのある**状況や作業の内容**と災害を防止するための**対策**を，それぞれ**2つ**具体的に記述しなさい。

ただし，解答はそれぞれ異なる内容の記述とする。また，安全帯や保護帽の使用，朝礼時の注意喚起，点検や整備などの日常管理，安全衛生管理組織，新規入場者教育，資格や免許に関する記述は除くものとする。

1. 墜落，転落による災害

2. 電気による災害

3. 車両系建設機械による災害

記述例-1

1.	墜落，転落	(1)	足場の組立て等の作業は「手すり先行工法」を採用し，作業を進める。また，足場組立，解体などでは高所作業が少なくなる「大組・大払工法」などを採用する。
		(2)	スレート屋根等の上での作業時は，歩み板，防網等で踏み抜き防止措置を行う。
2.	電気	(1)	高圧架空電線等に近接して移動式クレーン，杭打機等を使用する場合には，電力会社と協議する。安全な範囲内に重機を設置し，監視責任者を配置する。
		(2)	アーク溶接を行う場合は，自動電撃防止装置が備えてある機器を使用し，作業時は溶接個所からできるだけ近い場所にアースをとる。
3.	車両系建設機械	(1)	旋回範囲を明確にするため，バリケードの設置等の措置を講じ，関係労働者に周知し，旋回範囲内への立入禁止を徹底する。
		(2)	コンクリートポンプ車において，アウトリーガー最大張り出し，操作者とホースの先端を保持する者との合図，連絡の徹底とブーム下での作業を禁止する。

記述例-2

1.	墜落，転落	(1)	開口部等からの墜落を防止するため，開口部には手すり，中さん，幅木及び安全ネットの設置を行う。
		(2)	つり足場など，組立て等の際における災害のリスクが高い工法については，ゴンドラや高所作業車を用いた工法の採用について検討する。
2.	電気	(1)	移動用発電機を設置，使用する場合，漏電遮断器を動作させるための機能接地端子と外箱接地端子を確実に接地する。
		(2)	工事全般として，分電盤名称，電気取扱い責任者の氏名等の記入をする。さらにブレーカーに行き先表示，ケーブルにも用途表示及び行き先表示をする。
3.	車両系建設機械	(1)	運転者が運転位置から離れるときは，バケット，ジッパー等の装置を地上におろし，原動機を止め，走行ブレーキをかける。逸走を防止する。
		(2)	車両系建設機械による荷のつり上げ等用途外使用の禁止を徹底する。作業計画書を作成し，関係者に周知，署名の上，作業を実施する。

記述例-3

1.	墜落，転落	(1)	着用者の身体を肩，腰部，腿などの複数箇所で保持する「フルハーネス型安全帯」を採用する。
		(2)	ローリングタワー使用時，昇降設備，作業床および手すり，中さん，幅木の設置。作業者を乗せたまま移動しない。脚輪のストッパーの使用を徹底する。
2.	電気	(1)	分電盤の漏電遮断機の作動をテストボタンで確認し，通路を横切るケーブル等の損傷防止措置の確認を行い，型枠工事の作業をする。
		(2)	アーク溶接の作業に使用する溶接棒等のホルダーは，絶縁防護部分及びホルダー用ケーブルの接続部の損傷を確認する。
3.	車両系建設機械	(1)	転倒または転落のおそれがある運行経路は，路肩の崩壊，不同沈下を防止すること，必要な幅員を確保するなど措置をする。
		(2)	誘導者を配置し，合図を定め誘導者に合図を行わせる。また，誘導者に腕章を使用させること等により，関係者が識別できるようにする。

平成28年度

【解答欄】

1.	ロングスパンエレベーター	(1)	
		(2)	
2.	高所作業車	(1)	
		(2)	
3.	バックホウ	(1)	
		(2)	

問題2

次の1.から3.の設備又は機械を安全に使用するための**留意事項**を，それぞれ**2つ**具体的に記述しなさい。

ただし，解答はそれぞれ異なる内容の記述とし，保護帽や安全帯などの保護具の使用，資格，免許及び届出に関する記述は除くものとする。

1. ロングスパンエレベーター

2. 高所作業車（クローラ式の垂直昇降型）

3. バックホウ（バケット容量 0.5 m^3 程度）

記述例-1

1.	ロングスパンエレベーター	(1)	エレベーターの昇降路には人が出入りできないように養生をする。また，積み荷の落下，飛散がないように外周を金網等で養生する。
		(2)	搬器を上げたまま運転位置を離れないこと。運転の際は，荷台の手すりを確実につけること。
2.	高所作業車	(1)	作業床上で脚立，はしごを用いたり，伸び上がったり，身を乗り出したり，無理な姿勢での作業は行わないこと。
		(2)	作業車から離れる場合，作業床を最低降下位置に置くこと。傾斜地では使用しないこと。
3.	バックホウ	(1)	作業範囲（旋回範囲＋移動範囲＋2 m）は立入禁止とし，バリケードなどで区画する。立ち入らせる場合は誘導員を配置すること。
		(2)	運転席を離れるときは，バケットを地上におろし，ブレーキをロックしておく。エンジンを停止し，キーを抜取り保管する。

記述例-2

1.	ロングスパンエレベーター	(1)	作業員に安全作業上の厳守事項並びに当該機械の運転者，性能等を周知させる看板を設置する。
		(2)	エレベーターの停止階には，必ず出入口及び荷の積卸し口の遮断設備を設ける。
2.	高所作業車	(1)	作業床に設置されている，墜落・転落防止用の手すり・中さんに乗っての作業を禁止する。
		(2)	走行の安全装置の解除は行わないこと。（作業床を上げた状態で走行しない。）
3.	バックホウ	(1)	作業内に立入るときは，立入り禁止区画外から運転者に声を掛け，運転を停止してからとする。
		(2)	機械の作業開始前点検とその記録をする。さらに，作業計画書等の作成の上，作業計画書を基に当日の作業の流れ，打合せを行う。

記述例-3

1.	ロングスパンエレベーター	(1)	荷台下の立入り禁止措置を行う。荷台の床板のたわみ，損傷の確認，最大積載荷重の標示を厳守する。
		(2)	外部足場等に設置したエレベーターから屋内作業場への出入口の段差，隙間をできる限り小さくして，動線を配慮する。
2.	高所作業車	(1)	走行前には，周囲，段差の状況をよく確認し，誘導者を配置し，その指示に従って走行をする。
		(2)	作業床の最大積載荷重を厳守する。作業範囲への立入り禁止措置をして作業する。
3.	バックホウ	(1)	移動の際，法肩又は傾斜で転落・転倒のおそれのある場合は，誘導員を配置すること。
		(2)	用途外の使用はしないこと。さらに，機械能力を超える無理な作業も禁止する。

一般記述

平成26年度

【解答欄】

1.	墜落災害	(1)	
		(2)	
2.	崩壊・倒壊災害	(1)	
		(2)	
3.	重機関連災害	(1)	
		(2)	

問題2

建築工事現場において，次の3つの災害について，施工計画にあたり事前に検討した災害の発生するおそれのある**作業の内容**とそれを防止するための**対策**を，それぞれ**2つ**ずつ具体的に記述しなさい。

ただし，解答はそれぞれ異なる内容の記述とし，安全帯や保護帽の着用，朝礼時の注意喚起，点検・整備などの日常管理，安全衛生管理組織，新規入場者教育に関する記述は除くものとする。

1. 墜落災害

2. 崩壊・倒壊災害

3. 重機関連災害

記述例-1

1.	墜落災害	(1)	足場上の不安全行動を無くすために，昇降設備を必要な数，適切な位置に設置し，不安全行動の誘発を防止する。
		(2)	高所での組立て・解体作業が少ない「移動昇降式足場」や「大組・大払工法」などを計画し，取り入れた。
2.	崩壊・倒壊災害	(1)	型枠支保工は，高さに関係なく脚部に滑動を防止するための釘による固定又は根がらみ，頭部は大引きと釘により固定させる。
		(2)	解体工事の作業区域には，他の作業員の立ち入りを禁止するため，ロープ等で柵を設け，立ち入り禁止表示を徹底させる。
3.	重機関連災害	(1)	アウトリガーは最大に張り出し，敷鉄板及び敷角材等を使用して作業を行うことを徹底させる。
		(2)	建方作業では，カラーコーン等で作業半径内への立ち入り禁止措置を行う。さらに，吊り荷の下への立ち入り禁止を徹底し，事故防止に努める。

記述例-2

1.	墜落災害	(1)	墜転落防止措置として，親綱設置・安全帯の適正使用の指導に加え，軒先に落下防止ネットを設置する。
		(2)	足場からの墜落防止対策として不要材の放置禁止の指導を行い，つまずきによる墜落災害防止をする。
2.	崩壊・倒壊災害	(1)	強風時には足場の倒壊防止として養生シートをたたみ，風の影響を最小限に減らす対策をし，壁つなぎの取付け状況の確認を行う。
		(2)	仮囲いの控え，火打ち等を適切に設置して堅固な構造とし，台風，強風が予想される場合は事前にパネルの取外しを行い，周辺への影響がでないようにする。
3.	重機関連災害	(1)	根切り作業においては，作業半径内をバリケート等で立ち入り禁止措置を行い，作業員が重機に近づかない措置を行う。
		(2)	作業計画の作成と作業に関係する全員で打合せを行う。複数台のクレーンがあるときは，クレーン間の距離，旋回方向，合図などを確認の上，指示を徹底する。

記述例-3

1.	墜落災害	(1)	鉄骨建方時の墜落防止のため，親綱の設置位置，高さの検討，水平ネットの設置，昇降梯子には安全ブロックの設置を行う。
		(2)	足場の組み立て，解体時の作業員の墜落防止のため，手すり先行工法を採用する。
2.	崩壊・倒壊災害	(1)	足場の組み立てにおいて，壁つなぎの間隔を狭く，密に配置する。また，台風が接近の時は，シートを一時取り外し，風の逃げ道を確保する。
		(2)	鉄骨工事での建方順序と方法，建て入れ直しのやり方，ワイヤーロープの配置等を検討する。高さ 5m を超える場合は，作業主任者を選任しての作業とする。
3.	重機関連災害	(1)	移動式クレーン等の作業時には，アウトリガー最大張り出しとし，定格荷重，作業半径内の所定能力を持った重機の選定。立ち入り禁止措置のバリケートを設置した。
		(2)	山留工事，杭工事の重機移動の際は，地盤改良や鉄板を敷き，重機の荷重に応じた地盤強度を確保する。建設機械の定められた用途以外の使用を禁止する。

2. 仮設計画 <＊出題：令和3, 元, 平成29, 27, 25年度>

令和3年度

【解答欄】

1.	仮設ゴンドラ	(1)	
		(2)	
2.	場内仮設事務所	(1)	
		(2)	
3.	工事ゲート(車両出入口)	(1)	
		(2)	

問題2 次の1. から3. の建築工事における仮設物の設置を計画するに当たり，**留意及び検討すべき事項を2つ**具体的に記述しなさい。

ただし，解答はそれぞれ異なる内容の記述とし，申請手続，届出及び運用管理に関する記述は除くものとする。また，使用資機材に不良品はないものとする。

1. 仮設ゴンドラ

2. 場内仮設事務所

3. 工事ゲート（車両出入口）

記述例-1

1.	仮設 ゴンドラ	(1)	建物の大きさ，形状，高さ，工事規模，搭屋等屋上構築物の配置を考慮の上，適切なゴンドラ機種，能力の選定をする。
		(2)	建物出入口部分の安全対策，窓やベランダ等の養生対策，墜落・落下・飛散防止対策，街路樹・庭木類の養生処置を計画する。
2.	場内仮設 事務所	(1)	外構工事含め，工事を進める上で影響になりにくい位置かつ，出入り口近くで現場全体を見通せる位置に設置できるかを考える。
		(2)	給排水，電気等の引き込みやすい位置であり，敷地外周部に設置できるか検討する。
3.	工事ゲート (車両出入口)	(1)	扉は内開き，または引戸とし，通行人や車両に影響が少ない位置に安全で丈夫な構造で設置する。ミラーを設置して，通行人や車両を確認できるようにする。
		(2)	出入口部分に「工事関係車両出入口」の看板を掲げ，通行人などへ分かるようにした。また，パトライトを設置して，車両の出入りを知らせた。

記述例-2

1.	仮設 ゴンドラ	(1)	「つり元」はケージ本体重量と積載荷重を支えることができるように，建物の躯体に確実に固定され，固定物の強度や亀裂，腐食などがないかを確認する。
		(2)	ゴンドラを使用して作業を行う場所には必要な照度を確保する。また，ゴンドラ作業箇所の下方には立ち入り禁止措置策を計画する。
2.	場内仮設 事務所	(1)	近隣に住宅等がある場合，仮設事務所の位置，窓や階段，通路，トイレ等の位置を配慮する。
		(2)	使用する人数，業種や打合せ，会議，休憩，更衣室等で必要となるスペースを考慮する。また，床荷重，強風等に耐えうる構造とする。
3.	工事ゲート (車両出入口)	(1)	敷地と道路形状や交通量を確認の上，交差点近くは避けて，出入りしやすく危険の少ない位置に設置する。
		(2)	場内側車両通路部分には鉄板を敷き，ホコリの飛散防止と周辺道路を汚さないよう場内側に洗車設備を設けた。

記述例-3

1.	仮設 ゴンドラ	(1)	設置場所の通行量（ひと・車両），機材の搬入出時の経路と作業時間，通行制限，監視人の配置をして，通行人等の安全を確保する。
		(2)	隣接建造物および周囲に作業の障害になるような建造物や設備等はないか位置，形状，距離等を確認する。またゴンドラの移設時や撤去作業を行うスペースの検討をする。
2.	場内仮設 事務所	(1)	総合仮設計画にて，工事への支障が出来るだけ発生しにくい場所に設置し，工期内の無駄な移動をしない位置を検討する。
		(2)	現場内への出入りが確認しやすい位置への設置を考える。また，消火器等の設置，喫煙場所を限定する等，火災等の発生防止に努める。
3.	工事ゲート (車両出入口)	(1)	強風にも耐える構造であり，ゲートの幅，高さは出入りする車両サイズを考え計画する。
		(2)	複数のゲートがあるため，工事車両に事前にゲート番号を伝え，ゲート番号の看板を大きく掲げ，スムーズな誘導をする。

令和元年度

【解答欄】

1.	荷受け構台	(1)	
		(2)	
2.	鋼板製仮囲い（ゲート及び通用口を除く）	(1)	
		(2)	
3.	工事用エレベーター	(1)	
		(2)	

問題2

次の1．から3．の建築工事における仮設物について，設置計画の作成に当たり**検討すべき事項**を，**それぞれ2つ**，**留意点とともに**具体的に記述しなさい。

ただし，解答はそれぞれ異なる内容の記述とし，申請手続，届出及び運用管理に関する記述は除くものとする。また，使用資機材に不良品はないものとする。

1．荷受け構台

2．鋼板製仮囲い（ゲート及び通用口を除く）

3．工事用エレベーター

記述例-1

1.	荷受け構台	(1)	足場からの張り出し式のため，荷受けステージ部分は，壁つなぎを増設し，全スパン壁つなぎを取付け，躯体と緊結をした。
		(2)	揚重機の能力や配置場所との距離，吊り荷（資材）の重量，寸法，形状などを考慮する。
2.	鋼板製仮囲い（ゲート及び通用口を除く）	(1)	仮囲いの変形防止のため，主要部材の隅角部には火打や方杖を配置する。防犯や安全のため，第三者の立ち入りを遮断する。
		(2)	支柱は２ｍ間隔程度，強風などで倒壊しないよう工事現場（内側）から補強，控えを設け，安全な構造にする。
3.	工事用エレベーター	(1)	エレベーターの昇降路内およびワイヤロープの走行する部分については，ネットや金網等で立入禁止処置をとる。
		(2)	積載物の最大荷重，最大寸法に応じた定格荷重，荷台面積の機種を選定し，積載物が荷台よりはみ出ないようにする。

記述例-2

1.	荷受け構台	(1)	揚重資材の最大の重量，寸法，形状に対して，自重，作業員荷重，水平荷重，風荷重等の検討をする。
		(2)	地上の脚部は敷板とジャッキベースを釘留めと二方向の根がらみで連結。中間部は水平つなぎを二方向設置や斜材で連結した。
2.	鋼板製仮囲い（ゲート及び通用口を除く）	(1)	第三者が接しても，怪我等の損傷を与えない材料を使用する。部分的にメッシュタイプを使用し，風圧緩和対策をする。
		(2)	単管パイプ等を地盤に確実に打ち込み，控え補強用の単管パイプを２ｍピッチ以内で確実に設置し，転倒・崩壊対策をした。
3.	工事用エレベーター	(1)	平面的に搬入・搬出しやすい位置へ設置する。エレベーター停止階には出入口及び荷の積卸し口の遮断設備を設ける。
		(2)	倒壊がないように壁つなぎ，控えを設ける。また，積荷の落下・飛散対策として手摺，幅木，ネット等を設ける。

記述例-3

1.	荷受け構台	(1)	手すり，中さん，幅木を設け，墜落防止対策および躯体と荷受け構台のスペースに層間ネットを設置し，飛来・落下物対策をした。
		(2)	資材の出し入れのため水平運搬がしやすい場所，高さに設置。また上・下階への転用を含め，移動方法，転用位置を検討した。
2.	鋼板製仮囲い（ゲート及び通用口を除く）	(1)	工事期間に見合った耐久性のある仕様とする。強風等に対して，吹き上げ防止として，金物，控え等で確実な連結，固定をする。
		(2)	閉塞感をなくす為，周囲の環境へ配慮して美観を保ち，カッティングシートで植物や動物などのイラストを貼り，近隣へ配慮する。
3.	工事用エレベーター	(1)	作業員を搭乗させる場合は，定員を遵守しその搭乗範囲に堅固なヘッドガードと積載物との遮断設備を設ける。
		(2)	エレベーターと建築物への各階の動線はできる限り，段差や隙間のないよう調整，配慮する。

平成29年度

【解答欄】

1.	つり足場	(1)	
		(2)	
2.	起伏式（ジブ）タワークレーン	(1)	
		(2)	
3.	仮設ゴンドラ	(1)	
		(2)	

問題2

建築工事における次の1.から3.の仮設物について，設置計画の作成に当たり，**留意又は検討すべき事項**をそれぞれ**2つ**具体的に記述しなさい。

ただし，解答はそれぞれ異なる内容の記述とし，申請手続，届出及び運用管理に関する記述は除くものとする。また，使用資機材に不良品はないものとする。

1. つり足場

2. 起伏式（ジブ）タワークレーン

3. 仮設ゴンドラ

記述例-1

1.	つり足場	(1)	足場桁，スターラップ，作業床等に控えを設けるなど，動揺又は転位を防止すること。
		(2)	作業床は幅を 40 cm 以上かつ，すき間がないようにすること。強風や雨天など悪天候時は作業を中止すること。
2.	起伏式（ジブ）タワークレーン	(1)	クレーンの各部が建物に干渉しないようにする。また，旋回時に旋回体およびジブが敷地外に出ない位置に計画をする。
		(2)	近年多用されている自動玉掛け外し機や特殊な吊りこみ治具を使用する場合は，治具本体の質量も必ず加味して計画をする。
3.	仮設ゴンドラ	(1)	近隣への飛散や資材の落下を防止するため，ゴンドラの周囲を養生ネットやゴンドラの着床台にもなる専用架台で覆い囲む。
		(2)	ケージ本体の重量と積載荷重を充分に支えることのできるつり元の確保，および環境保全や近隣対策のための事前養生の必要性の確認をする。

記述例-2

1.	つり足場	(1)	つり材，桁材の材質ピッチの明示。つり線の安全係数は，鉄線ワイヤは 10 以上，チェーン及び鋼帯は 5 以上とする。
		(2)	組立て，解体，変更の作業は，作業主任者技能講習を修了した者のうちから，足場の組立て等作業主任者を選任して作業をする。
2.	起伏式（ジブ）タワークレーン	(1)	クレーン解体時に当該クレーンを下方にクライミングダウンを行う場合は，建物だけでなく周辺足場などの仮設物とのクリアランスを十分確保する。
		(2)	解体時は他の作業との干渉や限られたスペースなど作業条件が悪い場合も多いため，解体機の能力，設置位置，解体材のストック場所等をしっかりと計画，確保する。
3.	仮設ゴンドラ	(1)	建物の大きさ，形状，工事内容および機材搬出入の経路，道幅を考慮の上，ゴンドラ機種（揚重能力・大きさ）を選定する。
		(2)	組立て，吊上げ，解体作業などは第三者の通行等が懸念される場合，休日など通行量が少ない日に誘導員を配置して作業を行う。

記述例-3

1.	つり足場	(1)	組立て，解体または変更の作業を行う区域内に，関係労働者以外の労働者の立入り禁止措置をする。
		(2)	つり足場の上で，脚立やはしごを使用してはならない。材料，器具，工具などを上げたり，下ろす時は，つり綱，つり袋などを使用する。
2.	起伏式（ジブ）タワークレーン	(1)	クレーンをコンクリート構造体上に設置する場合は，実際に設置される時点のコンクリート養生期間に応じたコンクリートの発現強度により構造計算を行う。
		(2)	建物上空にマイクロウェーブが通過している可能性もあるため，要確認をする。干渉しないように，クレーンの形式，設置方法，建物の施工方法などを計画する。
3.	仮設ゴンドラ	(1)	パラペットは突りょう，フックが取付けやすい形状，材質，強度になっているかを確認の上，設置計画を行う。
		(2)	ゴンドラの組立て，解体作業を行っている箇所の下方には，関係作業員以外の立入禁止措置を行い，監視人を配置する。

平成27年度

【解答欄】

1.	外部枠組足場	(1)	
		(2)	
2.	仮設電力設備	(1)	
		(2)	
3.	荷受け構台	(1)	
		(2)	

問題2

建築工事において，次の1.から3.の仮設物の設置計画の作成にあたり，**留意・検討すべき事項**を**2つ**，具体的に記述しなさい。

ただし，解答はそれぞれ異なる内容の記述とし，設置後の保守点検等の運用管理に関する記述は除くものとする。また，使用資機材に不良品はないものとする。

1. 外部枠組足場

2. 仮設電力設備

3. 荷受け構台

記述例-1

1.	外部枠組足場	(1)	建地の間隔，壁つなぎ，控えの間隔を厳守。第三者への飛来，落下事故防止のため，防護柵（朝顔）を設ける。
		(2)	建地は敷板，ベース金物を用いて，釘留めをする。根がらみで脚部をしっかりと固定する。
2.	仮設電力設備	(1)	機器の操作，点検に支障がない余地を施し，仮囲い（H＝2.0 m程度）で防護し，出入口には施錠をする。
		(2)	工事着手から竣工までの仮設電力の計画を行い，幹線の配線計画，負荷設備の種類，配線計画等を検討する。
3.	荷受け構台	(1)	搬出入に適した位置に配置し，搬出入の機材，重量に応じた形状，規模，積載荷重を検討する。
		(2)	作業床には，墜落防止用に高さ85 cm以上の手すりと中さん，幅木等を設ける。飛来防止のためシート養生をする。

記述例-2

1.	外部枠組足場	(1)	足場からの飛来，落下物による第三者等への危害防止のため，工事用シート等を取り付ける。
		(2)	垂直方向9 m以内，水平方向8 m以内に壁つなぎを設ける。壁つなぎの間隔を厳守。
2.	仮設電力設備	(1)	電力料金も異なるため，契約電力が，低圧または高圧となるかを検討する。全工程のピーク時の容量で検討する。
		(2)	キュービクル，トランス等は堅固な地盤にアンカーボルト等で固定する。取扱責任者名および立入禁止の標識等を設置する。
3.	荷受け構台	(1)	自重，積載荷重，作業荷重，風荷重等に対して，安全な構造とする。また，飛来防止の検討，対策をとる。
		(2)	振動等が外部足場へ伝わらないように，外部足場との連結ではなく，建物側（躯体）と固定をする。

記述例-3

1.	外部枠組足場	(1)	高さ5 m以上の足場の組み立て等には作業主任者を選任し，その指揮のもと作業をする。
		(2)	強風時や台風等が予想されるときは，養生シートを一時巻き上げ，風圧による足場の倒壊をさける。
2.	仮設電力設備	(1)	仮設，本設切り替え時期を明確にする。工期に合わせて，受電容量を増減できないかを検討する。
		(2)	風雪，氷雪による被害を受けないように防護する。開口部はできるだけ小さくし，小動物の侵入を防ぐ処置をする。
3.	荷受け構台	(1)	搬入・搬出材の重量，形状，数量と揚重機の距離を考慮した位置に設ける。構台と躯体の隙間にネットを設置する。
		(2)	手すり，中さん，幅木を取り付けるとともに，許容積載荷重を記載する。張り出し型ステージの場合は，壁つなぎの増設をする。

平成 25 年度

【解答欄】

1.	場内仮設事務所	(1)	
		(2)	
2.	場内仮設道路	(1)	
		(2)	
3.	鋼板製仮囲い（ゲート及び通用口を除く。）	(1)	
		(2)	

問題 2

建築工事において，次の 1. から 3. の仮設物の設置計画に当たり，**留意**又は**検討すべき事項**をそれぞれ **2 つ**，具体的に記述しなさい。

ただし，解答はそれぞれ異なる内容の記述とし，保守点検等設置後の運用管理上の記述は除くものとする。また，使用資機材に不良品はないものとする。

1. 場内仮設事務所

2. 場内仮設道路

3. 鋼板製仮囲い（ゲート及び通用口を除く。）

記述例-1

<table>
<tr><td rowspan="2">1.</td><td rowspan="2">場内仮設事務所</td><td>(1)</td><td>本工事，外構工事などを考慮し，干渉しない場所に設置する。近隣住民，建物等との距離，視界，視線なども配慮する。</td></tr>
<tr><td>(2)</td><td>工事の規模，工期，敷地条件に合わせた面積，階数，部屋数，仕様とする。</td></tr>
<tr><td rowspan="2">2.</td><td rowspan="2">場内仮設道路</td><td>(1)</td><td>工事関係車両用として，一方通行とし，誘導員を配置した。また，制限速度を示す標識を立て，速度厳守を促した。</td></tr>
<tr><td>(2)</td><td>複数の工事で共用できるように計画を立て，敷き鉄板を盛替えながら，仮設道路を確保する。</td></tr>
<tr><td rowspan="2">3.</td><td rowspan="2">鋼板製仮囲い（ゲート及び通用口を除く）</td><td>(1)</td><td>強風等を受けても倒れない構造とするため，支柱間隔，打ち込みパイプの根入れ深さを適切にし，控えも堅固に固定する。</td></tr>
<tr><td>(2)</td><td>通行者と触れるおそれのある部分には，コーナーガード等で養生すること，目立つようにシールを貼る。</td></tr>
</table>

記述例-2

<table>
<tr><td rowspan="2">1.</td><td rowspan="2">場内仮設事務所</td><td>(1)</td><td>監督事務所，協力会社事務所等と接近していて，打合せ等に支障をきたさない位置とスペースを選定する。</td></tr>
<tr><td>(2)</td><td>他の仮設建物（資材置場，トイレ等）との距離を検討する。仮設トイレの扉の方向も外部からの視線を意識の上，配置する。</td></tr>
<tr><td rowspan="2">2.</td><td rowspan="2">場内仮設道路</td><td>(1)</td><td>平坦に仕上げ，極端なデコボコや急勾配がないようにする。ただし，水勾配や水はけなどの対策はとる。</td></tr>
<tr><td>(2)</td><td>使用する重機類の種類や作業内容を把握し，耐荷重，幅員等の仕様を決定する。</td></tr>
<tr><td rowspan="2">3.</td><td rowspan="2">鋼板製仮囲い（ゲート及び通用口を除く）</td><td>(1)</td><td>仮囲いを設置する場所の地耐力を確認し，強度不足の場合は，地盤改良，コンクリートによる根固めを行う。</td></tr>
<tr><td>(2)</td><td>工事現場内を見学できるように透明な部分を設け，場内の作業員にも外部の目があることを自覚させるようにする。</td></tr>
</table>

記述例-3

<table>
<tr><td rowspan="2">1.</td><td rowspan="2">場内仮設事務所</td><td>(1)</td><td>現場の状況が見渡せる場所であり，工事の支障にならない場所に配置する。</td></tr>
<tr><td>(2)</td><td>給排水，電力などのインフラ設備を引き込みやすい敷地外周部に配置する。</td></tr>
<tr><td rowspan="2">2.</td><td rowspan="2">場内仮設道路</td><td>(1)</td><td>車両動線と作業員の接触事故を排除するために，動線の交差をさける計画とする。</td></tr>
<tr><td>(2)</td><td>車両の切り返し部分や通行量が多い箇所には，敷き鉄板を並べる。必要に応じて，鉄板を溶接してズレを防止する。</td></tr>
<tr><td rowspan="2">3.</td><td rowspan="2">鋼板製仮囲い（ゲート及び通用口を除く）</td><td>(1)</td><td>外周面に関しては，景観，美観等の配慮と工事スケジュールなど近隣への配慮を心がける。</td></tr>
<tr><td>(2)</td><td>道路占用の必要性がある場合，道路管理者に申請して許可を得る。</td></tr>
</table>

第3章

躯体工事

旧制度では，2つの出題形式が1年おきに出題されていました。

新制度初年の令和3年（奇数年）は，旧制度と同様に施工上の留意点を問う記述式が出題されました。

2年目の令和4年（偶数年）は，出題形式が5つの空欄に最も適当な語句の組合せを答える形式に変更となりました。出題内容は旧制度と変わりませんでした。

3・1　躯体工事の試験内容の分析

直近10年間の躯体工事の出題内容

出題内容 ＼ 年度（令和：R／平成：H）	R4年	R3年	R2年	R元年	H30年	H29年	H28年	H27年	H26年	H25年
出題形式（記：記述式，5：5つの空欄に記入，3：3つの下線部から摘出）	5	記	3	記	3	記	3	記	3	記
地盤調査										
土の力学的特性試験										
土質柱状図										
平板載荷試験	○				○					
仮設工事										
作業通路									○	
切梁プレロード										
脚立足場										
つり足場			○							
支保工のパイプサポート										○
土工事										
ディープウェル工法とウェルポイント工法										
親杭横矢板工法										
地盤アンカー				○						
山留め壁の崩壊					◎				◎	
山留め壁工事での周辺地盤の安定性の確保										
地下水の排水工法			○							
床付け面の施工	○						○			
地業工事										
場所打ちコンクリート杭の施工							○			○
場所打ちコンクリート杭の品質確保										
アースドリル工法の安定液								○		
オールケーシング工法	○				○				◎	
既製コンクリート杭の埋込み工法の施工		○	○			○				
鉄筋工事										
鉄筋のガス圧接	○				○		○			
鉄筋のガス圧接の技量資格					◎				◎	
鉄筋の組立て				○						○
異形棒鋼			○							
隣接する鉄筋の継手位置										
バーサポート，スペーサー						◎				

※◎　全く同じ問題

出題内容 ＼ 年度 {令和：R 平成：H	R 4 年	R 3 年	R 2 年	R 元 年	H 30 年	H 29 年	H 28 年	H 27 年	H 26 年	H 25 年
出題形式（記：記述式，5：5つの空欄に記入，3：3つの下線部から摘出）	5	記	3	記	3	記	3	記	3	記
コンクリート工事										
ひび割れを防止するためのコンクリートの調合								○		
暑中コンクリート	○								○	
フレッシュコンクリートのスランプ試験										
フレッシュコンクリートの空気量の測定										
コンクリートの塩化物量									○	
コンクリートの打設			○	○	○		○			
コンクリート打設後の養生		○								
コンクリートの温度管理										
コールドジョイントの発生防止						○				
型枠組立	○	○			○				○	
各種型枠										
型枠支保工			○							○
型枠の側圧	○						○			
鉄骨工事										
床型枠用鋼製デッキプレート								○		
トルシア形高力ボルトの締付け検査		○					◎			
高力ボルト継手における仮ボルト										
溶融亜鉛めっき高力ボルト接合			○							
鉄骨工事の現場溶接			○							
溶接部の欠陥										
スタッド溶接	○				○		○	○		
アンカーボルト										
建入れ直し				○						
建方時の仮ボルト										○
鋼材の機械的性質										
吹付けロックウール工法						○				
ブロック及びALCパネル工事										
コンクリートブロック帳壁工事										
建設機器										
各種クレーン							◎			
木造工事										
在来軸組工法										

3・2　直近10年間の躯体工事の問題と解答

1.「記述式」の問題　〈出題：令和3，元，平成29，27，25年度〉

令和3年度

【解答欄】

1.	留意事項	(1)	
		(2)	
2.	留意事項	(1)	
		(2)	
3.	留意事項	(1)	
		(2)	
4.	留意事項	(1)	
		(2)	

問題4　次の1.から4.の問いに答えなさい。

ただし，解答はそれぞれ異なる内容の記述とし，材料（仕様，品質，運搬，保管等），作業環境（騒音，振動，気象条件等）及び作業員の安全に関する記述は除くものとする。

1. 杭工事において，既製コンクリート杭の埋込み工法の施工上の**留意事項を2つ**，具体的に記述しなさい。
   ただし，養生に関する記述は除くものとする。
2. 型枠工事において，柱又は梁型枠の加工，組立ての施工上の**留意事項を2つ**，具体的に記述しなさい。
   ただし，基礎梁及び型枠支保工に関する記述は除くものとする。
3. コンクリート工事において，コンクリート打込み後の養生に関する施工上の**留意事項を2つ**，具体的に記述しなさい。
   なお，コンクリートに使用するセメントは普通ポルトランドセメントとし，計画供用期間の級は標準とする。
4. 鉄骨工事において，トルシア形高力ボルトの締付けに関する施工上の**留意事項を2つ**，具体的に記述しなさい。
   ただし，締付け器具に関する記述は除くものとする。

（解答☞ p.123）

令和元年度

【解答欄】

1.	留意事項	(1)	
		(2)	
2.	留意事項	(1)	
		(2)	
3.	留意事項	(1)	
		(2)	
4.	留意事項	(1)	
		(2)	

問題 3　次の 1. から 4. の問いに答えなさい。

ただし，解答はそれぞれ異なる内容の記述とし，材料の保管，作業環境（騒音，振動，気象条件等）及び作業員の安全に関する記述は除くものとする。

1. 山留め支保工において，地盤アンカーを用いる場合の施工上の**留意事項**を **2 つ**，具体的に記述しなさい。
   ただし，山留め壁に関する記述は除くものとする。
2. 鉄筋工事において，鉄筋の組立てを行う場合の施工上の**留意事項**を **2 つ**，具体的に記述しなさい。
   ただし，鉄筋材料，加工及びガス圧接に関する記述は除くものとする。
3. 普通コンクリートを用いる工事において，コンクリートを密実に打ち込むための施工上の**留意事項**を **2 つ**，具体的に記述しなさい。
   ただし，コンクリートの調合及び養生に関する記述は除くものとする。
4. 鉄骨工事において，建入れ直しを行う場合の施工上の**留意事項**を **2 つ**，具体的に記述しなさい。
   ただし，アンカーボルト及び仮ボルトに関する記述は除くものとする。

（解答☞ p.127）

平成 29 年度

【解答欄】

1.	確認方法	(1)	
		(2)	
2.	留意事項	(1)	
		(2)	
3.	留意事項	(1)	
		(2)	
4.	留意事項	(1)	
		(2)	

問題 3 次の 1. から 4. の問いに答えなさい。

ただし，解答はそれぞれ異なる内容の記述とし，作業環境（気象条件等），材料の品質，材料の調合，材料の保管及び作業員の安全に関する記述は除くものとする。

1. 既製コンクリート杭の埋込み工法における，支持力を確保するための**施工管理上の確認方法**を **2 つ**具体的に記述しなさい。
2. 鉄筋工事における，バーサポート又はスペーサーを設置する際の**施工上の留意事項**を **2 つ**具体的に記述しなさい。
3. コンクリート工事の打込み時における，コールドジョイントの発生を防止するための**施工上の留意事項**を **2 つ**具体的に記述しなさい。
4. 鉄骨工事の耐火被覆における，吹付けロックウール（乾式又は半乾式）工法の**施工上の留意事項**を **2 つ**具体的に記述しなさい。

（解答☞ p.129）

平成27年度

【解答欄】

1.	留意事項	(1)	
		(2)	
2.	留意事項	(1)	
		(2)	
3.	留意事項	(1)	
		(2)	
4.	留意事項	(1)	
		(2)	

問題3　次の1. から4. の問いに答えなさい。

ただし，解答はそれぞれ異なる内容の記述とし，作業環境（気象条件等），材料の保管及び作業員の安全に関する記述は除くものとする。

1. 場所打ちコンクリート杭地業（アースドリル工法）において，**スライム処理**及び**安定液**についての施工上の留意事項を，**それぞれ**具体的に記述しなさい。
2. 鉄筋コンクリート造の型枠工事において，床型枠用鋼製デッキプレート（フラットデッキプレート）の施工上の留意事項を，**2つ**具体的に記述しなさい。
   ただし，材料の選定に関する記述は除くものとする。
3. 普通コンクリートを用いる工事において，ひび割れを防止するためのコンクリートの調合上の留意事項を，**2つ**具体的に記述しなさい。
4. 鉄骨工事において，梁上に頭付きスタッドをアークスタッド溶接する場合の施工上の留意事項を，**2つ**具体的に記述しなさい。
   ただし，頭付きスタッドに不良品はないものとし，電源，溶接機及び技量資格に関する記述は除くものとする。

（解答☞ p.132）

平成 25 年度

【解答欄】

1.	留意事項	(1)	
		(2)	
2.	留意事項	(1)	
		(2)	
3.	留意事項	(1)	
		(2)	
4.	留意事項	(1)	
		(2)	

問題 3　次の 1. から 4. の問いに答えなさい。

ただし，留意事項は，それぞれ異なる内容の記述とし，材料の保管，作業環境（気象条件等）及び作業員の安全に関する記述は除くものとする。

1. 場所打ちコンクリート杭地業（アースドリル工法）のコンクリートの打設における施工上の留意事項を，**2 つ**具体的に記述しなさい。
   ただし，コンクリートの調合に関する記述は除くものとする。
2. 鉄筋工事の鉄筋の組立てにおける施工上の留意事項を，**2 つ**具体的に記述しなさい。
   ただし，鉄筋材料，加工及びガス圧接に関する記述は除くものとする。
3. 型枠工事において，支保工にパイプサポートを使用する場合の施工上の留意事項を，**2 つ**具体的に記述しなさい。
   ただし，パイプサポートに不良品はないものとする。
4. 鉄骨工事の建方時における仮ボルトの施工上の留意事項を，**2 つ**具体的に記述しなさい。
   ただし，材料に不良品はないものとする。

（解答☞ p.134）

「記述式」の問題の解答例・解説

［令和 3 年度］問題 4

解答例

1.	留意事項	(1)	掘削中は孔の崩壊を防止するためオーガーの先端から安定液（ベントナイト）を噴出する。
		(2)	杭の建て込みは，杭先端で掘削孔を削らないように鉛直に建て込む。
2.	留意事項	(1)	柱型枠の加工は，梁型枠，壁等の接続部を切り欠いた合板の外側の端部に桟木を取り付けて，１枚のパネルとして加工する。
		(2)	梁型枠の建込みは，事前に床上で箱形に下ごしらえした型枠を柱間に架け渡す。
3.	留意事項	(1)	コンクリートの急激な乾燥を避けるため，湿潤養生を行う。散水，噴霧，養生マットまたは水密シートによる被覆，膜養生材の塗布を行う。
		(2)	冬季等で著しく気温が低い場合は，打込み後のコンクリートが凍結しないように保温・採暖を行う。
4.	留意事項	(1)	トルシア形高力ボルトの締付けは，一次締め→マーキング→本締めの２度締めにより，ナットを回して締め付ける。
		(2)	一次締めは，ボルトの呼び径に応じたトルク値で締め付ける。

解　説

1. 既製コンクリート杭の埋込み工法

次のうち，いずれか２つを解答する。

① アースオーガーにより杭径＋ 100mm 程度の孔を掘削する。

② 掘削は，地質に適した速度（密な砂や砂礫ほど遅く）で掘り進める。

③ 掘削中オーガーに逆回転を加えるとオーガーに付着した土砂が孔中に落下するので逆回転を行わない。また，引き上げ時も正回転とする。

④ 掘削中は孔の崩壊を防止するためオーガーの先端から安定液（ベントナイト）を噴出する。

⑤ 所定の深度に達した後は，噴出を根固め液（セメントミルク）に切り替え，所定量を注入する。（**根固め液**の 4 週圧縮強度は，20 N/mm^2 以上，水セメント比は 70% 以下とする。）

⑥ 杭周固定液（セメントミルク）を噴出しながら，オーガーをゆっくりと引き上げる。（**杭周固定液**の 4 週圧縮強度は，0.5 N/mm^2 以上とする。）

⑦ 掘削終了後，杭を掘削孔内に建て込むが，杭先端で掘削孔を削らないように鉛直に建て込む。

⑧ 杭が所定の支持地盤に達したら，杭先端を根固め液中に貫入させるためドロップハンマーで軽打する。支持層の掘削深さは，1.5 m 程度とし，杭は 1.0 m 以上根入れする。

⑨　支持層への到達の確認方法には，掘削抵抗電流値と掘削時間との積である積分電流値を用いる。

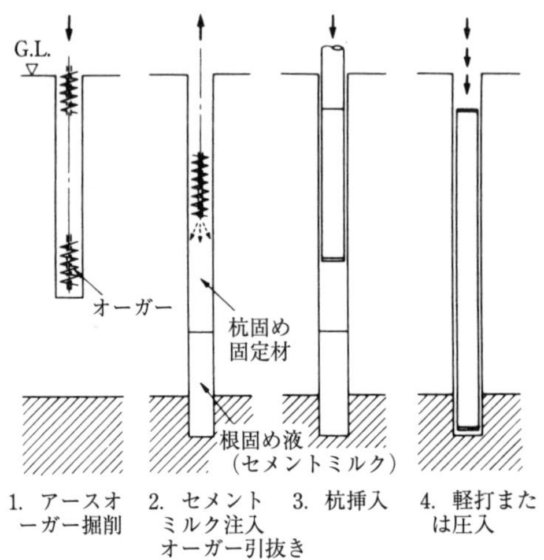

図３・１　プレボーリング工法（セメントミルク工法）

2.　柱又は梁型枠の加工，組立て

次のうち，いずれか２つを解答する。

柱型枠

①　柱型枠の加工は，梁型枠，壁等の接続部を切り欠いた合板の外側の端部に桟木を取り付けて，１枚のパネルとして加工する。

②　柱型枠割付図に従ってセパレータ位置にドリルで穴をあけ，仕上げが打放しであれば型枠の内側に木コンを取り付ける。また，内部仕上げ部（木製の幅木等）に必要な木れんがや，打放し用面木も所定の位置にあらかじめ取り付けておく。

③　先行して取り付けた敷桟に合わせて，下ごしらえされた柱型枠パネルを取り付ける。この場合，敷桟の下に必要に応じて不陸調整材を敷く。

④　柱型枠パネルの内側からセパレータを取付け，その後，パネルの外側からセパレータ頭部にフォームタイをねじ込む。

⑤　対面パネルの穴に，すでに取り付けられたセパレータの頭部を差し込みながら垂直に立て，さらに，桟木を用いて隣接パネルを組み合わせる。

⑥　縦端太を緊結しながらパネルに取り付け，その上に横端太を通し，座金を当て，フォームタイのナットを締め付け，横端太を固定する。

⑦　柱型枠建込み前に柱脚部の清掃水洗い等を行っておく。建込み後は，ごみ・おがくず等が入らない処置をとるが，万が一入った場合で除去が難しい場合は，下部に掃除口を設ける。

梁型枠

⑧　梁の型枠は，一般的に底板と２枚の側板とで構成され，パネルにして組み立てる。この場合，側面型枠は定尺パネルとし，底型枠を正規の梁内法寸法とする。

⑨　大梁には小梁が取りつくことが多いが，その場合は，大梁の側面のパネルに小梁の欠き込みをしておく。

⑩　梁型枠の建込みは，事前に床上で箱形に下ごしらえした型枠を柱間に架け渡す。

⑪　フォームタイの取付けは，柱型枠の場合と同様である。

3.　コンクリート打込み後の養生

次のうち，いずれか２つを解答する。

①　コンクリートの強度は材齢とともに増進するが，乾燥あるいは低温の状態に置いたものは増進が非常に少ない。特に硬化初期の養生は，その影響が大であるため，常に水分を与え適温に保つ。

②　冬季等で著しく気温が低い場合は，打込み後のコンクリートが凍結しないように保温・採暖を行う。

③　打込み後のコンクリートの急激な乾燥を避けるため，湿潤養生を行う。散水，噴霧，養生マットまたは水密シートによる被覆，膜養生剤の塗布等を行う。

④　硬化中のコンクリートに振動・外力を与えないようにする。

4.　トルシア形高力ボルトの締付け

次のうち，いずれか２つを解答する。

①　トルシア形高力ボルトの締付けは，一次締め→マーキング→本締めの２度締めにより，ナットを回して締め付ける。

②　高力ボルトメーカーの社内試験成績書で，材料の確認を行う。

③　仮ボルトの取付けを行って，部材を密着させたのちに，高力ボルトを取り付ける。ねじ山を傷めないように挿入し，ナット，座金の向きを正しくセットする。

④　一次締めは，ボルトの呼び径に応じたトルク値で締め付ける。

⑤　１接合部の全ボルトを一次締めしたのち，全ボルトについてマーキングを行う。マーキングの要領は，図３・２に示すようにボルト軸～ナット・座金・母材にかけて白色のマーカー等で印す。

⑥　専用のレンチを用いてピンテールの破断まで締め付ける。

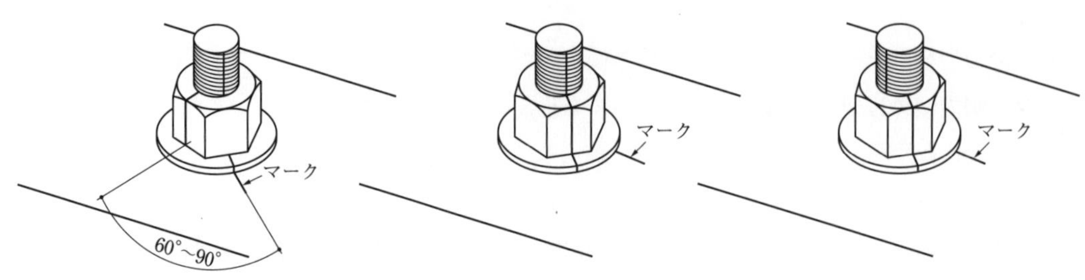

(a) ボルト・ナットの適正な回転量　(b) ボルトの共回り現象　(c) ボルトの軸回り現象

図3・2　トルシア形高力ボルトの締付け

［令和元年度］問題３

解答例

1.	留意事項	(1)	敷地境界から地盤アンカーの先端が出る場合は，事前に隣地所有者等の許可を得る。
		(2)	定着対象地盤は，原則として洪積世以前の砂層，砂れき層，土丹等とし，施工中の応力及び変形の管理を十分行う。
2.	留意事項	(1)	鉄筋のあきは，呼び径の1.5倍，粗骨材の最大寸法の1.25倍，または，25 mmのうちの最大のもの以上とする。
		(2)	帯筋・肋筋の４隅の交点は全数結束とし，それ以外の交点については半数以上を結束する。
3.	留意事項	(1)	コンクリートの練り混ぜから打込み終了までの時間を，外気温が25℃未満では120分，25℃以上では90分以内とする。
		(2)	コンクリート内部振動機の挿入間隔は60 cm以下とし，加振時間は１箇所５～15秒を標準とする。
4.	留意事項	(1)	ターンバックル付筋かいを有する構造物においては，その筋かいを用いて建入れ直しを行ってはならない。
		(2)	倒壊防止用ワイヤーロープは，各節，各ブロックの現場接合が終わるまで緊張させたままとする。

解　説

1.　地盤アンカー工法

次のうち，いずれか２つを解答する。

①　敷地境界から地盤アンカーの先端が出る場合は，事前に隣地所有者等の許可を得る。

②　定着対象地盤は，原則として洪積世以前の砂層，砂れき層，土丹等とし，施工中の応力及び変形の管理を十分行う。

③　事前に地中埋設物の調査を行った後に施工する。

2.　鉄筋の組立て

次のうち，いずれか２つを解答する。

①　スペーサーは，使用部位や所要かぶり厚さに応じて，材種や形状・サイズを使い分ける。

②　スラブのスペーサーは原則，鋼製を用いる。

③　断熱材打込み部では，めり込み防止がついた専用スペーサーを使用する。

④　結束線の端部は，かぶり厚さを確保するために内側に折り曲げる。

⑤　柱筋・壁筋等の端部で，安全管理上必要な箇所には，プラスチック製のキャップ等で保護する。

⑥　帯筋・肋筋（あばらきん）の４隅の交点は全数結束とし，それ以外の交点については半数以上を結束する。

⑦継手は，一列に集中しないように千鳥配置とする。

⑧鉄筋のあきは，呼び径の1.5倍，粗骨材の最大寸法の1.25倍，または，25mmのうちの最大のもの以上とする。

⑨鉄筋の径，本数，間隔が設計図書通りであることを確認する。

3.　コンクリート打設

次のうち，いずれか2つを解答する。

①コンクリートの練り混ぜから打込み終了までの時間を，外気温が25℃未満では120分，25℃以上では90分以内とする。

②輸送管の呼び寸法は，粗骨材の最大寸法が20mm，25mmのときは100A以上，40mmのときは125A以上とする。

③コンクリート圧送に先立ち，先送りモルタルを圧送し，配管内面の潤滑性を高める。先送りモルタルは富調合モルタルとし，圧送後廃棄処分する。

④コンクリート内部振動機の挿入間隔は60cm以下とし，加振時間は1箇所5～15秒を標準とする。

⑤打設は鉛直に打ち込み，落下高さを小さくする。壁部分は1～2mの間隔で打設し，横流ししてはならない。

4.　鉄骨工事の建入れ直し

次のうち，いずれか2つを解答する。

①建入れ直しは，溶接ゆがみ等を考慮した本接合終了後の精度に留意する。

②倒壊防止用ワイヤーロープは，各節，各ブロックの現場接合が終わるまで緊張させたままとする。

③建入れ直しのため，加力する際は加力箇所を養生し，部材の損傷に留意する。

④ターンバックル付筋かいを有する構造物においては，その筋かいを用いて建入れ直しを行ってはならない。

⑤建入れ直しは，各節の建方が終了するごとに行う。面積が広くスパンの数が多い場合は，有効なブロックにわけて修正することが望ましい。

［平成29年度］問題3

解答例

1.	確認方法	(1)	予定支持層に近づいたら，掘削速度を一定に保ちながら電流値の変化と土質柱状図のN値を対比させて支持層の確認を行う。
		(2)	セメントミルクの注入量を，管理機器のモニター画面の計測値で確認する。
2.	留意事項	(1)	スペーサーは，鉄筋のかぶり厚さを保つために重要であり，使用部位や所要かぶり厚さに応じて，材種や形状・サイズを使い分ける。
		(2)	断熱材打込み部では，断熱材に食い込み，かぶり厚さの確保が困難であるため，めり込み防止の付いた専用スペーサーを用いる。
3.	留意事項	(1)	コンクリ―ト打込み時における打継ぎ時間の限度は，外気温25℃以下の場合は120分，25℃を超える場合は90分を目安とする。
		(2)	打継ぎ部分は打設前に十分な湿潤を行い，打設時には入念にバイブレータをかける。
4.	留意事項	(1)	施工に先立ち，支障となる浮き錆，付着油等は除去する。
		(2)	吹付けを行う場合は，材料が硬化するまで十分な養生を行い，飛散防止に努める。

解　説

1. 既製コンクリート杭の埋込み工法の施工

次の①～⑤のうち，いずれか2つを解答する。

① 本杭の施工前に**試験杭**を行い，設計内容・施工計画・施工管理方法等の妥当性を確認する。特に**支持層**の確認方法，**根固め部**の施工管理方法を確認する。

② 掘削において予定支持層に近づいたら，掘削速度を一定に保ちながら電流値の変化と土質柱状図のN値を対比させて支持層の確認を行う。さらに掘削音や掘削機械の振動状況等から杭工事管理者と協議して支持層到達を確認する。

③ 設計図書で定められた予定掘削長と，掘削作業完了時の最終掘削深度の整合を確認する。

④ 計画配合に基づき，プラントミキサーの練り混ぜ能力を考慮しながら1バッチ当りの配合を決定し，**練上り量**が必要量以下とならないようにする。

⑤ セメントミルクの**注入量**を，管理機器のモニター画面の計測値で確認する。

2. 鉄筋コンクリート工事における，バーサポートまたはスペーサーの設置

次の①～⑥のうち，いずれか2つを解答する。

① **スペーサー**は，鉄筋の**かぶり**厚さを保つために極めて重要なものであり，使用部位や所要かぶり厚さに応じて，スペーサーの材種や形状・サイズを使い分けることが大切である。

② スペーサーには，**鋼製**と**合成樹脂製**等があるが，スラブのスペーサーは，コンクリート打込み時の鉄筋の脱落等を考慮して原則として鋼製とする。

③ 断熱材打込み部では，普通のスペーサーでは断熱材に食い込み，かぶり厚さの確保が困難であるため，めり込み防止の付いた専用スペーサーを用いる。

④ 下端が打放し仕上げとなる場合のスラブ用スペーサーは，露出面が大きくならないようなものを使用する。

⑤ 鋼製のスペーサーは，型枠に接する部分に防錆処理を行って使用する。

⑥ モルタル製のスペーサーは，強度および耐久性が十分でないおそれがあるので使用しない。

使用場所	壁，柱，梁	スラブ
合成樹脂製	 この部分ばね	
鋼製	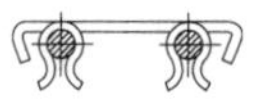	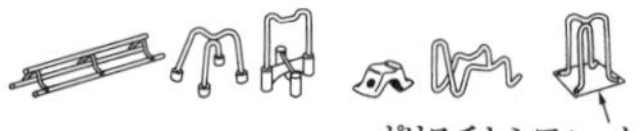 ポリスチレンフォーム保温材用

(注)「標仕」では，スラブには合成樹脂製のものは使用しないこととしている。
(国土交通省大臣官房官庁営繕部監修「建築工事管理指針平成23年度版（上巻）」より)

図3・3 スペーサー

3. コンクリート工事における，コールドジョイントの発生防止

コンクリート工事において，**コールドジョイント**の発生を防止するための施工上の留意事項を以下に記す。

次の①～④のうち，いずれか2つを解答する。

① コンクリート打込み時における**打継ぎ時間**の限度は，外気温25℃以下の場合は120分，25℃を超える場合は90分を目安とする。この時間内であれば，通常の場合は再振動可能であり，コールドジョイントを防止できる。

② 打継ぎ部分に水が溜まっていると，その部分に打ち込んだコンクリートの水セメント比が大きくなり，所要の品質が得られずコールドジョイントとなるおそれがあるため，水が溜ま

らないようにする。また，水が溜まっている場合には，次のコンクリートを打設する前に取り除く。

③　打継ぎ部分は，打設前に十分な湿潤を行い，打設時には入念に**バイブレータ**をかける。

④　コンクリートの縦方向の打継ぎ部は，コンクリートが流出した状態にならないように**メタルラス**等で区切る。

4. 鉄骨工事の耐火被覆における吹付けロックウール工法

次の①～④のうち，いずれか2つを解答する。

①　耐火材吹付けの材料及び工法は，建築基準法に基づき認定を受けたものとする。

②　施工に先立ち，支障となる**浮き錆**，**付着油**等は除去する。

③　耐火材の吹付け厚さは，**確認ピン**を用いて確認する。スラブ及び壁面については2㎡程度につき1箇所以上とし，柱は1面に各1箇所以上，梁は1本当たり，ウェブ両側に各1本，下フランジ下面に1本，下フランジ端部両側に各1本差し込んで確認する。

なお，確認ピンは，そのまま存知しておく。

④　吹付けを行う場合は，材料が硬化するまで十分な養生を行い，**飛散防止**に努める。

［平成27年度］問題3

解答例

1.	留意事項	(1)	掘削地盤の土質，地下水の状況により，安定液の粘性，比重が定められていること。
		(2)	掘削完了直後の一次スライム処理，およびコンクリート打込み直前に行う二次スライム処理は2点以上で検測し，所定の深度があることを確認する。
2.	留意事項	(1)	フラットデッキプレートを支持する梁型枠は完成した状態にあり，強度は十分であること。
		(2)	フラットデッキプレートに所定のかかり代が確保されていること。
3.	留意事項	(1)	単位水量をできるだけ少なくする。
		(2)	骨材はできるだけ大きなものを使用する。
4.	留意事項	(1)	溶接姿勢など作業が安全かつ適正に行える環境が確保されていること。
		(2)	溶接面に錆や塗料などの異物が存在しないこと。

解　説

1.　場所打ちコンクリート杭地業（アースドリル工法）のスライム処理及び安定液

スライムとは，掘削完了後に孔の底に残留している掘屑や沈殿物のことである。

また，安定液とは，掘削中に孔壁が崩落しないように掘削孔内に注入する泥水のことである。

次の①～④から2つを解答する。

①　掘削地盤の土質，地下水の状況により，**安定液**の粘性，比重が定められていること。

②　安定液の管理が適正に行われ，施工中も粘性，比重が一定に保たれていること。

③　掘削完了直後の**一次スライム処理**，およびコンクリート打込み直前に行う**二次スライム処理**は2点以上で検測し，所定の深度があることを確認する。

④　二次スライム処理後の残量スライム量が規定値以下であること。既定値以上のスライムが認められた場合は**ポンプリフト**，エアリフト等で処理を行う。

2.　鉄筋コンクリート造の型枠工事における床型枠用鋼製デッキプレート（フラットデッキプレート）

次の①～⑤のうち，2つを解答する。

①　フラットデッキプレートを支持する梁型枠は完成した状態にあり，強度は十分であること。

②　フラットデッキプレート受材が適切に取付けられていること。

③　フラットデッキプレートに所定のかかり代が確保されていること。

④　割付図面通りに正しく配置されていること。

⑤　**中間支保工**が必要な場合の設置忘れがないこと。

3. 普通コンクリートのひび割れを防止するためのコンクリートの調合

次の①～⑦のうち，2つを解答する。

① **単位水量**をできるだけ少なくする。

② **スランプ**を下げる。

③ 骨材はできるだけ大きなものを使用する。

④ 骨材の粒形が丸いものを使用する。

⑤ 骨材は**実績率**の大きいものを使用する。

⑥ 細骨材率を小さくする。

⑦ AE剤，**AE減水剤**，高性能AE減水剤などの混和剤を使用する。

4. 梁上の頭付きスタッドの**アークスタッド溶接**

次の①～④のうち，2つを解答する。

① 溶接姿勢など作業が安全かつ適正に行える環境が確保されていること。

② 溶接面に錆や塗料などの異物が存在しないこと。

③ スタッドジベルとアークシールド材の組合せが適切なこと。

④ アークシールド材の範囲をグラインダーで仕上げること。

［平成 25 年度］問題 3

解答例

1.	留意事項	(1)	トレミー管及びケーシングチューブの先端は，コンクリート中に常に2m以上入っているようにする。
		(2)	コンクリート打込み時に，その浮力等で鉄筋かごの浮き上りが生じる場合があるため，注意する。
2.	留意事項	(1)	スラブのスペーサーは，原則として鋼製を使用する。
		(2)	鉄筋の径・本数・間隔が，設計図書どおりであることを確認する。
3.	留意事項	(1)	パイプサポートを支保工とするスラブ型枠の場合，打込み時に支保工の上端に作用する水平荷重は，鉛直荷重の5%とする。
		(2)	支柱の高さが3.5mを超えるときは，高さ2m以内ごとに水平つなぎを2方向に設け，かつ，水平つなぎの変位を防止する。
4.	留意事項	(1)	仮ボルトは中ボルトを使用し，ボルト一群に対して高力ボルト継手では1/3程度，かつ2本以上をバランスよく配置し，締め付ける。
		(2)	溶接継手におけるエレクションピース等に使用する仮ボルトは，全数締め付ける。

解　説

1. 場所打ちコンクリート杭地業（アースドリル工法）のコンクリートの打設

場所打ちコンクリート杭地業（アースドリル工法）のコンクリート打設における施工上の留意事項を以下に記す。

次の①～⑥のうち，いずれか2つを解答する。

① コンクリートの打設には，トレミー管を使用する。

② トレミー管及びケーシングチューブの先端は，コンクリート中に常に2m以上入っているようにする。

③ トレミー管のコンクリート中への挿入長さが長すぎると，コンクリートの押出し抵抗が大きくなり，コンクリートの流出が悪くなるため，最長でも9m程度にとどめておく。

④ ケーシングチューブを急速に引き抜くと，コンクリートに泥水が巻き込むため，注意を要する。

⑤ コンクリート打込み時に，その浮力等で鉄筋かごの浮き上りが生じる場合があるため，注意する。

⑥ コンクリートの打込みは，泥水等を上に押し上げるように行うため，品質の低下した頂部のコンクリートは，はつり取る杭頭処理を行う。

2. 鉄筋の組立て

次の①～⑨のうち，いずれか2つを解答する。

① スペーサーは，使用部位や所要かぶり厚さに応じて，その材種や形状・サイズを使い分ける。

② スラブのスペーサーは，原則として鋼製を使用する。

③ 断熱材打込み部では，めり込み防止が付いた専用スペーサーを使用する。

④ 結束線の端部は，かぶり厚さを確保するために内側に折り曲げる。

⑤ 柱筋・壁筋等の端部で，安全管理上必要な箇所には，プラスチック製のキャップ等で保護する。

⑥ 帯筋・肋筋の4隅の交点は，全数結束する。

⑦ 継手は，一列に集中しないように千鳥配置とする。

⑧ 鉄筋のあきは，呼び径の1.5倍，粗骨材の最大寸法の1.25倍，または，25 mmのうちの最大のもの以上とする。

⑨ 鉄筋の径・本数・間隔が，設計図書どおりであることを確認する。

3. 支保工のパイプサポート

次の①～⑥のうち，いずれか2つを解答する。

① パイプサポートを支保工とするスラブ型枠の場合，打込み時に支保工の上端に作用する水平荷重は，鉛直荷重の5％とする。

② パイプサポートを支柱として用いる場合は，パイプサポートを3本以上継いで用いない。
パイプサポートを継いで用いるときは，4本以上のボルト又は専用の金具を用いて継ぐこと。

③ 支柱の高さが3.5 mを超えるときは，高さ2 m以内ごとに水平つなぎを2方向に設け，かつ，水平つなぎの変位を防止する。

④ 敷角の使用，コンクリートの打設，くいの打込み等，支柱の沈下を防止するための措置を講ずる。

⑤ 支柱の脚部の固定，根がらみの取付け等，支柱の脚部の滑動を防止するための措置を講ずる。

⑥ 支柱の継手は，突合せ継手又は差込み継手とする。

4. 鉄骨建方時における仮ボルト

次の①～⑤のうち，いずれか2つを解答する。

① 仮ボルトは，本締め又は溶接までの間，架構の変形及び倒壊を防止するためのものであり，本接合が完了するまでの安全を完全に確保するように計画する。

② 仮ボルトは中ボルトを使用し，ボルト一群に対して高力ボルト継手では1/3程度，かつ，2本以上をバランスよく配置し，締め付ける。

③ 溶接継手におけるエレクションピース等に使用する仮ボルトは，全数締め付ける。

④ 仮ボルトの1群とは，高力ボルト1群とは異なる。

⑤ 仮ボルト組立て架構に，風荷重，地震荷重及び積雪に対しての，接合部の安全性の検討を行い，ワイヤロープによる補強等適切な措置を施す。

2. 「5つの空欄に最も適当な語句の組合せを選ぶ形式」の問題
(「3つの下線部から誤りを摘出し，正す形式」の問題（令和2年以前))

〈出題：令和4，2，平成30，28，26年度〉

令和4年度

【解答欄】

問い番号	解答番号	適当な語句又は数値		
		a	b	c
1				
2				
3				
4				
5				
6				
7				
8				

問題5

次の1. から8. の各記述において，[ ]に当てはまる**最も適当な語句又は数値の組合せ**を，下の枠内から**1つ**選びなさい。

1. 地盤の平板載荷試験は，地盤の変形及び支持力特性を調べるための試験である。
試験は，直径[a]cm以上の円形の鋼板にジャッキにより垂直荷重を与え，載荷圧力，載荷時間，[b]を測定する。
また，試験結果により求められる支持力特性は，載荷板直径の1.5～[c]倍程度の深さの地盤が対象となる。

	a	b	c
①	30	載荷係数	2.0
②	30	沈下量	2.0
③	20	載荷係数	3.0
④	20	沈下量	3.0
⑤	30	沈下量	3.0

2. 根切りにおいて，床付け面を乱さないため，機械式掘削では，通常床付け面上30～50 cmの土を残して，残りを手掘りとするか，ショベルの刃を[a]のものに替えて掘削する。
床付け面を乱してしまった場合は，礫や砂質土であれば[b]で締め固め，粘性土の場合は，良質土に置換するか，セメントや石灰等による地盤改良を行う。
また，杭間地盤の掘り過ぎや掻き乱しは，杭の[c]抵抗力に悪影響を与えるので行ってはならない。

	a	b	c
①	平状	水締め	水平
②	爪状	水締め	鉛直
③	平状	転圧	水平
④	爪状	転圧	水平
⑤	平状	転圧	鉛直

3. 場所打ちコンクリート杭地業のオールケーシング工法において，地表面下 [a] m程度までのケーシングチューブの初期の圧入精度によって以後の掘削の鉛直精度が決定される。

掘削は [b] を用いて行い，一次スライム処理は，孔内水が多い場合には， [c] を用いて処理し，コンクリート打込み直前までに沈殿物が多い場合には，二次スライム処理を行う。

	a	b	c
①	10	ハンマーグラブ	沈殿バケット
②	5	ハンマーグラブ	沈殿バケット
③	5	ドリリングバケット	底ざらいバケット
④	10	ドリリングバケット	沈殿バケット
⑤	5	ハンマーグラブ	底ざらいバケット

4. 鉄筋のガス圧接を手動で行う場合，突き合わせた鉄筋の圧接端面間の隙間は [a] mm以下で，偏心，曲がりのないことを確認し，還元炎で圧接端面間の隙間が完全に閉じるまで加圧しながら加熱する。

圧接端面間の隙間が完全に閉じた後，鉄筋の軸方向に適切な圧力を加えながら， [b] により鉄筋の表面と中心部の温度差がなくなるように十分加熱する。

このときの加熱範囲は，圧接面を中心に鉄筋径の [c] 倍程度とする。

	a	b	c
①	2	酸化炎	3
②	2	酸化炎	2
③	2	中性炎	2
④	5	中性炎	2
⑤	5	酸化炎	3

5. 型枠に作用するコンクリートの側圧に影響する要因として，コンクリートの打込み速さ，比重，打込み高さ及び柱，壁などの部位の影響等があり，打込み速さが速ければコンクリートヘッドが[a]なって，最大側圧が大となる。

また，せき板材質の透水性又は漏水性が[b]と最大側圧は小となり，打ち込んだコンクリートと型枠表面との摩擦係数が[c]ほど，液体圧に近くなり最大側圧は大となる。

	a	b	c
①	大きく	大きい	大きい
②	小さく	小さい	大きい
③	大きく	小さい	大きい
④	小さく	大きい	小さい
⑤	大きく	大きい	小さい

6. 型枠組立てに当たって，締付け時に丸セパレーターのせき板に対する傾きが大きくなると丸セパレーターの[a]強度が大幅に低下するので，できるだけ垂直に近くなるように取り付ける。

締付け金物は，締付け不足でも締付け過ぎでも不具合が生じるので，適正に使用することが重要である。締付け金物を締め過ぎると，せき板が[b]に変形する。

締付け金物の締付け過ぎへの対策として，内端太（縦端太）を締付けボルトとできるだけ[c]等の方法がある。

	a	b	c
①	破断	内側	近接させる
②	圧縮	外側	近接させる
③	破断	外側	近接させる
④	破断	内側	離す
⑤	圧縮	外側	離す

7. コンクリート工事において，暑中コンクリートでは，レディーミクストコンクリートの荷卸し時のコンクリート温度は，原則として［ a ］℃以下とし，コンクリートの練混ぜから打込み終了までの時間は，［ b ］分以内とする。

打込み後の養生は，特に水分の急激な発散及び日射による温度上昇を防ぐよう，コンクリート表面への散水により常に湿潤に保つ。

湿潤養生の開始時期は，コンクリート上面ではブリーディング水が消失した時点，せき板に接する面では脱型［ c ］とする。

	a	b	c
①	30	90	直後
②	35	120	直前
③	35	90	直後
④	30	90	直前
⑤	30	120	直後

8. 鉄骨工事におけるスタッド溶接後の仕上がり高さ及び傾きの検査は，［ a ］本又は主要部材1本若しくは1台に溶接した本数のいずれか少ないほうを1ロットとし，1ロットにつき1本行う。

検査する1本をサンプリングする場合，1ロットの中から全体より長いかあるいは短そうなもの，又は傾きの大きそうなものを選択する。

なお，スタッドが傾いている場合の仕上がり高さは，軸の中心でその軸長を測定する。

検査の合否の判定は限界許容差により，スタッド溶接後の仕上がり高さは指定された寸法の±［ b ］mm以内，かつ，スタッド溶接後の傾きは［ c ］度以内を適合とし，検査したスタッドが適合の場合は，そのロットを合格とする。

	a	b	c
①	150	2	5
②	150	3	15
③	100	2	15
④	100	2	5
⑤	100	3	5

（解答☞ p.148）

令和２年度

【解答欄】

問い番号	解答番号	適当な語句
1.		
2.		
3.		
4.		
5.		
6.		
7.		
8.		

問題３

次の1.から8.の各記述において，記述ごとの箇所番号①から③の下線部の語句又は数値のうち**最も不適当な箇所番号**を**１つ**あげ，**適当な語句又は数値**を記入しなさい。

1.　つり足場における作業床の最大積載荷重は，現場の作業条件等により定めて，これを超えて使用してはならない。

　つり足場のつり材は，ゴンドラのつり足場を除き，定めた作業床の最大積載荷重に対して，使用材料の種類による安全係数を考慮する必要がある。

　安全係数は，つりワイヤロープ及びつり鋼線は7.5①以上，つり鎖及びつりフックは5.0②以上，つり鋼帯及びつり足場の上下支点部は鋼材の場合2.5③以上とする。

2.　地下水処理における排水工法は，地下水の揚水によって水位を必要な位置まで低下させる工法であり，地下水位の低下量は揚水量や地盤の透水性①によって決まる。

　必要揚水量が非常に多い②場合，対象とする帯水層が深い場合や帯水層が砂礫層である場合には，ウェルポイント③工法が採用される。

3.　既製コンクリート杭の埋込み工法において，杭心ずれを低減するためには，掘削ロッドの振れ止め装置を用いることや，杭心位置から直角二方向に逃げ心を取り，掘削中や杭の建込み時にも逃げ心からの距離を随時確認することが大切である。

　一般的な施工精度の管理値は，杭心ずれ量が$\frac{D}{4}$①以下（Dは杭直径），かつ，150②mm以下，傾斜$\frac{1}{100}$③以内である。

4. 鉄筋工事において，鉄筋相互のあきは粗骨材の最大寸法の1.25倍，20 mm及び隣り合う鉄筋の径（呼び名の数値）の平均値の1.5倍のうち最大のもの以上とする。
①②

鉄筋の間隔は鉄筋相互のあきに鉄筋の最大外径を加えたものとする。

柱及び梁の主筋のかぶり厚さはD29以上の異形鉄筋を使用する場合は径（呼び名の数値）の1.5倍以上とする
③

5. 型枠工事における型枠支保工で，鋼管枠を支柱として用いるものにあっては，鋼管枠と鋼管枠との間に交差筋かいを設け，支柱の脚部の滑動を防止するための措置として，支柱の脚部の固定及び布枠の取付けなどを行う。
①②

また，パイプサポートを支柱として用いるものにあっては，支柱の高さが3.5 mを超えるときは，高さ2 m以内ごとに水平つなぎを2方向に設けなければならない。
③

6. 型枠の高さが4.5 m以上の柱にコンクリートを打ち込む場合，たて形シュートや打込み用ホースを接続してコンクリートの分離を防止する。
①

たて形シュートを用いる場合，その投入口と排出口との水平方向の距離は，垂直方向の高さの約$\frac{1}{2}$以下とする。
②

また，斜めシュートはコンクリートが分離しやすいが，やむを得ず斜めシュートを使用する場合で，シュートの排出口に漏斗管を設けない場合は，その傾斜角度を水平に対して15度以上とする。
③

7. 溶融亜鉛めっき高力ボルト接合に用いる溶融亜鉛めっき高力ボルトは，建築基準法に基づき認定を受けたもので，セットの種類は1種，ボルトの機械的性質による等級はF8Tが用いられる。
①

溶融亜鉛めっきを施した鋼材の摩擦面の処理は，すべり係数が0.4以上確保できるブラスト処理又はりん酸塩処理とし，H形鋼ウェブ接合部のウェブに処理を施す範囲は，添え板が接する部分の添え板の外周から5 mm程度外側とする。
②③

8. 鉄骨の現場溶接作業において，防風対策は特に配慮しなければならない事項である。

アーク熱によって溶かされた溶融金属は大気中の酸素や窒素が混入しやすく，凝固するまで適切な方法で外気から遮断する必要があり，このとき遮断材料として作用するものが，ガスシールドアーク溶接の場合はシールドガスである。
①②

しかし，風の影響によりシールドガスに乱れが生じると，溶融金属の保護が不完全になり溶融金属内部にアンダーカットが生じてしまう。
②③

（解答☞ p.153）

2. 躯体工事の問題

平成30年度

【解答欄】

問い番号	解答番号	不適当な語句	適当な語句
1.			
2.			
3.			
4.			
5.			
6.			
7.			
8.			

問題3

次の1.から8.の各記述において，記述ごとの①から③の下線部の語句又は数値のうち**最も不適当な箇所番号を1つ**あげ，**適当な語句又は数値**を記入しなさい。

1. 平板載荷試験は，地盤の変形や強さなどの支持力特性を直接把握するために実施される。
試験地盤に礫が混入する場合には，礫の最大直径が載荷板直径の1/3①程度を目安とし，この条件を満たさない場合は大型の載荷板を用いることが望ましい。
試験地盤は，半無限の表面を持つと見なせるよう載荷板の中心から載荷板直径の3②倍以上の範囲を水平に整地する。
また，計画最大荷重の値は，試験の目的が設計荷重を確認することにある場合は，長期設計荷重の3③倍以上に設定する必要がある。

2. 根切り工事において，掘削底面付近の砂質地盤に上向きの浸透流が生じ，この水の浸透力が砂の水中での有効重量より大きくなり，砂粒子が水中で浮遊する状態をクイックサンド①という。
クイックサンド①が発生し，沸騰したような状態でその付近の地盤が崩壊する現象をボイリング②という。
また，掘削底面やその直下に難透水層があり，その下にある被圧地下水により掘削底面が持ち上がる現象をヒービング③という。

3. 場所打ちコンクリート杭地業のオールケーシング工法における掘削は，表層ケーシング①を揺動（ようどう）又は回転圧入し，土砂の崩壊を防ぎながら，ハンマーグラブ②により掘削する。
常水面以下に細かい砂③層が5m以上ある場合は，表層ケーシング①の外面を伝って下方に流れる水の浸透流や揺動（ようどう）による振動によって，周囲の砂③が締め固められ表層ケーシング①が動かなくなることがあるので注意する。
支持層の確認は，ハンマーグラブ②でつかみ上げた土砂を土質柱状図及び土質資料と対比して行う。

4.　ガス圧接の技量資格種別において，手動(①)ガス圧接については，1種から4種まであり，2種，3種，4種となるに従って，圧接作業可能な鉄筋径の範囲が大きく(②)なる。

技量資格種別が1種の圧接作業可能範囲は，異形鉄筋の場合は呼び名D32(③)以下である。

5.　鉄筋のガス圧接継手の継手部の外観検査において，不合格となった圧接部の処置は次による。

圧接部のふくらみの直径や長さが規定値に満たない場合は，再加熱し，徐冷(①)して所定のふくらみに修正する。

圧接部の折曲がりの角度が2(②)度以上の場合は，再加熱して修正する。

圧接部における鉄筋中心軸の偏心量(③)が規定値を超えた場合は，圧接部を切り取って再圧接する。

6.　型枠組立てに当たって，締付け時に丸セパレーターのせき板に対する傾きが大きくなると丸セパレーターの破断強度が大幅に低下するので，できるだけ直角(①)に近くなるように取り付ける。

締付け金物は，締付け不足でも締付けすぎても不具合が生じるので，適正に使用することが重要である。締付け金物を締付けすぎると，せき板が内側(②)に変形する。

締付け金物の締付けすぎへの対策として，内端太（縦端太）を締付けボルトとできるだけ離す(③)等の方法がある。

7.　コンクリートポンプ工法による1日におけるコンクリートの打込み区画及び打込み量(①)は，建物の規模及び施工時間，レディーミクストコンクリートの供給能力を勘案して定める。

コンクリートの打込み速度は，スランプ18 cm程度の場合，打込む部位によっても変わるが，20～30(②) m³/hが目安となる。

また，スランプ10～15 cmのコンクリートの場合，公称棒径45 mmの棒形振動機1台当たりの締固め能力は，10～30(③) m³/h程度である。

なお，コンクリートポンプ1台当たりの圧送能力は，20～50 m³/hである。

8.　鉄骨工事におけるスタッド溶接後の仕上がり高さ及び傾きの検査は，100(①)本又は主要部材1本若しくは1台に溶接した本数のいずれか少ないほうを1ロットとし，1ロットにつき1(②)本行う。

検査する1(②)本をサンプリングする場合，1ロットの中から全体より長いかあるいは短そうなもの，又は傾きの大きそうなものを選択する。

なお，スタッドが傾いている場合の仕上がり高さは，軸の中心でその軸長を測定する。

検査の合否の判定は限界許容差により，スタッド溶接後の仕上がり高さは指定された寸法の±2 mm以内，かつ，スタッド溶接後の傾きは15(③)度以内を適合とし，検査したスタッドが適合の場合は，そのロットを合格とする。

（解答☞ p.157）

2. 躯体工事の問題

平成28年度

【解答欄】

問い番号	解答番号	不適当な語句	適当な語句
1.			
2.			
3.			
4.			
5.			
6.			
7.			
8.			

問題3

次の1.から8.の各記述において，記述ごとの①から③の下線部の語句又は数値のうち**最も不適当な箇所番号**を**1つ**あげ，**適当な語句**又は**数値**を記入しなさい。

1. ラフテレーンクレーンと油圧トラッククレーンを比較した場合，狭所進入，狭隘(あい)地作業性に優れるのは，ラフテレーンクレーン①である。

　クローラクレーンのタワー式と直ブーム式を比較した場合，ブーム下のふところが大きく，より建物に接近して作業が可能なのは，直ブーム②式である。

　また，定置式のタワークレーンの水平式と起伏式を比較した場合，吊上げ荷重が大きく揚程が高くとれるのは，起伏式③である。

2. 根切りにおいて，床付け面を乱さないため，機械式掘削では，通常床付け面上30～50 cmの土を残して，残りを手掘りとするか，ショベルの刃を爪状(つめ)①のものに替えて掘削する。

　床付け面を乱してしまった場合は，粘性土であれば礫や砂質土などの良質土に置換②するか，セメントや石灰などによる地盤改良③を行う。

3. アースドリル工法は，アースドリル機のクラウン①の中心を杭心に正確に合わせ，機体を水平に据え付け，掘削孔が鉛直になるまでは慎重に掘削を行い，表層ケーシングを鉛直に立て込む。

　一般に掘削孔壁の保護は，地盤表層部はケーシングにより，ケーシング下端以深は，ベントナイト②やCMCを主体とする安定液によりできるマッドケーキ（不透水膜）と水頭圧③により保護する。

4.　鉄筋のガス圧接を行う場合，圧接部の膨らみの直径は，主筋等の径の1.2①倍以上とし，かつ，その長さを主筋等の径の1.1②倍以上とする。

また，圧接部の膨らみにおける圧接面のずれは，主筋等の径の$\frac{1}{4}$③以下とし，かつ，鉄筋中心軸の偏心量は，主筋等の径の$\frac{1}{5}$以下とする。

5.　型枠に作用するコンクリートの側圧に影響する要因として，コンクリートの打込み速さ，比重，打込み高さ，柱や壁などの部位等があり，打込み速さが速ければコンクリートヘッドが大きく①なって，最大側圧が大となる。

また，せき板材質の透水性又は漏水性が大きい②と最大側圧は小となり，打ち込んだコンクリートと型枠表面との摩擦係数が大きい③ほど，液体圧に近くなり最大側圧は大となる。

6.　型枠の高さが4.5 m①以上の柱にコンクリートを打ち込む場合，たて形シュートや打込み用ホースを接続してコンクリートの分離を防止する。

たて形シュートを用いる場合，その投入口と排出口との水平方向の距離は，垂直方向の高さの約$\frac{1}{2}$②以下とする。

やむを得ず斜めシュートを使用する場合，その傾斜角度は水平に対して15③度以上とする。

7.　鉄骨工事におけるスタッド溶接部の15°打撃曲げ検査は，150①本又は主要部材1個に溶接した本数のいずれか少ない②方を1ロットとし，1ロットにつき1③本行う。

検査の結果，不合格になった場合は同一ロットからさらに2本のスタッドを検査し，2本とも合格の場合はそのロットを合格とする。

8.　トルシア形高力ボルトの締付け完了後の検査は，すべてのボルトについてピンテールが破断①されていることを確認し，1次締付け後に付したマークのずれを調べる。

ナット回転量に著しいばらつきが認められる群については，そのボルト一群のすべて②のボルトのナット回転量を測定し，平均回転角度を算出し，ナット回転量が平均回転角度±45③度の範囲のものを合格とする。

（解答☞ p.163）

平成 26 年度

【解答欄】

問い番号	解答番号	不適当な語句	適当な語句
1.			
2.			
3.			
4.			
5.			
6.			
7.			
8.			

問題 3

次の 1. から 8. の各記述において，記述ごとの①から③の下線部の語句のうち**最も不適当な箇所番号を 1 つ**あげ，**適当な語句**を記入しなさい。

1. 作業場に通じる場所及び作業場内には，労働者が使用するための安全な通路を設け，かつ，これを常時有効に保持しなければならない。通路で主要なものにはこれを保持するため通路であることを示す表示をしなければならない。

   屋内①に設ける通路は用途に応じた幅を有し，通路面から高さ 1.8②m 以内に障害物を置いてはならない。機械間又はこれと他の設備との間に設ける通路については，幅 60③cm 以上としなければならない。

2. 根切り工事において，掘削底面付近の砂質地盤に上向きの浸透流が生じ，この水の浸透力が砂の水中での有効重量より大きくなり，砂粒子が水中で浮遊する状態をクイックサンド①という。クイックサンド①が発生し，沸騰したような状態でその付近の地盤が崩壊する現象をボイリング②という。

   掘削底面やその直下に難透水層があり，その下にある被圧地下水により掘削底面が持ち上がる現象をヒービング③という。

3. 場所打ちコンクリート杭地業のオールケーシング工法において，掘削はドリリングバケット①を用いて行い，1 次スライム処理は，孔内水が多い②場合には，沈殿バケット③を用いて処理し，コンクリート打込み直前までに沈殿物が多い場合には，2 次スライム処理を行う。

4. ガス圧接の技量資格種別において，手動①ガス圧接については，1種から4種まであり，2種，3種，4種となるに従って，圧接作業可能な鉄筋径の範囲が大きく②なる。技量資格種別が1種の圧接作業可能範囲は，異形鉄筋の場合は呼び名D32③以下である。

5. コンクリート工事において，暑中コンクリートでは，レディミクストコンクリートの荷卸し時のコンクリート温度は，原則として35①℃以下とし，コンクリートの練混ぜから打込み終了までの時間は，120②分以内とする。打込み後の養生は，特に水分の急激な発散及び日射による温度上昇を防ぐよう，コンクリート表面への散水により常に湿潤に保つ。湿潤養生の開始時期は，コンクリート上面ではブリーディング水が消失した時点，せき板に接する面では脱型直後③とする。

6. コンクリートポンプを用いてコンクリート打設を行う際，コンクリートポンプ1台当たりの1日の打込み量の上限は250①m^{3}を目安とし，輸送管の大きさは圧送距離，圧送高さ，コンクリートの圧送による品質への影響の程度などを考慮して決める。輸送管の径が大きいほど圧力損失が大きく②なる。

コンクリートの圧送に先だちポンプ及び輸送管の内面の潤滑性の保持のため，水及びモルタルを圧送する。先送りモルタルは打設するコンクリートと同等以上の強度を有するものとし，モルタルは型枠内に打ち込まない③ことを原則とする。

7. 型枠組立てにあたって，締付け時に丸セパレーターとせき板の角度が大きくなると丸セパレーターの破断強度が大幅に低下するので，できるだけ垂直①に近くなるように取り付ける。

締付け金物は，締付け不足でも締付けすぎても不具合が生じるので，適正に使用することが重要である。締付け金物を締付けすぎると，せき板が内②側に変形する。

締付け金物の締付けすぎへの対策として，内端太（縦端太）を締付けボルトとできるだけ離して③締付ける等の方法がある。

8. 鉄骨の現場溶接作業において，防風対策は特に配慮しなければならない事項である。アーク①熱によって溶かされた溶融金属は大気中の酸素や窒素②が混入しやすく，凝固するまで適切な方法で外気から遮断する必要がある。このとき遮断材料として作用するものが，ガスシールドアーク溶接の場合シールドガスである。しかし，風の影響によりシールドガスに乱れが生じると，溶融金属の保護が不完全になりアンダーカット③などの欠陥が生じてしまう。また，溶融金属中への窒素②の混入は，溶融金属の破壊靱性を低下させる。

（解答☞ p.168）

2. 躯体工事の問題

「5つの空欄に最も適当な語句の組合せを選ぶ形式」の問題の解答・解説
(「3つの下線部から誤りを摘出し，正す形式」(令和2年以前))
[令和4年度] 問題3

解　答

問い番号	解答番号	適当な語句又は数値		
		a	b	c
1.	②	30	沈下量	2.0
2.	③	平状	転圧	水平
3.	①	10	ハンマーグラブ	沈殿バケット
4.	③	2	中性炎	2
5.	⑤	大きく	大きい	小さい
6.	①	破断	内側	近接させる
7.	③	35	90	直後
8.	④	100	2	5

解　説

1.　平板載荷試験

平板載荷試験は，地盤に設置した**載荷板**に荷重を加え，荷重と地盤の沈下との関係を調べ，直接基礎における地盤の許容支持力を求めるために用いられる。

平板載荷試験は，以下の順で行う。

(1)　基礎が載る地盤まで掘削する。

(2)　その位置に直径**30** cm以上の円形で，厚さ25 mm以上の鋼板の載荷板を置く。その際，載荷板の中心から半径1.0 m(載荷板直径のおよそ**3倍**)以上を水平に整地する。

(3)　載荷板の上に油圧ジャッキを置き，上部の荷重を押し上げる。

(4)　沈下測定用のダイヤルゲージで地盤の**沈下量**を読み，「荷重―沈下曲線」を作成し，

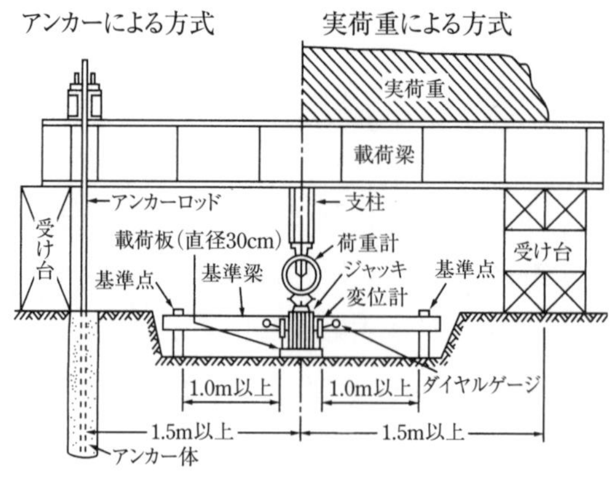

図3・4　平板載荷試験

地盤の極限荷重と降伏荷重を求める。

求められた極限荷重の1/3と降伏荷重の1/2の小さい方を地盤の**長期許容支持力**とする。よって，長期設計荷重を確認する場合は，その**3**倍以上の荷重を計画最大荷重として載荷する。

この試験では，載荷面から載荷板の直径の1.5～2倍の深さまでの支持力が求められる。また，試験地盤に礫が混入する場合，礫の最大径は載荷板の直径の**1/5**程度までとし，これを超える場合は大型の載荷板を用いることが望ましい。

2.　床付け面の施工

根切りにおいて，床付け面を乱さないため，機械式掘削では，ショベルの刃を爪状のものではなく，**平状**のものに替えて掘削する。

床付け面を荒らした場合は，荒らした深さにもよるが，砂質地盤の場合には，**ローラー**等による**転圧**や締固めによって地山と同程度の強度にすることができるが，地盤がシルトや粘土質の場合は，自然地盤以上の強度を期待することは非常に困難であるため，砂質土と置換して締め固めるか，セメントや石灰などによる地盤改良を行う。

また，杭間地盤の掘り過ぎや掻き乱しをすると，地震時における杭の**水平**抵抗力に悪影響を与えるので行ってはならない。

3.　オールケーシング工法

場所打ちコンクリート杭地業のオールケーシング工法（図3・5）は，孔壁保護のため**ケーシングチューブ**を揺動（ようどう）（回転）により圧入しながら，**ケーシングチューブ**内部の土砂を**ハンマーグラブ**により掘削，排出する。特に，ケーシングチューブのGLから**10 m**程度までの精度は，杭の鉛直精度に大きく影響するので注意する。

所定の深さまで掘進したのち，**沈殿バケット**によりスライム（孔底部の沈殿物）を処理し，鉄筋を挿入，トレミー管を設置して，コンクリートを打設しながら**ケーシングチューブ**とトレミー管を引き抜く工法である。支持層の確認は，**ハンマーグラブ**により，つかみ上げた土砂と土質柱状図及び土質資料との対比により行う。

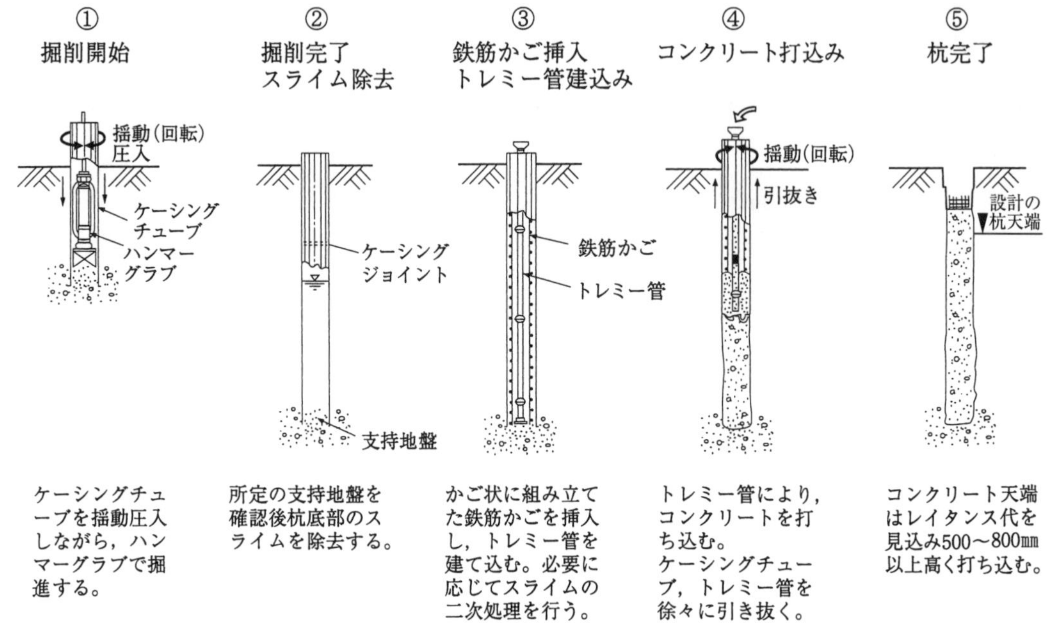

図3・5　オールケーシング工法

4.　鉄筋のガス圧接

鉄筋に圧接器を取り付けて突き合わせた場合の圧接端面間のすき間は，鉄筋径にかかわらず**2**mm以下とする。この値は，現場における管理限界を示したもので，基本は，あくまでもすき間をなくすことである。偏心，曲がりのないことを確認し，還元炎で圧接の端面間のすき間が完全に閉じるまで加熱する。

圧接の初期加熱時に，圧接端面間のすき間が閉じるまでは，加熱中における圧接端面の酸化を防ぐため，還元炎で端面を完全に覆うようにして加熱する。圧接端面間のすき間が完全に閉じたのちは，還元炎より**熱効率の高い中性炎**で加熱する。なお，突合せ部を集中的に加熱すると，圧接面の中心部まで適正な圧接温度（約1,250〜1,300℃）に達しないうちに，鉄筋表面部のみが溶融し，正常な圧接が困難となる。したがって，圧接面を中心に鉄筋径の**2倍程度の範囲**を揺動加熱（幅焼き）する。

5.　型枠に作用するコンクリートの側圧

型枠に作用するコンクリートの側圧に影響する要因として，コンクリートの打込み速さ，比重，打込み高さ，柱や壁などの部位等がある。

表3・1に示すとおり，打込み速さが速ければコンクリートヘッド（側圧を求める位置から上のコンクリートの打込み高さ）が**大きく**なって，最大側圧が大となる。

また，せき板材質の透水性又は漏水性が**大きい**と最大側圧は小となり，打ち込んだコンクリートと型枠表面との摩擦係数が**小さい**ほど，液体圧に近くなり最大側圧は大となる。

表3・1　型枠設計用コンクリートの側圧〔kN/m²〕（JASS 5）

打込み速さ〔m/h〕	10以下の場合		10を超え20以下の場合		20を超える場合
部位＼H〔m〕	1.5以下	1.5を超え4.0以下	2.0以下	2.0を超え4.0以下	4.0以下
柱	W_0H	$1.5W_0 + 0.6W_0 \times (H - 1.5)$	W_0H	$W_0 + 0.8W_0 \times (H - 2.0)$	W_0H
壁		$1.5W_0 + 0.2W_0 \times (H - 1.5)$		$2.0W_0 + 0.4W_0 \times (H - 2.0)$	

（注）H：フレッシュコンクリートのヘッド〔m〕（側圧を求める位置から上のコンクリートの打込み高さ）
W_0：フレッシュコンクリートの単位容積質量〔t/m³〕に重力加速度を乗じたもの〔kN/m³〕

6.　型枠の組立て

型枠組立に当たって，締付け時に丸セパレーターのせき板に対する傾きが大きくなると，丸セパレーターの**破断**強度が大幅に低下するのでできるだけ垂直に近くなるように取り付ける。

型枠の締付け金物は，締付け不足でも締付けすぎても不具合が生じるので，適正に使用することが重要である。締付け金物を締付けすぎると，せき板が**内側**に変形する。締付け金物の締付けすぎへの対策として，内端太（縦端太）を締付けボルトとできるだけ**近接させる**。

7.　暑中コンクリート工事

夏季に施工されるコンクリート工事では，気温が高いことや日射の影響でコンクリート温度が高くなることにより，また同一スランプを得るための単位水量の増加，運搬中のスランプの低下，凝結の促進，コンクリート表面からの水分の急激な蒸発などによって，コールドジョイント，ひび割れの発生，長期強度の増進不良，耐久性の低下など種々の問題が発生しやすい。

暑中コンクリート工事を適用する期間は，特記のない場合，平均気温の平年値が25℃を超える期間を基準として定める。荷卸時のコンクリートの温度は原則として**35℃**以下とする。

コンクリートの練り混ぜから打ち込み終了までの時間の限度は，**90分**とする。(25℃以下のときは120分)

受入れ計画は，荷卸しまでのトラックアジテータの待機時間が長くならないようにする。

コンクリートの運搬・打込みは，気象および施工条件を十分考慮して，コンクリートの品質低下を防ぐように行う。

コンクリートの運搬機器などは，直射日光ができるだけ当たらないところに設置する。

打ち込まれるコンクリートに接するコンクリート，せき板などの表面は直射日光ができるだけ当たらないようにし，散水などにより温度が高くならないようにする。

1回の打込み量，打込み区画および打込み順序を適切に定め，コールドジョイントの発生を防止する。

打込み後のコンクリートは，直射日光によるコンクリートの急激な温度上昇を防止し，湿潤に保つ。

湿潤養生の開始時間は，コンクリート上面ではブリーディング水が消失した時点，せき板に接する面では脱型**直後**とする。

普通ポルトランドセメントを用いたコンクリートの湿潤養生期間は5日間以上とする。養生終了後は，コンクリートが急激に乾燥しないような措置を講じる。

8.　スタッド溶接の外観検査

スタッド溶接完了後に行う外観検査は以下による。

(1) 母材及び材軸部のアンダーカットの有無を，全数について確認する。アンダーカットは0.5 mm以内とする。

(2) カラーがスタッド軸全周にわたって形成されていることを全数確認する。スタッド軸全周にわたって形成されていないときは，打撃試験を行う。(打撃試験については28年度7を参照)

(3) 仕上がり高さ及び傾きの試験は次による。

①試験は抜き取りとし，スタッドの種類及びスタッド溶接される部材が異なるごとに，かつ，**100本**ごとに及びその端数について試験ロットを構成し，**1ロットにつき1本以上**抜き取る。

②仕上がり高さ及び傾きは，指定された寸法に対して高さは**±2 mm**以内，傾きは**5度**以下であることを確認する。

③試験したスタッドが合格の場合，そのロットを合格とする。

④試験したスタッドが不合格の場合は，同一ロットから更に2本のスタッドを試験し，2本とも合格した場合は，そのロットを合格とする。それ以外の場合は，ロット全数について試験する。

[令和 2 年度] 問題 3

解　答

問い番号	解答番号	適当な語句
1.	①	10
2.	③	ディープウェル
3.	②	100
4.	①	25
5.	②	根がらみ
6.	③	30
7.	③	内側
8.	③	ブローホール

解　説

1.　つり足場

つり足場（ゴンドラのつり足場を除く）にあっては，つりワイヤロープ及びつり鋼線の安全係数が **10** 以上，つり鎖及びつりフックの安全係数が 5 以上，つり鋼帯並びにつり足場の下部及び上部の支点の安全係数が鋼材にあっては 2.5 以上となるように，定めなければならない。

2.　排水工法

地下水処理の工法は，下図のように排水工法と止水（遮水）工法に分けられる。

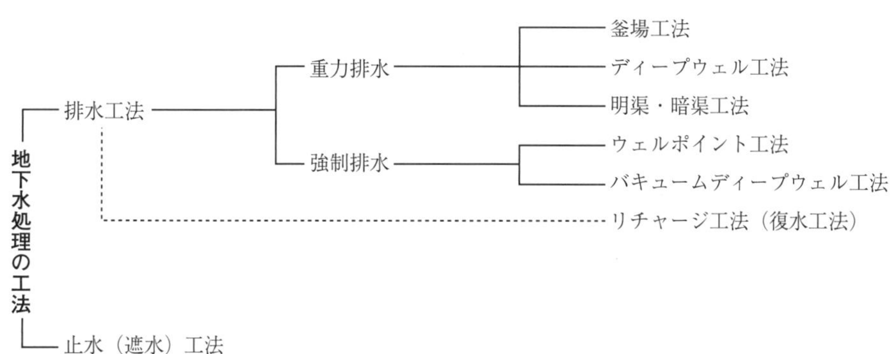

排水工法は，地下水の揚水によって水位を掘削工事に必要な位置まで低下させる工法で，**地下水位の低下量**は**揚水量**や地盤の**透水性**等によって決まり，通常，透水試験係数が 10^{-4}cm/s 程度より大きい地盤（帯水層）に適用される。

ウェルポイント工法（図 3・6）は，吸水管を約 1 m 間隔に地中に設置して，真空ポンプにより強制的に地下水を集水して排水する工法であるため，一段のウェルポイントによる地下水位低下の限度は，ヘッダパイプより 4 〜 6 m 程度となる。

ディープウェル工法は，根切り部内あるいは外部に径500～1,000 mmで帯水層中に削孔し，径300～600 mmのスクリーン付井戸管を設置してウェル（井戸）として，この中に水中ポンプ等を設置して帯水層の地盤の地下水を低下させる工法である。

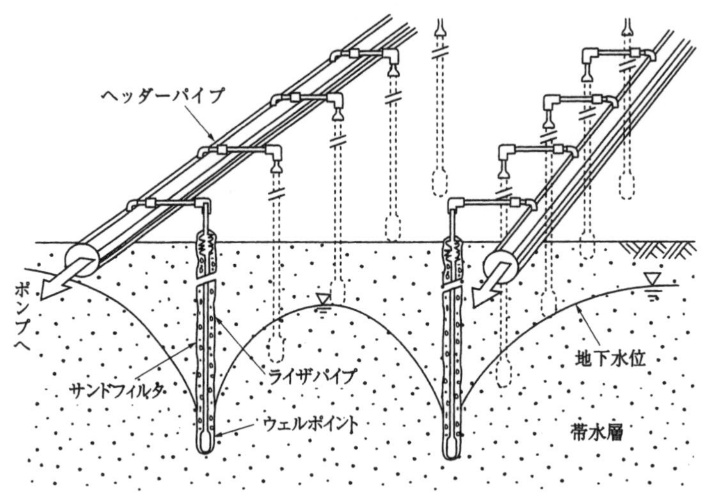

図3・6 ウェルポイント工法

したがって，**必要揚水量が非常に多い場合や対象とする帯水層が深い場合，帯水層が砂礫層である場合**には，ディープウェル工法が採用される。

3. 既製コンクリート杭の埋込み工法

既製コンクリート杭における一般的な施工精度の管理値は，杭心ずれ量が **D/4** 以下（Dは杭直径），かつ **100**mm以下，傾斜 **1/100** 以内である。

4. 鉄筋のあきとかぶり

鉄筋のあきは粗骨材寸法の **1.25** 倍かつ **25**mm，呼び名の数値の1.5倍以上である。

表3・2 鉄筋のあき

		あき	間隔
異形鉄筋	間隔 D あき D	・呼び名の数値の1.5倍 ・粗骨材最大寸法の1.25倍 ・25mm のうちの大きい数値	・呼び名の数値の1.5倍＋最外径 ・粗骨材最大寸法の1.25倍＋最外径 ・25mm＋最外径 のうちの大きい数値

（注） D：鉄筋の最外径

5.　型枠工事の型枠支保工

鋼管枠を支柱として用いる場合も，脚部の滑動を防止するために，脚部の固定及び**根がらみ**を設ける。布わくとは，鋼管枠同士を接合するために水平に設けるもので，作業床をかねるものを床付き布わくという。

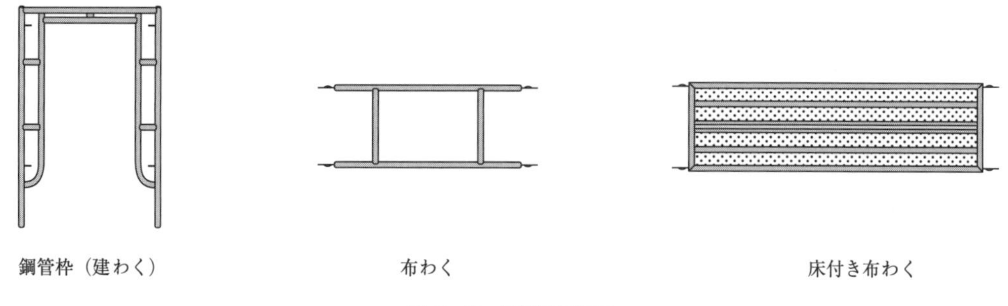

図3・7　型枠支保工

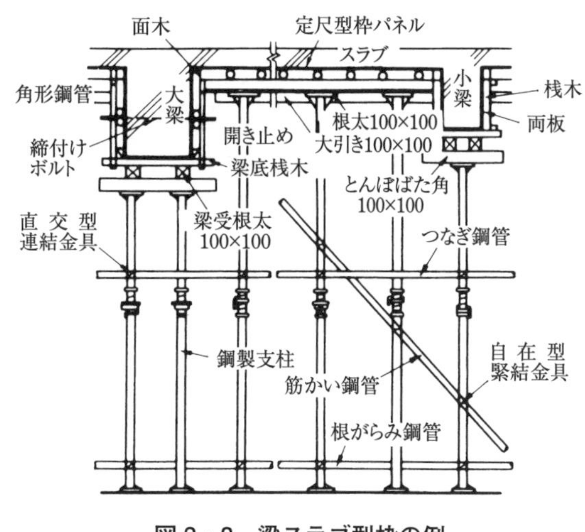

図3・8　梁スラブ型枠の例

6.　シュート

シュートは，落差のあるところへコンクリートを運搬するもので，たて形フレキシブルシュートを用いる場合，その投入口と排出口との水平方向の距離は，垂直方向の高さの約1/2以下とする。斜めシュートは，コンクリートが分離しやすいのでできるだけ使用しない。やむを得ず斜めシュートを使用する場合には，その傾斜角度を水平に対して30度以上とする。

7. 溶融亜鉛メッキ高力ボルト

鋼材の摩擦面の処理は，すべり係数が0.4以上確保できるブラスト処理又はりん酸塩処理とし，処理を施す範囲は添え板が接する部分の添え板の外周から5mm程度**内側**とする。

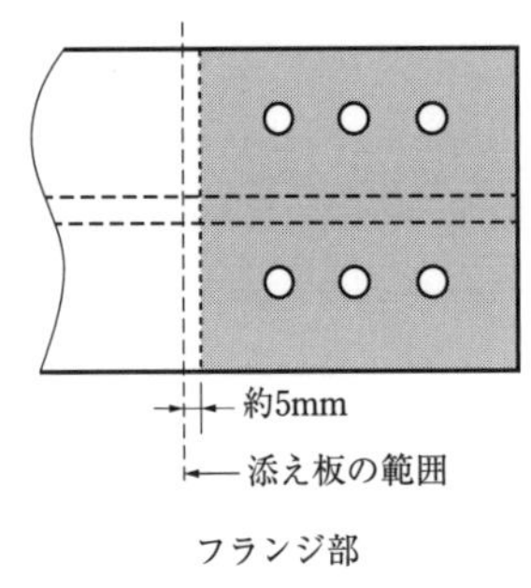

フランジ部

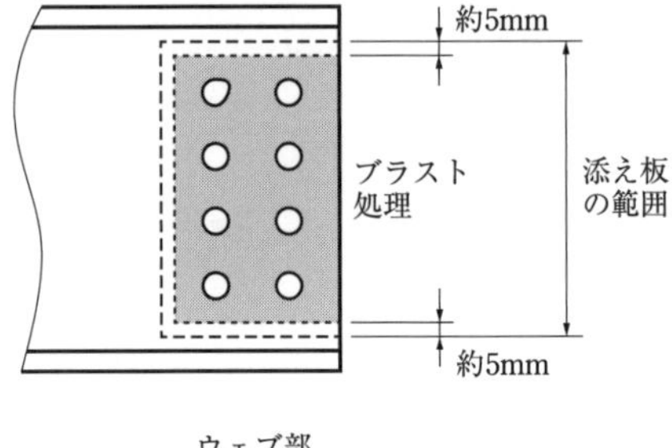

ウェブ部

図3・9 ブラスト処理の範囲

8. 鉄骨の現場溶接作業

現場溶接において，風の影響によりシールドガスに乱れが生じると，溶融金属が空気を巻き込み，**ブローホール**という欠陥が生じる。アンダーカットは，溶接電流や溶接速度が高すぎるときに生じる溶接ビード端部の母材がノッチ状にえぐれる欠陥である。

ブローホール

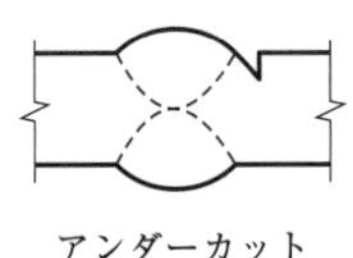

アンダーカット

図3・10 溶接欠陥

[平成 30 年度] 問題 3

解　答

問い番号	解答番号	不適当な語句	適当な語句
1.	①	1/3	1/5
2.	③	ヒービング	盤ぶくれ
3.	①	表層ケーシング	ケーシングチューブ
4.	③	D32	D25
5.	①	徐冷	加圧
6.	③	離す	近接させる
7.	③	30	15
8.	③	15	5

解　説

1.　平板載荷試験

平板載荷試験は，地盤に設置した**載荷板**に荷重を加え，荷重と地盤の沈下との関係を調べ，直接基礎における地盤の許容支持力を求めるために用いられる。

平板載荷試験は，以下の順で行う。

(1)　基礎が載る地盤まで掘削する。

(2)　その位置に直径 30 cm 以上の円形で，厚さ 25 mm 以上の鋼板の載荷板を置く。その際，載荷板の中心から半径 1.0 m（載荷板直径のおよそ **3 倍**）以上を水平に整地する。

(3)　載荷板の上に油圧ジャッキを置き，上部の荷重を押し上げる。

(4)　沈下測定用のダイヤルゲージで地盤の沈下量を読み，「荷重一沈下曲線」を作成し，地盤の極限荷重と降伏荷重を求める。

求められた極限荷重の 1/3 と降伏荷重の 1/2 の小さい方を地盤の**長期許容支持力**とす

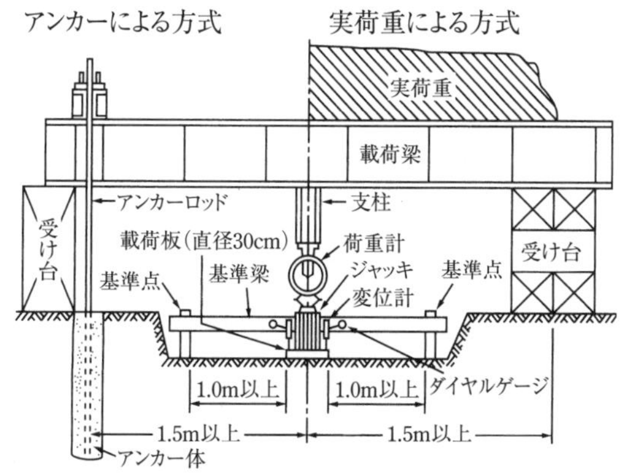

図 3・11　平板載荷試験

る。よって，長期設計荷重を確認する場合は，その**3**倍以上の荷重を計画最大荷重として載荷する。

この試験では，載荷面から載荷板の直径の1.5～2倍の深さまでの支持力が求められる。また，試験地盤に礫が混入する場合，礫の最大径は載荷板の直径の**1/5**程度までとし，これを超える場合は大型の載荷板を用いることが望ましい。

2.　根切り工事における掘削底面

ボイリングとは，掘削底面付近の砂質地盤が，上向きの地下水流のため，支持力がなくなる現象。つまり，砂地盤が水と砂の混合した液状となり，砂全体が沸騰状態に根切り内に吹き上げる現象である。このような砂粒子が水中で浮遊する状態を**クイックサンド**という。

粘性土などの不透水層（水を通さない層）より下の被圧地下水の水圧によって根切り底面が持ち上がる現象を**盤ぶくれ**という。

ヒービングとは，軟弱粘性土の地盤を掘削するとき，山留め壁背面の土の重量によって掘削底面内部にすべり破壊が生じ，底面が押し上げられて盛り上がる現象である。

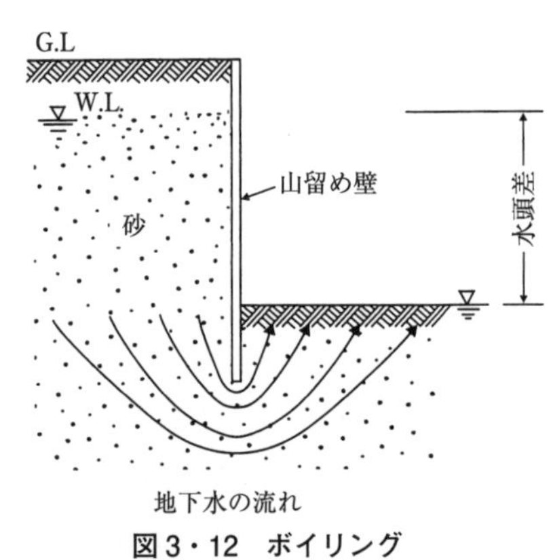

図3・12　ボイリング

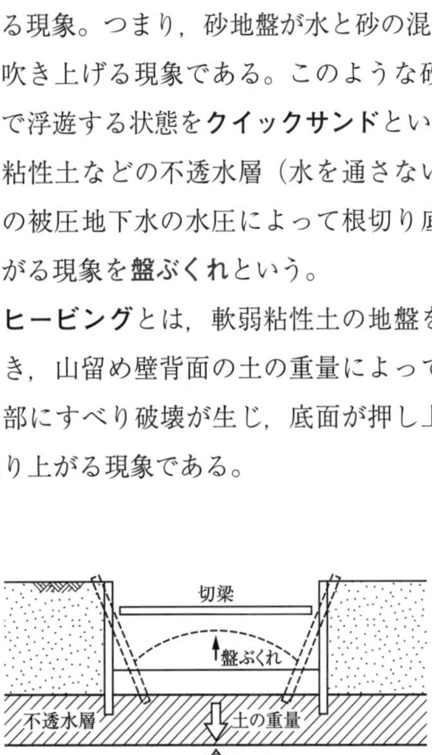

図3・13　被圧水による盤ぶくれ

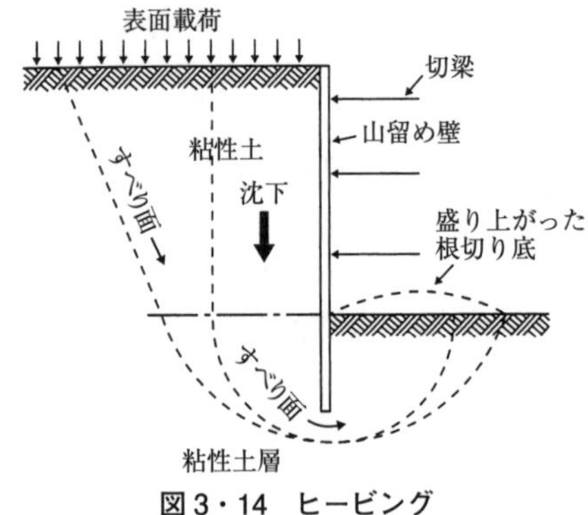

図3・14　ヒービング

3.　オールケーシング工法

場所打ちコンクリート杭地業のオールケーシング工法（図3・15）は，孔壁保護のため**ケーシングチューブ**を揺動（ようどう）（回転）により圧入しながら，**ケーシングチューブ**内部の土砂を**ハンマーグラブ**により掘削，排出する。所定の深さまで掘進したのち，スライム（孔底部の沈殿物）を処理し，鉄筋を挿入，トレミー管を設置して，コンクリートを打設しながら**ケーシングチューブ**とトレミー管を引き抜く工法である。支持層の確認は，**ハンマーグラブ**により，つかみ上げた土砂と土質柱状図及び土質資料との対比により行う。

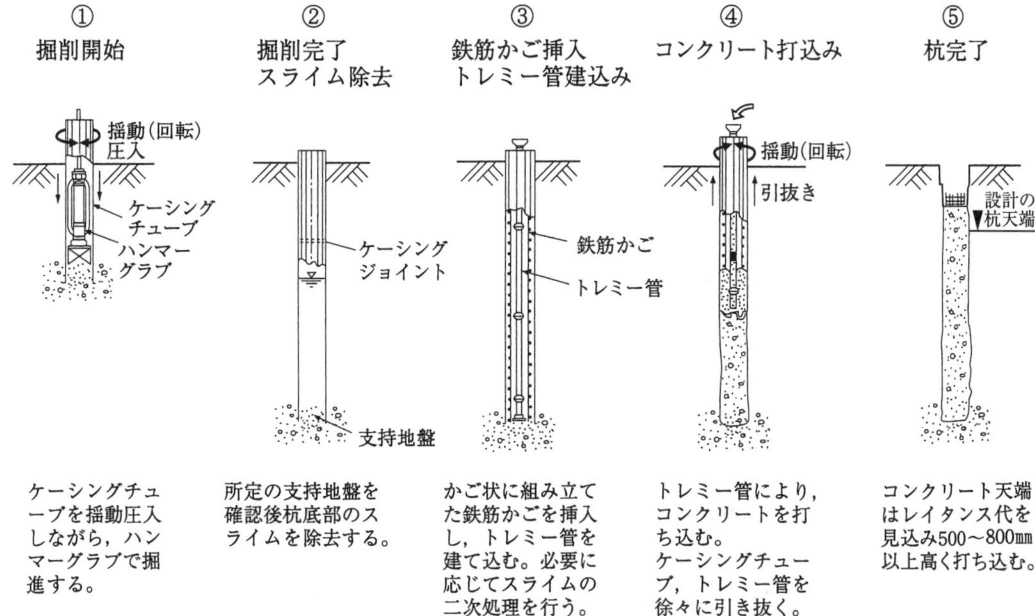

図 3・15　オールケーシング工法

4.　鉄筋のガス圧接の技能資格種別

手動ガス圧接の技量種別は 1 種から 4 種があり，2 種，3 種となるに従って，圧接作業可能な鉄筋径の範囲が大きくなる。異形鉄筋における技量資格種別の圧接作業可能範囲は，1 種が呼び名 **D 25** 以下，2 種が D32 以下，3 種が D38 以下，4 種が D51 以下である。

表 3・3　手動ガス圧接技量資格者の圧接作業可能範囲

技量資格種別	圧接作業可能範囲	
	鉄筋の種類	鉄筋径
1　種	SR235，SR295，SD295A，SD295B，SD345，SD390	径 25 mm 以下 呼び名 D25 以下
2　種	SR235，SR295，SD295A，SD295B，SD345，SD390	径 32 mm 以下 呼び名 D32 以下
3　種	SR235，SR295，SD295A，SD295B，SD345，SD390，SD490（注）	径 38 mm 以下 呼び名 D38 以下
4　種	SR235，SR295，SD295A，SD295B，SD345，SD390，SD490（注）	径 50 mm 以下 呼び名 D51 以下

（注）　SD490 は，「共仕」では適用を想定していない。

5. 鉄筋のガス圧接継手の外観検査

鉄筋のガス圧接完了後に行う外観検査において，不合格となった場合の修正は以下による。

(1) 圧接部のふくらみの直径が主筋等の径（d）の1.4倍に満たない場合，またはその長さが径の1.1倍に満たない場合は，再加熱し，**加圧**して，所定のふくらみとする。

(2) 圧接面のずれが径の1/4を超えた場合，または相互の鉄筋中心軸の**偏心量**が径の1/5を超えた場合は，圧接部を切り取り，再圧接する。

(3) 圧接部に**2度**以上の折れ曲がりが生じた場合は，再加熱して修正する。

(4) 圧接部のふくらみが著しいつば形（刀のつばの様にとんがった形）の場合または著しい焼割れを生じた場合は，圧接部を切り取り再圧接する。

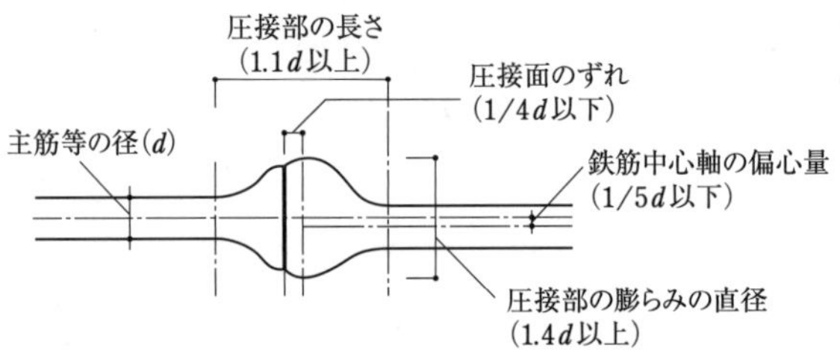

図3・16 平成12年建告第1463号に示される圧接継手に関する主な規定

6. 型枠の締付け

型枠の締付け金物は，締付け不足でも締付けすぎても不具合が生じるので，適正に使用することが重要である。締付け金物を締付けすぎると，せき板が**内側**に変形する。締付け金物の締付けすぎへの対策として，内端太（縦端太）を締付けボルトとできるだけ**近接**させる。

7.　コンクリートの打設

運搬，打込みおよび締固め計画を定める場合の1回の打込み区画・打込み高さおよび**打込み量**は，型枠中にコンクリートを密実かつ均質に充填できる範囲とする。構造体コンクリートの品質は，コンクリートの運搬・打込みおよび締固め方法によって大きな影響を受ける。このため，構造体の設計や施工条件を十分に考慮して，施工計画を立案しなければならない。運搬・打込みおよび締固めの計画に際して留意すべき事項を以下に示す。

(1) 運搬・打込みおよび締固めの方法および使用機器の種類と数量
(2) 運搬・打込みおよび締固めのための労務の組織
(3) コンクリートの練混ぜから打込み終了までの時間の限度
(4) 打込み継続中の打重ね時間間隔の限度
(5) 打込み区画および打込み順序
(6) 1日の打込み量および単位時間あたりの打込み量
(7) 品質の変化したコンクリートの措置
(8) 打継ぎ部の処理法
(9) コンクリート上面の仕上げ方法および使用する機器，労務組織

打込み速度は，打込み場所の施工条件によって異なるが，十分な締固め作業ができる範囲とする。スランプ18 cm程度のコンクリートの打込み速度は，打込む部分によっても変わるが，コンクリートポンプ工法の場合，**20～30m³/h**が目安となる。

締固めは，コンクリート棒形振動機，型枠振動機または突き棒を用いて行い，必要に応じてほかの器具を補助として用いる。

スランプ18 cm以下のコンクリートを施工する場合，内部振動機を十分に用いなければ，密実な締固めはできない。スランプ10～15 cmの普通コンクリートの場合，公称棒径45 mmの棒形振動機1台あたりの締固め能力は，おおむね**10～15** m³/h程度であり，スランプが大きくなれば打込みやすくなる。

8.　スタッド溶接の外観検査

スタッド溶接完了後に行う外観検査は以下による。

(1) 母材及び材軸部のアンダーカットの有無を，全数について確認する。アンダーカットは0.5 mm以内とする。

(2) カラーがスタッド軸全周にわたって形成されていることを全数確認する。スタッド軸全周にわたって形成されていないときは，打撃試験を行う。(打撃試験については28年度7を参照)

(3) 仕上がり高さ及び傾きの試験は次による。

①試験は抜き取りとし，スタッドの種類及びスタッド溶接される部材が異なるごとに，かつ，**100本**ごとに及びその端数について試験ロットを構成し，**1ロットにつき1本以上**抜き取る。

②仕上がり高さ及び傾きは，指定された寸法の±2 mm以内，傾きは**5度**以下であることを確認する。

③試験したスタッドが合格の場合，そのロットを合格とする。

④試験したスタッドが不合格の場合は，同一ロットから更に2本のスタッドを試験し，2本とも合格した場合は，そのロットを合格とする。それ以外の場合は，ロット全数について試験する。

[平成28年度] 問題3

解　答

問い番号	解答番号	不適当な語句	適当な語句
1.	②	直ブーム式	タワー式
2.	①	爪状	平状
3.	①	クラウン	ケリーバー
4.	①	1.2	1.4
5.	③	大きい	小さい
6.	③	15	30
7.	①	150	100
8.	③	45	30

解　説

1.　揚重機の比較

ラフテレーンクレーン：その名が示すとおり，もともとは不整地（rough terrain）の走行にも対応できるホイールクレーンである。車両の走行とクレーンの操作を一つの運転席で行うことができ，日本では2軸（4輪）駆動が多く，通称ラフターと呼ばれている。装備しているブームは伸び縮みするテレスコ（ピック）ブームであるので，ブームの組立てが不要である。現場到着後，ブームとアウトリガーを伸ばせば作業が即可能な状態となり，またブームの起伏はブーム起伏シリンダによって行われている。車体が短く作業半径が非常に小さく，小回りが利くため，狭所侵入や狭隘地作業に優れている。

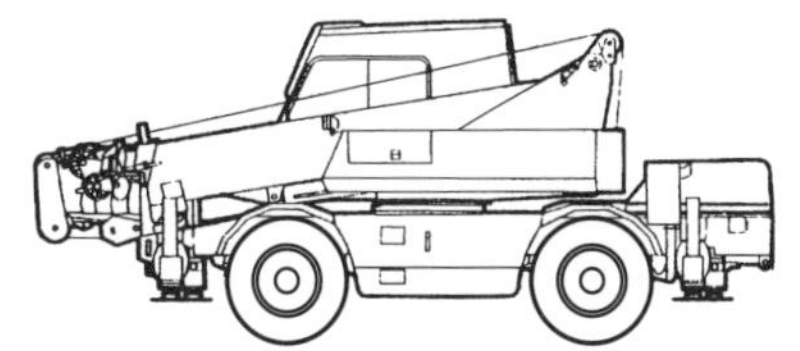

図3・17　ラフテレーンクレーン

トラッククレーン：運転席と操作室が別のもの（トラックフレーム上に操作室を含むクレーン機構を架装した大型車両）であり，現在はトラッククレーンの需要は減りつつあり，専用シャーシを生産していた各社は事実上生産を中止している。

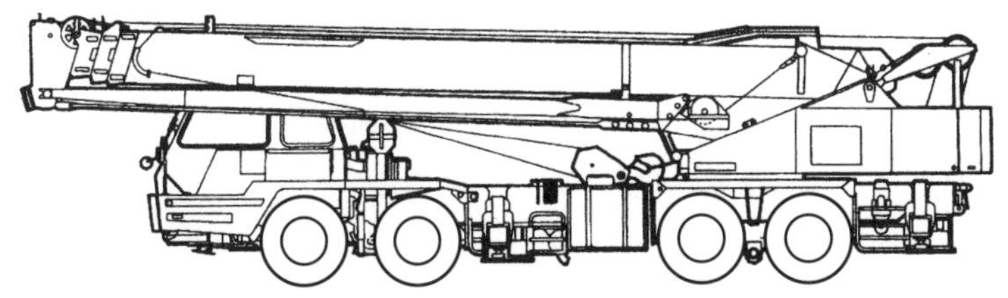

図3・18　油圧トラッククレーン

2. 躯体の解答事

クローラクレーン（Crawler crane）：履帯（クローラー）で走行する移動式クレーンである。接地面積が広く，接地圧が小さいため，地盤の軟らかい場所や勾配のきつい場所での作業に適している。その反面，走行速度が遅く，小型でもナンバー取得ができないため，公道を自走できないものが多い。現場間の移動はトラックやトレーラー等で運搬する必要がある。近年のものは，過負荷防止装置やモーメントリミッターと呼ばれる安全装置が付いており，転倒しない範囲を超えそうになると警報が鳴り，そのまま操作を続けると自動停止するシステムが付いている。

クレーンの直ブーム式：クレーン本体にラチスブームやテレスコ（ピック）ブームを取り付けたもので，タワー式は塔状をしたマストの先端にブームを取り付けたものである。したがって，**建物に接近して作業が可能なのは，タワー式**である。

定置式タワークレーンの水平式：タワークレーンのジブが水平であるものをいい，ジブは垂直方向に起伏することはなく，水平に 360 度回転して，吊り荷の引込移動はトロリーで行う。バランスジブが反対側にあり，重心安定がよく，自立高も高いが，構造的に**重量物を吊るには適していない**。

2.　床付け面の施工

根切りにおいて，床付け面を乱さないため，機械式掘削では，ショベルの刃を爪状のものではなく，**平状**のものに替えて掘削する。

床付け面を荒らした場合は，荒らした深さにもよるが，砂質地盤の場合には，**ローラー**等による転圧や締固めによって地山と同程度の強度にすることができるが，地盤がシルトや粘土質の場合は，自然地盤以上の強度を期待することは非常に困難であるため，砂質土と置換して締め固めるか，セメントや石灰などによる地盤改良を行う。

3.　アースドリル工法

アースドリル工法は，図 3・19 の掘削機の**ケリーバー**の中心を杭心に正確に合わせ，機体を水平に据え付けた後，図 3・20 の工程により杭を築造する。

①　ケリーバーの先端に取り付けた**ドリリングバケット**を回転させて掘削する。

地盤表層部に表層ケーシングを取り付け，掘削時に表層部の孔壁が崩れるのを保護する。

ケーシング以深の孔壁は，ベントナイトや CMC（カルボキシメチルセルロース）を主体とする安定液によるマッドケーキと水頭圧によって保護する。

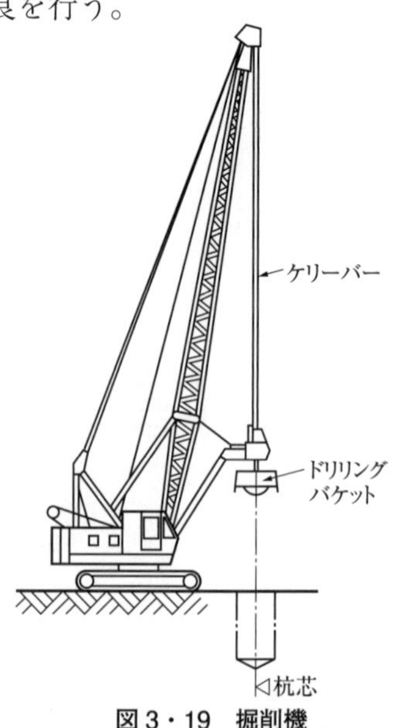

図 3・19　掘削機

② ケリーバを伸長して掘進し，所定の支持地盤を確認する。

③ 孔内に残っている崩落土や泥水中の土砂等のスライムを，底ざらいバケットにより除去する。

④ 杭の主筋および帯筋を組んだ鉄筋かごを挿入し，コンクリートを底部から打設するためにトレミー管を建て込む。

⑤ トレミー管によりコンクリート打設。

⑥ 杭完了。

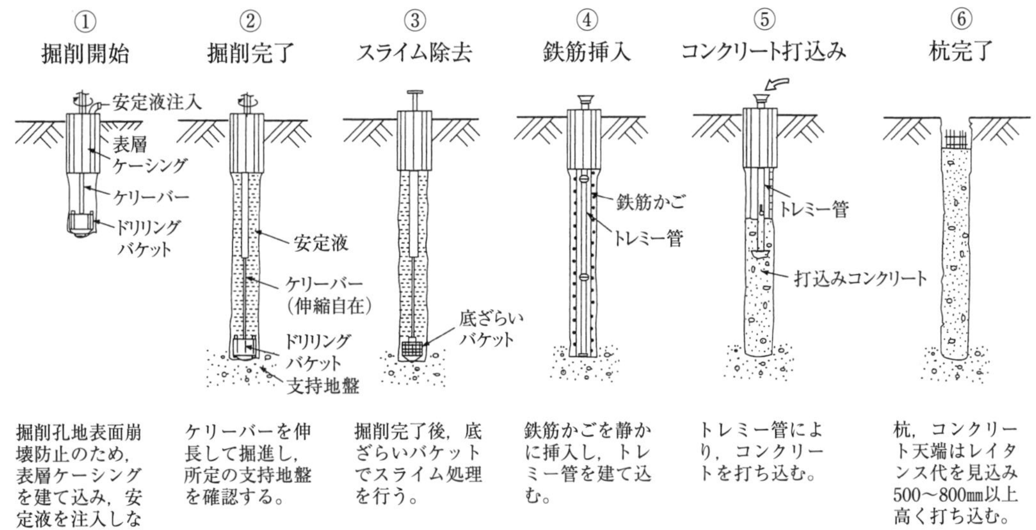

図3・20　アースドリル工法

4. 鉄筋のガス圧接の外観検査

鉄筋のガス圧接を行う場合，圧接部の膨らみの直径は，主筋等の径の **1.4** 倍以上とし，かつ，その長さを主筋等の径の 1.1 倍以上とする。

また，圧接部の膨らみにおける圧接面のずれは，主筋等の径の$\frac{1}{4}$以下とし，かつ，鉄筋中心軸の偏心量は，主筋等の径の$\frac{1}{5}$以下とする。(p.160，図3・16参照)

5. 型枠に作用するコンクリートの側圧

型枠に作用するコンクリートの側圧に影響する要因として，コンクリートの打込み速さ，比重，打込み高さ，柱や壁などの部位等がある。

表3・4に示すとおり，打込み速さが速ければコンクリートヘッド（側圧を求める位置から上のコンクリートの打込み高さ）が大きくなって，最大側圧が大となる。

また，せき板材質の透水性又は漏水性が大きいと最大側圧は小となり，打ち込んだコン

表3・4　型枠設計用コンクリートの側圧〔kN/m²〕（JASS 5）

打込み速さ〔m/h〕	10以下の場合		10を超え20以下の場合		20を超える場合
部位＼H〔m〕	1.5以下	1.5を超え4.0以下	2.0以下	2.0を超え4.0以下	4.0以下
柱	W_0H	$1.5W_0+0.6W_0\times(H-1.5)$	W_0H	$W_0+0.8W_0\times(H-2.0)$	W_0H
壁		$1.5W_0+0.2W_0\times(H-1.5)$		$2.0W_0+0.4W_0\times(H-2.0)$	

（注）H：フレッシュコンクリートのヘッド〔m〕（側圧を求める位置から上のコンクリートの打込み高さ）
W_0：フレッシュコンクリートの単位容積質量〔t/m³〕に重力加速度を乗じたもの〔kN/m³〕

クリートと型枠表面との摩擦係数が**小さい**ほど，液体圧に近くなり最大側圧は大となる。

6.　シュート

シュートは，落差のあるところへコンクリートを運搬するもので，たて形フレキシブルシュートを用いる場合，その投入口と排出口との水平方向の距離は，垂直方向の高さの約1/2以下とする。斜めシュートは，コンクリートが分離しやすいのでできるだけ使用しない。やむを得ず斜めシュートを使用する場合には，その傾斜角度を水平に対して**30**度以上とする。

7.　スタッド溶接後の試験

スタッド溶接完了後，次により試験を行う。

(1)　外観試験

①　母材および材軸部のアンダーカットの有無を，全数について確認する。

②　仕上り高さおよび傾きの試験は，次による。

ⅰ）試験は抜取りとし，スタッドの種類およびスタッド溶接される部材が異なるごとに，かつ，**100**本ごとおよびその端数について試験ロットを構成し，**1ロットにつき1本**以上抜き取る。

ⅱ）仕上り高さおよび傾きは，測定器具を用いて計測する。

ⅲ）試験したスタッドが合格の場合，そのロットを合格とする。

ⅳ）試験したスタッドが不合格の場合は，同一ロットから更に2本のスタッドを試験し，2本とも合格した場合は，そのロットを合格とする。**それ以外の場合**は，ロット**全数**について試験する。

(2)　打撃曲げ試験

①　抜取りは，(1)②ⅰ）による。

②　打撃により角度15°まで曲げたのち，溶接部に割れその他の欠陥が生じた場合は，

（1）②iv）による。

なお，打撃曲げ試験により，15°まで曲げたスタッドは，欠陥のない場合，そのまま使用する。

8. トルシア形高力ボルトの検査

トルシア形高力ボルトの締付けは，1次締め→マーキング→本締め→締付け確認　となる。締付け確認は以下の手順で行う。

① ピンテールの**破断を確認**する。

② ナットとボルト，ナットと座金などが一緒に回る共回りをしてなく，正常にナットだけが回っていることをマーキングのずれ方で確認する。適正な回転量は，120°（M12は60°）である。

③ ナット回転量に著しいばらつきの認められる群については，**そのボルト群のすべてのボルト**のナット回転量を測定し，平均回転角度を算出し，**平均回転角度±30°**のものを合格とする。

④ ボルトの余長が，ねじ山1～6山程度残っていることを確認する。

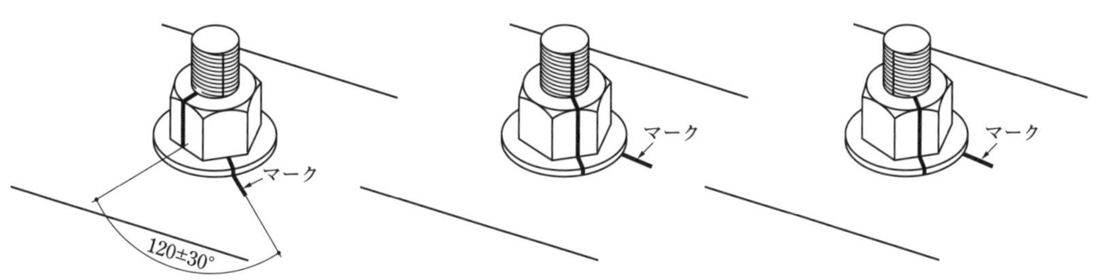

(a) ボルト・ナットの適正な回転量　(b) ボルトの共回り現象　(c) ボルトの軸回り現象

図3・21　トルシア形高力ボルトの締付け

[平成26年度] 問題3

解　答

問題番号	解答番号	不適当な語句	適当な語句
1.	③	60	80
2.	③	ヒービング	盤ぶくれ
3.	①	ドリリングバケット	ハンマーグラブ
4.	③	32	25
5.	②	120	90
6.	②	大きく	小さく
7.	③	離して	近接させて
8.	③	アンダーカット	ブローホール

解　説

1.　屋内に設ける通路

屋内に設ける通路については，次に定めるところによらなければならない。

(1)　用途に応じた幅を有すること。

(2)　通路面は，つまずき，すべり，踏抜等の危険のない状態に保持すること。

(3)　通路面から高さ1.8 m以内に障害物を置かないこと。

機械間等の通路

機械間又はこれと他の設備との間に設ける通路については，幅80cm以上のものとしなければならない。

2.　根切り工事における掘削底面

ボイリングとは，掘削底面付近の砂質地盤が，上向きの地下水流のため，支持力がなくなる現象。つまり，砂地盤が水と砂の混合した液状となり，砂全体が沸騰状態に根切り内に吹き上げる現象である。このような砂粒子が水中で浮遊する状態を**クイックサンド**という。

粘性土などの不透水層（水を通さない層）より下の被圧地下水の水圧によって根切り底面が持ち上がる現象を**盤ぶくれ**という。

ヒービングとは，軟弱粘性土の地盤を掘削するとき，山留め壁背面の土の重量によって掘削底面内部にすべり面に沿ってすべり破壊が生じ，根切り底面が押し上げられて盛り上がる現象である。

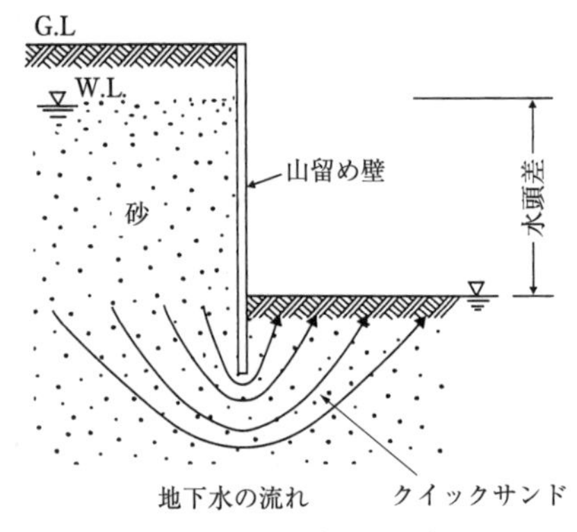

図3・22　ボイリング

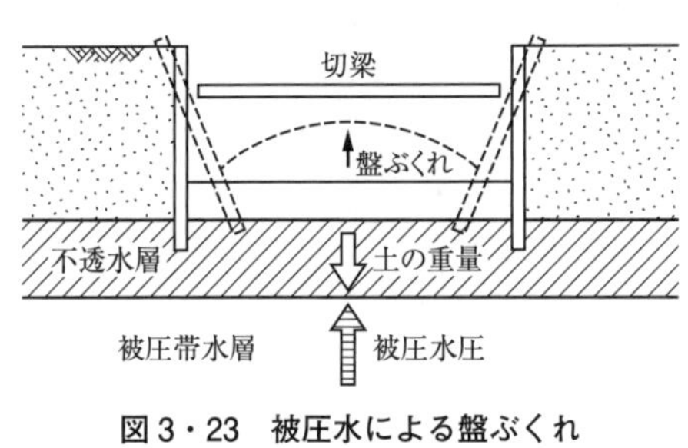

図3・23　被圧水による盤ぶくれ

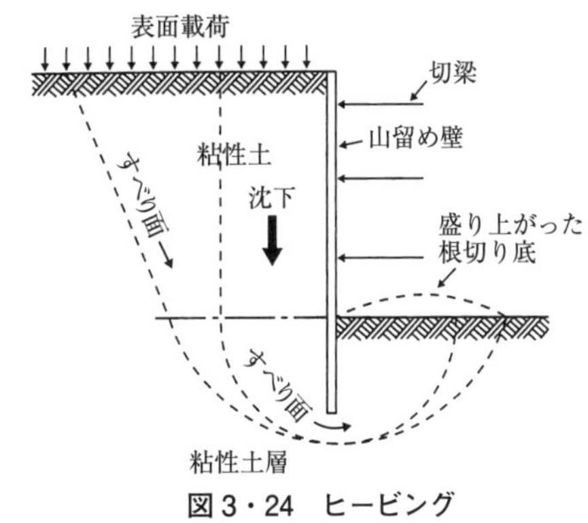

図3・24　ヒービング

3.　オールケーシング工法

場所打ちコンクリート杭地業のオールケーシング工法（p.159，図3・15）の場合，孔壁の全長をケーシングチューブで保護しながら掘削は**ハンマーグラブ**を用いて行う。1次スライム処理はハンマーグラブで行うが，孔内水が多い場合には，**沈殿バケット**を用いる。2次スライム処理は，通常行わないが，スライム量が多い場合は，水中ポンプなどを用いて行う。

アースドリル工法（p.165，図3・20）は，掘削を**ドリリングバケット**を用い，土質に応じて回転速度を調節しながら行う。

掘削中は，掘削された土砂を常に観察し，崩壊しやすい地盤になったら安定液によって孔壁を保護する。安定液には，ベントナイトとCMCの配合率の違いにより，ベントナイト系とCMC系とがある。

リバースサーキュレーション工法（図3・25）は，孔内水の静水圧を0.02 N/mm^{2}以上に保つことにより孔壁の崩壊を防ぐ工法なので，掘削に際しては地下水位を確認し，水頭差を2.0 m以上保つように十分注意する。

掘削は，所定の水圧を保ちながら，ロータリーテーブルでビットを回転させて行う。掘削土砂は，孔内水とともに泥水としてエアポンプ又はエアリフトにより地上に排出する。そして，泥水を沈殿槽に排出し，ここで掘削土砂を沈殿させて除去した後，再び掘削孔内に還流させる。孔壁保護はスタンドパイプ及び安定液の水頭圧によって行う。

2. 躯体工事の解答

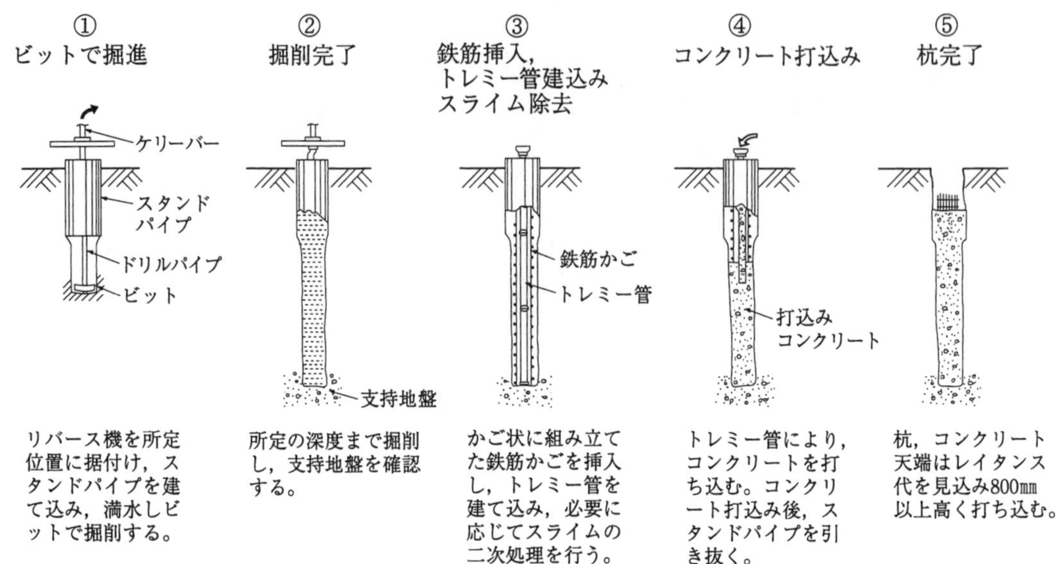

図3・25　リバースサーキュレーション工法

4.　ガス圧接の技量資格種別

手動ガス圧接の技量種別は1種から4種があり，2種，3種となるに従って，圧接作業可能な鉄筋径の範囲が大きくなる。技量資格種別による圧接作業可能範囲は，1種が呼び名D25以下，2種がD32以下，3種がD38以下，4種がD51以下である。

表3・5　手動ガス圧接技量資格者の圧接作業可能範囲

技量資格種別	圧接作業可能範囲	
	鉄筋の種類	鉄筋径
1　種	SR235，SR295，SD295A，SD295B，SD345，SD390	径25 mm以下 呼び名D25以下
2　種	SR235，SR295，SD295A，SD295B，SD345，SD390	径32 mm以下 呼び名D32以下
3　種	SR235，SR295，SD295A，SD295B，SD345，SD390，SD490(注)	径38 mm以下 呼び名D38以下
4　種	SR235，SR295，SD295A，SD295B，SD345，SD390，SD490(注)	径50 mm以下 呼び名D51以下

（注）　SD490は，「共仕」では適用を想定していない。

5.　夏季のコンクリート工事

夏季に施工されるコンクリート工事では，気温が高いことや日射の影響でコンクリート温度が高くなることにより，また同一スランプを得るための単位水量の増加，運搬中のスランプの低下，凝結の促進，コンクリート表面からの水分の急激な蒸発などによって，コールドジョイント，ひび割れの発生，長期強度の増進不良，耐久性の低下など種々の問題が発生しやすい。

暑中コンクリート工事を適用する期間は，特記のない場合，平均気温の平年値が25℃を超える期間を基準として定める。荷卸時のコンクリートの温度は原則として**35℃**以下とする。

コンクリートの練り混ぜから打ち込み終了までの時間の限度は，**90**分とする。(25℃以下のときは120分)

受入れ計画は，荷卸しまでのトラックアジテータの待機時間が長くならないようにする。

コンクリートの運搬・打込みは，気象および施工条件を十分考慮して，コンクリートの品質低下を防ぐように行う。

コンクリートの運搬機器などは，直射日光ができるだけ当たらないところに設置する。打ち込まれるコンクリートに接するコンクリート，せき板などの表面は直射日光ができるだけ当たらないようにし，散水などにより温度が高くならないようにする。

1回の打込み量，打込み区画および打込み順序を適切に定め，コールドジョイントの発生を防止する。

打込み後のコンクリートは，直射日光によるコンクリートの急激な温度上昇を防止し，湿潤に保つ。

湿潤養生の開始時間は，コンクリート上面ではブリーディング水が消失した時点，せき板に接する面では脱型直後とする。

普通ポルトランドセメントを用いたコンクリートの湿潤養生期間は5日間以上とする。養生終了後は，コンクリートが急激に乾燥しないような措置を講じる。

6.　コンクリートポンプ

コンクリートポンプの採用にあたっては，次に示す条件について検討する。

コンクリートの打込み速度の目安は，1台当たり**20～30m^3/h**とし，1日の打込み量の上限は250 m^{3}を目安とする。

コンクリートポンプの機種は，算定した圧送負荷（P）の1.25倍以上の最大理論吐出圧力を有するものを選定する。

輸送管は，径が大きいほど圧力損失が小さくなり，圧送性も良くなる。輸送管の径は，粗骨材の最大寸法の4倍以上のものを使用する。また，圧送の中断閉塞の要因にもなるので，輸送管の段取替えはなるべく少なくなるように計画し，打込み箇所が交差しないように輸送管を配置する。

圧送中は輸送管の動きや振動があるので，これが型枠・配筋，既設のコンクリートに有害な影響を与えないように，配管経路や固定方法に注意する。

先送りモルタルは，コンクリート圧送の開始に先立ち，ポンプ及び配管内面の潤滑性を確保するために圧送するものである。先行水の影響で品質が損なわれたモルタルは型枠内へ打ち込まないことを原則とする。

7.　型枠の締付け

締付け金物は，締付け不足でも締付けすぎても不具合が生じるので，適正に使用することが重要である。締付け金物を締付けすぎると，せき板が**内側**に変形する。締付け金物の締付けすぎへの対策として，内端太（縦端太）を締付けボルトとできるだけ**近接させる**。

8.　鉄骨工事の現場溶接

アンダーカットは，溶接ビードの代表的な形状欠陥であり，溶接速度が速い時にアンダーカット，速度が遅い時に**オーバーラップ**しやすい。

溶接において，アーク熱によって溶かされた溶融金属は，反応を起こさないようなガス（シールドガス）により，空気との接触を断つことが重要である。

シールドガスがないと，空気中の窒素，酸素が溶融金属中に溶解し，**ピット**や**ブローホール**の溶接欠陥の原因となる。

第４章

仕上工事

旧制度では，２つの出題形式が１年おきに出題されていました。

新制度初年の令和３年（奇数年）は，出題形式が５つの空欄に最も適当な語句の組合せを答える形式に変更となりました。出題内容は旧制度と変わりませんでした。

２年目の令和４年（偶数年）は，旧制度と同様に施工上の留意点を問う記述式が出題されました。

4・1　仕上工事の試験内容の分析

直近10年間の仕上工事の出題内容

出題内容 ＼ 年度｛令和：R 平成：H	R4年	R3年	R2年	R元年	H30年	H29年	H28年	H27年	H26年	H25年
出題形式（記：記述式，5：5つの下線部から摘出，3：3つの下線部から摘出）	記	5	記	3	記	3	記	3	記	3
防水工事										
平場へのアスファルトルーフィングの張り付け					○		○			○
合成高分子系ルーフィングシート防水										
改質アスファルトシート防水常温粘着工法		○				○				
屋上アスファルト防水のコンクリート下地										
保護コンクリートの絶縁用シート										
ウレタンゴム系塗膜防水のコンクリート下地										
シーリングの目地幅										
バックアップ材										
ゴムアスファルト系塗膜防水								○		
アスファルト防水密着工法	○			○						
石工事										
内壁空積工法										
タイル工事										
外壁改修のタイル部分張替え工法										
外壁小口タイル密着張り										
外壁小口タイル改良圧着張り					○					
二丁掛けタイルの密着張り										
二丁掛けタイルの改良圧着張り										○
二丁掛けユニットタイルのマスク張り										
タイルの剥落防止		○								
セメントモルタルによる外壁タイル後張り工法				○				○		
有機系接着剤による内壁タイル後張り							○			
有機系接着剤による外壁タイル後張り			○							
タイルの検査						○				
木工事										
木製床下地にフローリングボード又は複合フローリングを釘留め工法	○								○	
屋根及びとい工事										
長尺金属板屋根工事		○				○		○	○	○
金属折版屋根工事			○							
タイトフレーム				○						
金属工事										
軽量鉄骨天井下地の吊ボルト										
アルミニウム笠木					○					
軽量鉄骨壁下地ランナーの取付け				○						
金属手すりの伸縮調整						○				
左官工事										
モルタルへの中塗り工法										
吸水調整材						○				

出題内容 ＼ 年度 {令和：R 平成：H}	R 4 年	R 3 年	R 2 年	R 元 年	H 30 年	H 29 年	H 28 年	H 27 年	H 26 年	H 25 年
出題形式（記：記述式，5：5つの下線部から摘出，3：3つの下線部から摘出）	記	5	記	3	記	3	記	3	記	3
セルフレベリング材塗り		○					○			○
セメントモルタル塗の表面仕上げ				○				○		
外装合成樹脂エマルション系薄付け仕上塗材仕上げ	○				○					
防水形合成樹脂エマルション系複層仕上げ									○	
内装合成樹脂エマルション系薄付け仕上塗材仕上げ										○
建具工事										
外壁の鋼製建具の施工	○									
ステンレス製建具の加工						○				
アルミニウム製建具の取付け										
アルミニウム製建具の面付け										
アルミサッシのシーリング										
防煙シャッター				○				○		
ガラス工事										
ガラス取付け後の留意事項										
構造用ガスケット構法										○
塗装工事										
アクリル樹脂系非水分散形塗料						○				
塗装作業における MSDS の表示										
塗装工事におけるシーラーの性能										
研磨ずり		○								
内装工事										
せっこうボード張り下地にロックウール化粧吸音板張り			○				○			
せっこうボードのせっこう系接着剤直張り工法				○						○
居室の壁紙		○								
せっこうボード下地に壁紙直張り工法									○	
ビニール床シート張り										
カーペット敷きのグリッパー工法										
タイルカーペット						○		○		
フローリングへの釘留め工法								○		
間仕切壁の軽量鉄骨下地										
間仕切り壁の遮音性能の確保										
軽量鉄骨天井下地								○		
パテ処理				○				○		
吹付け硬質ウレタンフォーム吹付けの断熱工事			○							
カーテンウォール工事										
PC カーテンウォールのファスナー		○								
ALC パネルの横張り										○
押出成形セメント板の耐火性能										
補修										
コンクリート打放し外壁のひび割れ		○								

仕上工事

4・2　直近10年間の仕上工事の問題と解答

1.「5つの下線部から誤りを摘出し，正す形式」の問題

〈出題：令和3，元，平成29，27，25年度〉（＊令和元年以前は，旧制度の形式）

令和3年度

【解答欄】

問い番号	解答番号	記号 — 適当な語句
1.		—
2.		—
3.		—
4.		—
5.		—
6.		—
7.		—
8.		—

問題5　次の1.から8.の各記述において，ⓐからⓔの下線部のうち**最も不適当な語句又は数値**の下線部下の**記号**とそれに替わる**適当な語句又は数値**との**組合せ**を，下の枠内から**1つ**選びなさい。

1.　改質アスファルトシート防水常温粘着工法・断熱露出仕様の場合，立上り際の風による負圧ⓐは平場の一般部より大きくなるため，断熱材の上が絶縁工法となる立上り際の平場部の幅300ⓑmm程度は，防水層の1ⓒ層目に粘着層付改質アスファルトシートを張り付ける。

なお，入隅部ⓓでは立上りに100ⓔmm程度立ち上げて，浮きや口あきが生じないように張り付ける。

①ⓐ－正	②ⓑ－500	③ⓒ－2	④ⓓ－出隅	⑤ⓔ－150

2.　セメントモルタルによるタイル張りにおいて，まぐさ，庇先端下部ⓐなど剥落のおそれが大きい箇所に小口ⓑタイル以上の大きさのタイルを張る場合，径が0.6ⓒmm以上のなまし鉄線ⓓを剥

落防止用引金物として張付けモルタルに塗り込み，必要に応じて，受木を添えて24時間以上支持する。
（24に下線 ⓔ）

①ⓐ－見付	②ⓑ－モザイク	③ⓒ－0.4	④ⓓ－ステンレス	⑤ⓔ－72

3.　長尺金属板葺の下葺のアスファルトルーフィングは軒先と平行に敷き込み，軒先から順次棟へ向かって張り，隣接するルーフィングとの重ね幅は，流れ方向（上下）は100 mm以上，長手方向（左右）は150 mm以上重ね合わせる。
（平行 ⓐ，100 ⓑ，150 ⓒ）

金属板を折曲げ加工する場合，塗装又はめっき及び地肌に亀裂が生じないよう切れ目を入れないで折り曲げる。金属板を小はぜ掛けとする場合は，はぜの折返し寸法と角度に注意し，小はぜ内に3～6 mm程度の隙間を設けて毛細管現象による雨水の浸入を防ぐようにする。
（入れないで ⓓ，雨水 ⓔ）

①ⓐ－垂直	②ⓑ－200	③ⓒ－200	④ⓓ－入れて	⑤ⓔ－風

4.　内装の床張物下地をセルフレベリング材塗りとする場合，軟度を一定に練り上げたセルフレベリング材を，レベルに合わせて流し込む。流し込み中はできる限り通風を良くして作業を行う。
（軟 ⓐ，良くして ⓑ）

施工後の養生期間は，常温で7日以上，冬期間は14日以上とし，施工場所の気温が5℃以下の場合は施工しない。
（7 ⓒ，14 ⓓ，5 ⓔ）

①ⓐ－硬	②ⓑ－避けて	③ⓒ－3	④ⓓ－28	⑤ⓔ－3

1. 仕上工事の問題

5. PCカーテンウォールのファスナー方式には，ロッキング方式，スウェイ方式がある。
ⓐ(ファスナー)

ロッキング方式はPCパネルを回転させることにより，また，スウェイ方式は上部，下部ファスナーの両方をルーズホールなどで滑らせることにより，PCカーテンウォールを層間変位に追従させるものである。
ⓑ(回転させる) ⓒ(両方) ⓓ(滑らせる) ⓔ(層間)

①ⓐ－取付	②ⓑ－滑らせる	③ⓒ－どちらか	④ⓓ－回転させる	⑤ⓔ－地震

6. 塗装工事における研磨紙ずりは，素地の汚れや錆，下地に付着している塵埃を取り除いて素地や下地を粗面にし，かつ，次工程で適用する塗装材料の付着性を確保するための足掛かりをつくり，仕上りを良くするために行う。
ⓐ(塵埃) ⓑ(粗面) ⓒ(付着性) ⓓ(仕上り)

研磨紙ずりは，下層塗膜が十分乾燥した後に行い，塗膜を過度に研がないようにする。
ⓔ(乾燥)

①ⓐ－油分	②ⓑ－平滑	③ⓒ－作業	④ⓓ－付着	⑤ⓔ－硬化

7. 居室の壁紙施工において，壁紙及び壁紙施工用でん粉系接着剤のホルムアルデヒド放散量は，一般に，F☆☆☆☆としている。また，防火材の認定の表示は防火製品表示ラベルを1区分（1室）ごとに1枚以上張り付けて表示する。
ⓐ(でん粉) ⓑ(ホルムアルデヒド) ⓒ(F☆☆☆☆) ⓓ(ラベル) ⓔ(1)

①ⓐ－溶剤	②ⓑ－シンナー	③ⓒ－☆☆☆	④ⓓ－シール	⑤ⓔ－2

8.　コンクリート打放し仕上げ外壁のひび割れ部の改修における樹脂注入工法は，外壁のひび割れ幅が0.2 mm以上2.0ⓐ mm以下の場合に主に適用され，シール工法やUⓑカットシール材充填工法に比べ耐久性ⓒが期待できる工法である。

挙動のあるひび割れ部の注入に用いるエポキシ樹脂の種類は，軟質形ⓓとし，粘性による区分が低ⓔ粘度形又は中粘度形とする。

①ⓐ－1.0	②ⓑ－V	③ⓒ－耐水	④ⓓ－硬	⑤ⓔ－高

（解答☞ p.188）

令和元年度

【解答欄】

問題番号	解答番号	不適当な語句	適当な語句
1.			
2.			
3.			
4.			
5.			
6.			
7.			
8.			

問題 4

次の 1. から 8. の各記述において，記述ごとの①から③の下線部の語句又は数値のうち**最も不適当な箇所番号**を **1 つ**あげ，**適当な語句又は数値**を記入しなさい。

1. アスファルト防水密着工法において，出隅及び入隅は平場部のルーフィング類の張付けに先立ち，幅 300① mm 程度のストレッチルーフィングを増張りする。
　また，コンクリートスラブの打継ぎ部は，絶縁用テープを張り付けた上に，幅 300② mm 程度のストレッチルーフィングを増張りする。
　なお，流し張りに用いるアスファルトは，環境対応低煙低臭型防水工事用アスファルトとし，溶融温度の上限は，300③℃とする。

2. セメントモルタルによる外壁タイル後張り工法において，マスク張りでは，張付けモルタルを塗り付けたタイルは，塗り付けてから 60① 分を限度に張り付ける。
　また，モザイクタイル張りでは，張付けモルタルを 2 層に分けて塗り付けるものとし，1② 層目はこて圧をかけて塗り付ける。
　なお，外壁タイル張り面の伸縮調整目地の位置は，一般に縦目地を 3③ m内外に割り付け，横目地を各階ごとの打継ぎ目地に合わせる。

3. 金属製折板葺きにおいて，タイトフレームの受梁への接合は，下底の両側を隅肉溶接とし，隅肉溶接のサイズを受梁①の板厚と同じとする。
また，水上部分の折板と壁との取合い部に設ける雨押えは，壁際立上りを 150② mm 以上とする。
　なお，重ね形折板の端部の端あき寸法は，50③ mm 以上とする。

4. 軽量鉄骨壁下地のランナー両端部の固定位置は，端部から 50① mm 内側とする。ランナーの固定間隔は，ランナーの形状及び断面性能，軽量鉄骨壁の構成等により 900② mm 程度を限度とする。

　また，上部ランナーの上端とスタッド天端の間隔は 10 mm 以下とし，スタッドに取り付けるスペーサーの間隔は 1,200③ mm 程度とする。

5. 仕上げ材の下地となるセメントモルタル塗りの表面仕上げには，金ごて仕上げ，木ごて仕上げ，はけ引き仕上げのほか，くし目引き①仕上げがあり，その上に施工する仕上げ材の種類に応じて使い分ける。

　一般塗装下地，壁紙張り下地の仕上げとして，金ごて②仕上げを用い，セメントモルタルによるタイル張付け下地の仕上げとして，はけ引き③仕上げを用いる。

6. 防火区画に用いる防煙シャッターは，表面がフラットでガイドレール内での遮煙性を確保できるインターロッキング①形のスラットが用いられる。

　また，まぐさ②の遮煙機構は，シャッターが閉鎖したときに漏煙を抑制する構造で，その材料は不燃材料，準不燃材料又は難燃材料とし，座板にアルミニウムを使用する場合には，鋼板③で覆う。

7. 素地ごしらえのパテ処理の工法には，パテしごき，パテかい，パテ付けの３種類がある。このうち，パテしごき①は，面の状況に応じて，面のくぼみ，すき間，目違い等の部分を平滑にするためにパテを塗る。

　また，パテかい②は，局部的にパテ処理するもので，素地とパテ面との肌違いが仕上げに影響するため，注意しなければならない。

　なお，パテ付け③は，特に美装性を要求される仕上げの場合に行う。

8. せっこう系直張り用接着材によるせっこうボード直張り工法において，直張り用接着材は，2① 時間以内で使い切れる量を，たれない程度の硬さに水と練り合わせ，ボードの仕上がりまでの寸法の 2② 倍程度の高さにダンゴ状に盛り上げる。

　また，ボードの張付けにおいては，ボード圧着の際，ボード下端と床面との間を 10③ mm 程度浮かした状態で圧着し，さらに調整定規でたたきながら，所定の仕上げ面が得られるように張り付ける。

（解答☞ p.191）

平成 29 年度

【解答欄】

問題番号	解答番号	不適当な語句	適当な語句
1.			
2.			
3.			
4.			
5.			
6.			
7.			
8.			

問題 4

次の 1. から 8. の各記述において，記述ごとの①から③の下線部の語句のうち**最も不適当な箇所番号**を**1つ**あげ**適当な語句**を記入しなさい。

1. 改質アスファルトシート防水常温粘着工法・断熱露出仕様の場合，立上がり際の風による負圧は平場の一般部より大きくなるため，断熱材の上が絶縁工法となる立上がり際の平場部幅 300 mm①程度は，防水層の 1 層目②に粘着層付改質アスファルトシートを張り付ける。
   なお，入隅部では立上りに 100 mm③程度立ち上げて，浮き・口あきが生じないように張り付ける。

2. タイルの検査における標準品のタイルは，寸法，厚さ，反り，側反り，ばち，欠陥の有無，吸水率①，耐凍害性②，圧縮強度③，色合いなどの品質検査表を提出し，工事監理者の承認を受ける。
   特注品は，荷口見本による検査又は工場における立会い検査のいずれかを実施する。

3. 金属板葺きによる屋根工事の下葺きに用いるアスファルトルーフィングは，軒先より葺き進め，隣接するルーフィングの重ね幅は，シートの短辺部は 200 mm①以上，長辺部は 100 mm 以上とする。
   仮止めを行う場合のステープル釘の打込み間隔は，ルーフィングの重ね屋根の流れ方向で 450 mm②程度，流れに直角方向では 900 mm③以内とする。

4. 金属製手すりが長くなる場合には，金属の温度変化による部材の伸縮を考慮して，通常5～10 m 間隔程度ごとに伸縮調整部を設ける。伸縮調整部を設ける間隔及び伸縮調整幅は，使用する金属の線膨張係数を考慮して決める。温度差 40 ℃①の場合の部材伸縮量は，鋼は1 m 当たり 0.2 mm② 程度，アルミニウム合金は1 m 当たり 1.0 mm③ 程度である。

5. 左官工事における吸水調整材は，モルタル塗りの下地となるコンクリート面等に直接塗布することで，下地とモルタルの界面に厚い①膜を形成させて，モルタル中の水分の下地への吸水（ドライアウト）による付着力の低下を防ぐものである。

吸水調整材塗布後の下塗りまでの間隔時間は，一般的には1時間②以上とするが，長時間放置するとほこり等の付着により接着を阻害することがあるので，1日程度③で下塗りをすることが望ましい。

6. ステンレス製建具におけるステンレス鋼板の加工には普通曲げと角出し曲げ（角曲げ）がある。角出し曲げ（角曲げ）ができる板厚は一般に 2.0 mm① 以上であり，3種類の加工方法がある。

切込み後の残り板厚寸法が 0.5 mm（a 角），0.75 mm②（b 角）の場合は裏板にて補強する。1.0 mm③（c 角）の場合は補強不要である。a 角は割れが生じやすいので，一般的には b 角，c 角を用いる。

7. アクリル樹脂系非水分散形塗料（NAD）は，有機溶剤を媒体として樹脂を分散させた非水分散形エマルション①を用いた塗料で，常温で比較的短時間で硬化し，耐水性②や耐アルカリ性に優れた塗膜が得られる。

塗装方法は，はけ塗り，ローラーブラシ塗り又は吹付け塗りとし，吹付け塗りの場合は，塗料に適したノズルの径や種類を選定する。

屋内塗装の場合，パテかいは水掛り③部分には行わない。

8. タイルカーペットを事務室用フリーアクセスフロア下地に施工する場合，床パネル相互間の段差とすき間を 1 mm① 以下に調整した後，床パネルの目地とタイルカーペットの目地を 100 mm② 程度ずらして割付けを行う。

カーペットの張付けは，粘着はく離形の接着剤をカーペット裏③の全面に塗布し，適切なオープンタイムをとり，圧着しながら行う。

（解答☞ p.194）

平成 27 年度

【解答欄】

問題番号	解答番号	不適当な語句	適当な語句
1.			
2.			
3.			
4.			
5.			
6.			
7.			
8.			

問題 4

次の 1. から 8. の各記述において，記述ごとの①から③の下線部の語句のうち**最も不適当な箇所番号を 1 つ**あげ，**適当な語句**を記入しなさい。

1. ゴムアスファルト系塗膜防水材には，手塗りタイプと吹付けタイプがあり，手塗りタイプにはゴムアスファルトエマルション①だけで乾燥造膜するものと硬化剤を用いて反応硬化させるものがある。また，吹付けタイプには，乾燥造膜や反応硬化によるものの他に，専用吹付機を用いてゴムアスファルトエマルション①と凝固剤を交互②に吹き付けて，凝固・硬化を促進③させ防水層を形成させるものがあり，鉄筋コンクリート造の地下外壁の外防水等に用いられる。

2. 鉄筋コンクリート造のセメントモルタルによる外壁タイル後張り工法における引張接着強度検査は，施工後 2 週間以上経過した時点で引張接着試験機を用いて行い，引張接着強度と破壊①状況に基づき合否を判定する。
　下地がモルタル塗りの場合の試験体は，タイルの目地部分を下地モルタル②面まで切断して周囲と絶縁したものとし，試験体の数は，100 m² 以下ごとに 1 個以上，かつ全面積で 3③ 個以上とする。

3. 鋼板製折板葺き屋根におけるけらば包みの継手位置は，端部用タイトフレームの位置よりできるだけ離す①方がよい。また，けらば包み相互の継手の重ね幅は 60②mm 以上とし，当該重ね内部に不定形又は定形シーリング材をはさみ込み，ドリリングタッピンねじ③等で締め付ける。

4. 屋内の軽量鉄骨天井下地の吊ボルトは，間隔を900（①）mm程度とし，周辺部は端から300（②）mm以内に鉛直に取り付ける。
   また，下地張りのある場合の野縁の取付け間隔は，360（③）mm程度とする。

5. セメントモルタル塗りの表面仕上げには，金ごて仕上げ，木ごて仕上げ，はけ引き仕上げの他くし目引き（①）仕上げがあり，その上に施工する仕上げ材の種類に応じて使い分ける。
   金ごて（②）仕上げは，塗装仕上げや壁紙張り仕上げなどの下地面に用い，はけ引き（③）仕上げは，セメントモルタルによるタイル後張り工法の下地面に用いる。

6. 防火区画に用いる防煙シャッターは，表面がフラットでガイドレール内での遮煙性を確保できるインターロッキング（①）形のスラットが用いられる。また，まぐさ（②）に設ける遮煙機構は，シャッターが閉鎖したときに漏煙を抑制する構造とし，その材料は不燃材料，準不燃材料又は難燃材料とする。
   なお，座板にアルミニウムを使用する場合には，鋼板（③）で覆う。

7. パテ処理には，パテしごき，パテかい，パテ付けの3種類がある。パテしごき（①）は，面の状況に応じて，面のくぼみ，すき間，目違い等の部分を平滑にするためにパテを塗るものである。
   また，パテ付けは，パテかい（②）の後，表面が平滑になり，肌が一定になるようパテを全面（③）に塗り付けるものである。

8. タイルカーペットをフリーアクセスフロア下地に張り付ける場合，床パネルの段違いやすき間を1（①）mm以下に調整した後，タイルカーペットを張り付ける。
   タイルカーペットは，割付けを部屋の端（②）部から行い，粘着はく離形の接着剤を床パネル（③）の全面に塗布し，適切なオープンタイムをとり，圧着しながら張り付ける。

（解答☞ p.196）

1.仕上工事の問題

平成25年度

【解答欄】

問題番号	解答番号	不適当な語句	適当な語句
1.			
2.			
3.			
4.			
5.			
6.			
7.			
8.			

問題4

次の1．から8．の各記述において，記述ごとの①から③の下線部の語句のうち**最も不適当な箇所番号**を**1つ**あげ，**適当な語句**を記入しなさい。

1．密着保護仕様のアスファルト防水において，一般平場部と立上り部又は立下り部で構成する出隅・入隅は，平場部のルーフィング類の張付けに先立ち，幅300①mm程度のストレッチルーフィング②の流張りで均等に増張りする。

屋根にプレキャストコンクリート板を使用する場合，プレキャストコンクリート板の継手目地部は，平場部のルーフィング類の張付けに先立ち，両側のプレキャストコンクリート板に40③mm程度張り掛る幅のストレッチルーフィング②を用いて，絶縁増張りをする。

2．タイルを壁の下地モルタル面に，改良圧着張り工法にて張り付ける場合，下地に適当な水湿しを行い，機械練り①した張付けモルタルを2②層塗りし，タイル裏面全体に張付けモルタルを塗り付け，直ちにたたき押えをして張り付ける。一度に張り付ける面積は3③m^2以下とする。

3．内装の床張物下地をセルフレベリング材塗りとする場合，軟度を一定に練り上げたセルフレベリング材を，レベルに合わせて流し込む。流し込み中は，できる限り通風を良くして①作業を行う。

施工後の養生期間は，常温で7日以上，冬期間は14②日以上とし，施工場所の気温が5③℃以下の場合は施工しない。

4. 長尺金属板葺の下葺のアスファルトルーフィングは，軒先と平行①に敷き込み，軒先から順次棟へ向かって張り，隣接するルーフィングとの重ね幅は，短辺部は200 mm以上，長辺部は100 mm以上とする。

　金属板を折曲げ加工する場合，塗装又はめっき及び地肌にき裂が生じないよう切れ目を入れて②折り曲げる。金属板を小はぜ掛けとする場合は，はぜの折返し寸法と角度に注意し，小はぜ内に3～6 mm 程度のすき間を設けて毛細管現象③による雨水の浸入を防ぐようにする。

5. 構造ガスケット構法によるガラスのはめ込みにおいて，ガラスの面①クリアランスが大きくなるとガラスのかかり代②が小さくなり，風圧を受けたときの構造ガスケットのリップのころびが大きくなるので，止水性③の低下や，ガラスが外れたりガスケットがアンカー溝又は金属枠から外れたりするおそれがある。

6. せっこうボードのせっこう系直張り用接着材による直張り工法において，直張り用接着材は，2①時間程度で使いきれる量をたれない程度のかたさに水と練り合わせ，ボードの仕上がり面の高さの2②倍程度の高さにダンゴ状に盛り上げる。ボードの張付けにおいては，ボード圧着の際，ボード下端と床面との間を10③mm 程度浮かした状態で圧着し，さらに調整定規でたたきながら，所定の仕上げ面が得られるように張り付ける。

7. 内壁を内装合成樹脂エマルション系薄付け仕上塗材仕上げとする場合，下地のセメントモルタル面を金ごて①又は木ごて仕上げとする。

　吹付け塗りとするときは，下地面に対して直角に吹き付けられるように，スプレーガンのノズルは，やや下向き②に保ち，一様に吹き付け，主材2回塗りとする場合の工程内間隔時間は，2③時間以上とする。

8. ALC外壁パネルを横張りで取り付ける場合，通常，パネル積上げ段数7①段以下ごとにパネル質量を支持する自重受け鋼材を設ける。また，自重受け鋼材を設けた横目地②には，伸縮目地③を設ける。

（解答☞ p.200）

「5つの下線部から誤りを摘出し，正す形式」の問題の解答・解説

［令和3年度］問題5

解　答

問い番号	解答番号	記号	—	適当な語句
1.	②	ⓑ	—	500
2.	④	ⓓ	—	ステンレス
3.	③	ⓒ	—	200
4.	②	ⓑ	—	避けて
5.	③	ⓒ	—	どちらか
6.	②	ⓑ	—	平滑
7.	⑤	ⓔ	—	2
8.	①	ⓐ	—	1.0

解　説

1. 改質アスファルトシート防水常温粘着工法

改質アスファルトシート防水常温粘着工法・断熱露出仕様の場合，断熱材の上が絶縁工法となる立上がり際の平場部幅**500 mm**程度は，防水層の1層目に粘着層付改質アスファルトシートを張り付ける。

2. セメントモルタルによるタイル張り（庇先端下部）

まぐさ，**庇先端下部**，あげ裏等は，特にはく落のおそれが大きいため，原則として，タイル張りを避けるのが好ましい。**小口タイル以上**の大きさのタイルを張る場合は，はく落防止用引き金物として，**なましステンレス鋼線**をタイルに取り付ける必要がある。

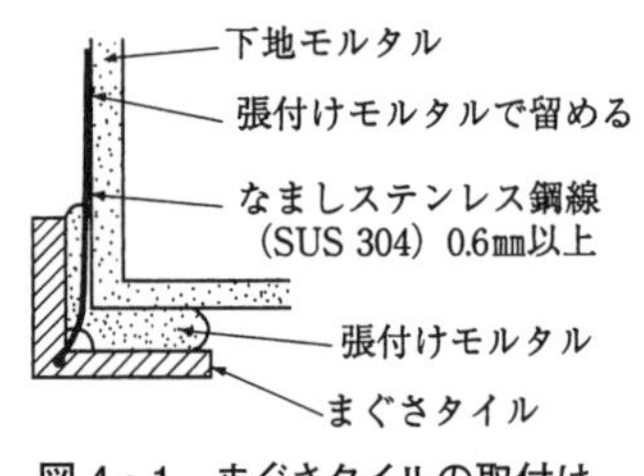

図4・1　まぐさタイルの取付け

なましステンレス鋼線を張付けモルタル中に埋込む場合は，0.6 mm程度とし，下地側のアンカービス等に接続する場合は，0.8 mm程度を用いる。鉄線はさびやすく，また銅線は熱膨張率が大きいため，伸びると緊結線の用をなさない。また，銅はアルカリに弱く，腐食する。

3. 長尺金属板葺の下葺のアスファルトルーフィング

長尺金属板葺の下葺のアスファルトルーフィングは，軒先と平行に敷き込み，軒先から順次棟へ向かって張り，隣接するルーフィングとの重ね幅は，短辺部は**200 mm**以上，長辺部は100 mm以上とする。

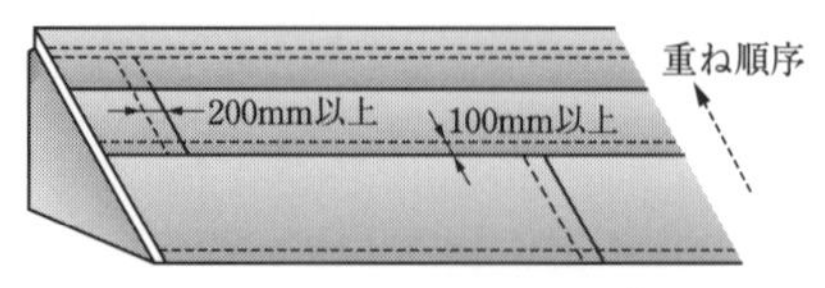

図4・2　ルーフィングの重ね幅

長尺金属板を現場等で折曲げ加工する場合，塗装又はめっき及び地肌にき裂が生じないように，十分，曲げ半径をとり，切れ目を **入れずに** 折り曲げる。

こはぜは，主として屋根本体の板と板及び軒先，けらば部分のはぎ合せに使用される。こはぜは，図4・3，図4・4のように加工し，3～6 mm 程度のすき間を作り，防水上，毛細管現象による雨水の浸入を防ぐ。ただし，すき間のないほうが風による吹上げに強いので，すき間が大きくならないように注意する。

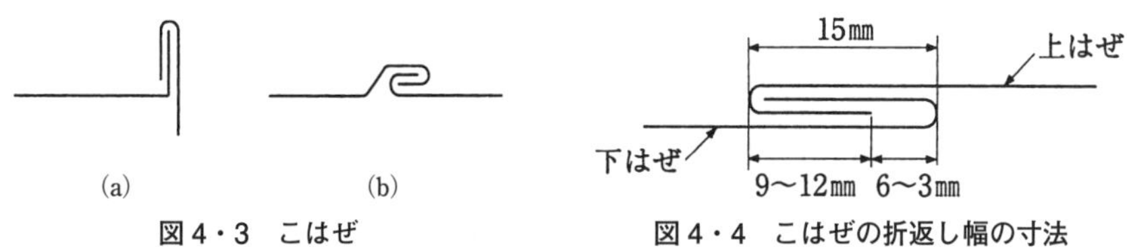

図4・3　こはぜ　　**図4・4　こはぜの折返し幅の寸法**

4. 内装の床張物下地のセルフレベリング材塗り

セルフレベリング材は，それ自体で平滑な床下地面を得ることができるものであるが，下地となるコンクリートの精度が悪いと塗厚の不均等により不陸となるおそれがあるため，金ごて1回押さえとする。また，コンクリートの仕上りの平坦さは，3 m につき 10 mm 以下を標準とする。

セルフレベリング材が硬化する前に風が当たると，表層部分だけが動いて硬化後にしわが発生する場合がある。したがって，流し込み作業中はできる限り通風を **避けて**，施工後もセルフレベリング材が硬化するまでは，甚だしい通風を避ける。

セルフレベリング材塗り後の養生期間は，一般に7日間以上，冬期は14日間以上とし，施工場所の気温が5℃以下の場合は施工しない。表面仕上げ材の施工までの期間は30日以内を標準とする。ただし，気象条件等により，これらの期間を増減することができる。

5. PCカーテンウォールのファスナー方式

PCカーテンウォールが地震や風で建物が揺れた際に，上下階の **層間変位** に追従するファスナー（取付金物）の形式として，カーテンウォールを回転させるロッキング方式と，上部か下部の **どちらか** のファスナーを滑らせるスウェイ方式がある。

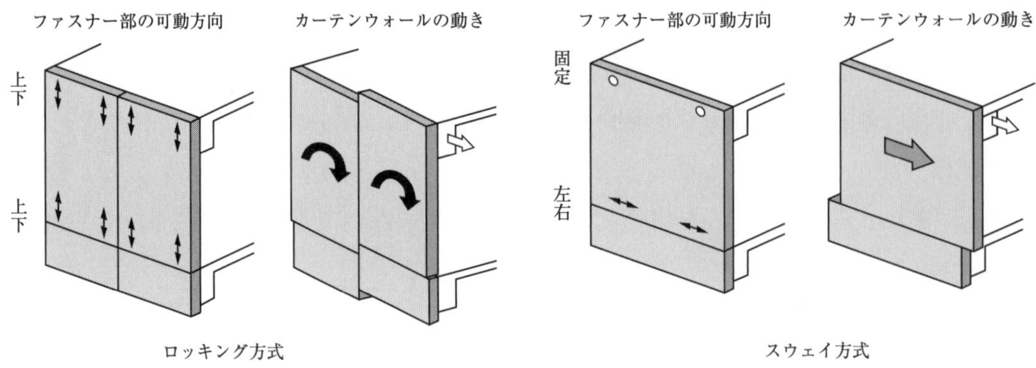

図4・5　ファスナー方式

6. 研磨紙ずり

研磨紙ずりは，素地の汚れや錆，下地に付着している塵埃を取り除いて素地や下地を **平滑** にし，かつ，次工程で適用する塗装材量の **付着性** を確保し，仕上がりをよくするために行う。研磨紙ずりは，下層塗膜およびパテが十分 **乾燥** した後に行い，塗膜を過度に研がないようにする。素地の汚れや付着物，ぜい弱層等を除くためのほかは，原則として研磨紙を掛けないほうがよく，粉末が付着していると塗料の接着を妨げる原因となる。

7. 居室の壁紙施工

壁紙の施工には，適度な初期接着力と保水性があり，壁紙を仮接着しながら位置調整ができるでん粉系接着剤を用いる。そのホルムアルデヒト放散量は，一般にＦ☆☆☆☆で表示する。(☆が多いほど放散量が少ない)

防火材の認定の表示は防火製品表示ラベルを１区分（１室）ごとに **2** 枚以上張り付けて表示する。(建設省住指発第352号)

8. コンクリート打放し仕上げ外壁のひび割れ部改修

コンクリート打放し仕上げ外壁のひび割れ部の改修における樹脂注入工法は，外壁のひび割れ幅が0.2 mm以上 **1.0 mm** 以下の場合に主に適用され，シール工法やＵカットシール材充填工法に比べ，樹脂が注入されるとコンクリート面が空気に触れないため，中性化が進まないので, **耐久性** が期待できる工法である。

挙動のあるひび割れ部の注入に用いるエポキシ樹脂の種類は，軟質形とし，粘性による区分が **低粘度** 形または中粘度形とする。隙間が大きければ低粘度だとダレてしまうし，隙間が小さければ高粘度だと隅々まで廻らない。

［令和元年度］問題 4

解　答

問題番号	解答番号	不適当な語句	適当な語句
1.	③	300	240
2.	①	60	5
3.	①	受梁	タイトフレーム
4.	③	1,200	600
5.	③	はけ引き	木ごて
6.	①	インターロッキング	オーバーラッピング
7.	①	パテしごき	パテかい
8.	①	2	1

解　説

1. 環境対応低煙低臭型防水工事用アスファルト

アスファルト防水工事の溶融時，施工時における発煙，臭気を減らすためにはアスファルトの溶融温度を下げるのが有効である。

環境対応低煙低臭型防水工事用アスファルトは，低い溶融温度で一般のアスファルトと同程度の粘度としており，上限温度は**240℃**程度とする。

2. セメントモルタルによるタイル張り

マスク張りは，ユニットタイルの裏面にかぶせた専用マスクの上から張付けモルタルを塗り付けた後，マスクをはずし，下地にタイルをたたき板で張り付ける工法。モルタルの塗置き時間は**5**分以内とする。

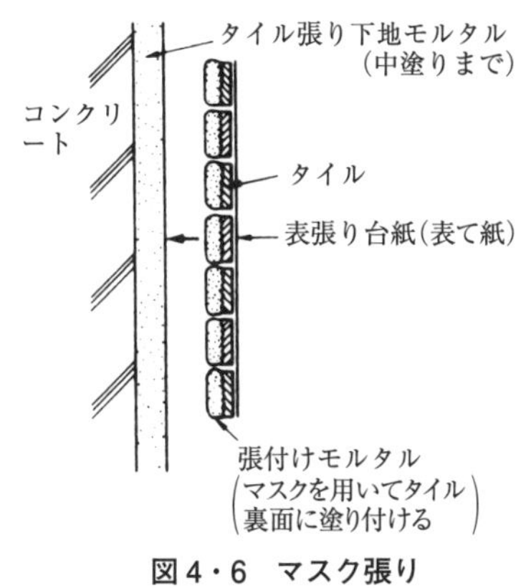

図 4・6　マスク張り

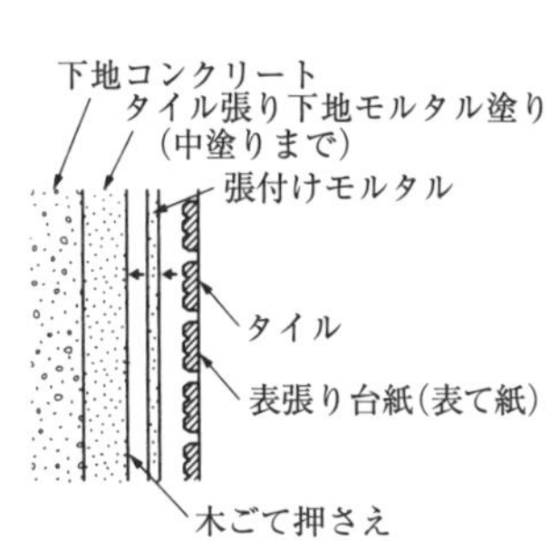

図 4・7　モザイクタイル張り

3. タイトフレームの取付け

折板は，鋼板をジグザグに折り曲げた**タイトフレーム**により梁へ接合する。タイトフレームと梁との溶接は，両側を**隅肉**によるまわし溶接とし，サイズは**タイトフレーム**の板厚と同じとする。

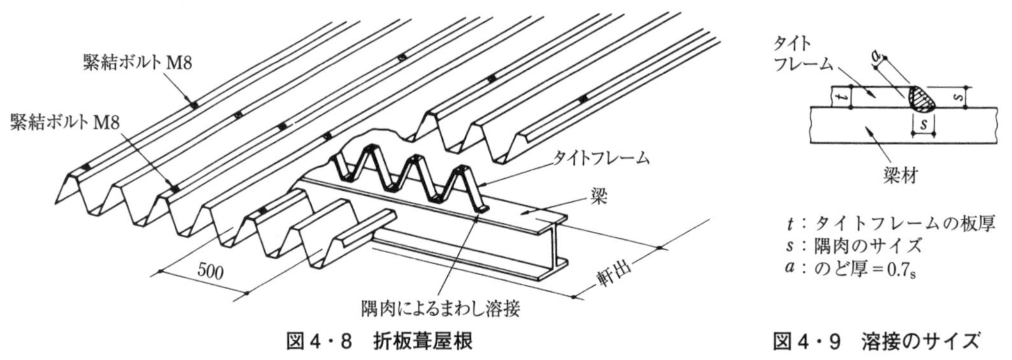

図4・8　折板葺屋根　　**図4・9　溶接のサイズ**

4. 軽量鉄骨壁下地

軽量鉄骨壁下地は，床上と梁下に固定したランナーに，ボードを貼り付けるスタッドを差し込んだものである。ランナーは，両端部から**50** mm程度の位置を固定し，間隔**900** mm程度に打込みピン等で床，梁に固定する。

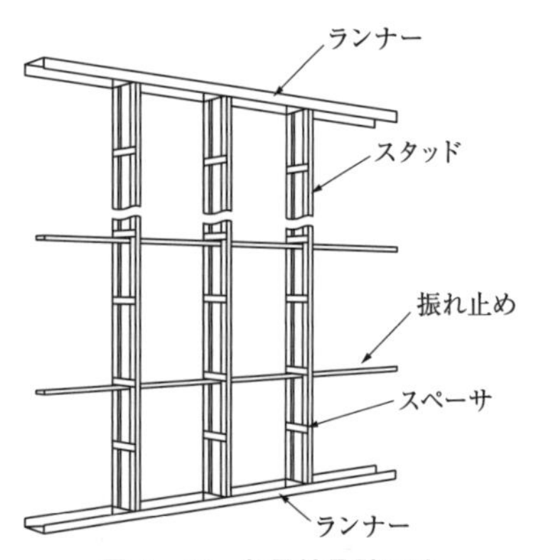

図4・10　軽量鉄骨壁下地

振れ止めは床面のランナー下端から約**1.2** mごとに設ける。またスタッドの変形を抑えるためのスペーサーは各スタッドの端部に取付け，さらに間隔**600** mm程度で留めつける。

5. セメントモルタル塗りの表面仕上げ

仕上げ材の下地となるセメントモルタル塗りの表面仕上げには，金ごて仕上げ，木ごて仕上げ，はけで模様をつけるはけ引き仕上げ，くし目ごてで模様をつけるくし目引き仕上げがある。

一般塗装下地，壁紙張り下地，防水下地，壁タイル接着剤張り下地には**金ごて**仕上げ，セメントモルタル張りタイル下地には**木ごて**仕上げを用いる。

6. 防煙シャッター

シャッターは，**スラット**の形状により**インターロッキング**形と表面がフラットなオーバーラッピング形がある。**防煙シャッター**には，表面がフラットでガイドレール内での遮煙性を確保できる**オーバーラッピング**形が用いられる。

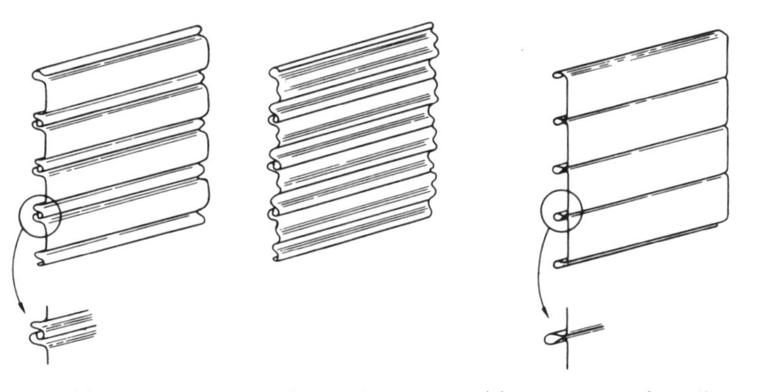

(a) インターロッキング形スラット　(b) オーバーラッピング形スラット

図4・11　スラットの形

7. 素地ごしらえ

面の状況に応じて，面のくぼみ，隙間，目違い等の部分を平滑にするためにパテを塗ることを**パテかい**という。**パテしごき**はパテを全面にへら付けし，表面に過剰のパテを残さないよう，素地が現れるまで十分しごき取ることをいう。

8. せっこうボードのせっこう系接着剤直張り工法

直張り用接着材は，1時間以内で使い切れる量を，たれない程度の硬さに水と練り合わせ，ボードの仕上がりまでの寸法の2倍程度の高さにダンゴ状に盛り上げる。

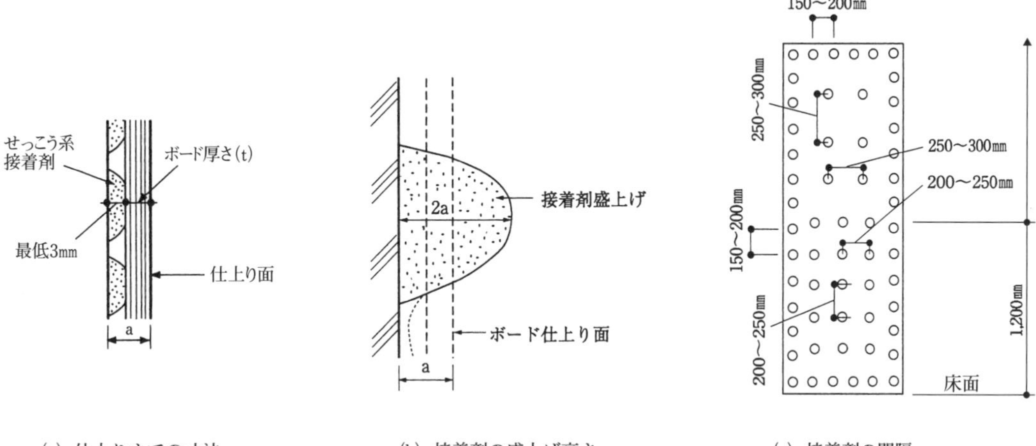

(a) 仕上りまでの寸法　(b) 接着剤の盛上げ高さ　(c) 接着剤の間隔

図4・12　せっこう系接着剤直張り工法

［平成 29 年度］問題 4

解　答

問題番号	解答番号	不適当な語句	適当な語句
1.	①	300 mm	500 mm
2.	③	圧縮強度	曲げ強度
3.	②	450 mm	300 mm
4.	②	0.2 mm	0.5 mm
5.	①	厚い	薄い
6.	①	2.0 mm	1.5 mm
7.	①	エマルション	ワニス
8.	③	カーペット裏	下地

解　説

1. 改質アスファルトシート防水常温粘着工法

改質アスファルトシート防水常温粘着工法・断熱露出仕様の場合，断熱材の上が絶縁工法となる立上がり際の平場部幅**500 mm**程度は，防水層の1層目に粘着層付改質アスファルトシートを張り付ける。

2. タイルの検査

JIS A5209 陶磁器質タイルでは，タイルの圧縮強度ではなく，**曲げ強度**が規定されている。

3. 長尺金属板屋根工事

仮止めを行う場合のステープル釘の打込み間隔は，ルーフィングの重ね屋根の流れ方向で**300 mm**程度，流れに直角方向では**900 mm**以内とする。

4. 金属製手すりの伸縮調整

線膨張係数は，鋼が0.000012（1/℃），アルミニウムが0.000023（1/℃）であり，アルミニウムは鋼材の約2倍で温度により伸び縮みしやすい。

部材伸縮量＝温度差×線膨張係数×部材長なので，温度差40℃における部材伸縮量を求めると，

　鋼　　40℃ × 0.000012（1/℃） × 1000㎜ = 0.48㎜ ≒ **0.5 mm**

　アルミ　40℃ × 0.000023（1/℃） × 1000㎜ = 0.92㎜ ≒ 1.0 mm

となるので②が誤り。

5. 吸水調整材

吸水調整剤は3～6倍に希釈して，下地となるコンクリート表面に塗布する。**薄い**膜を作ることにより，モルタル中の水分が下地に吸込まれる量を調整して，接着性を確保するために用いられる。

水の希釈が少なく，厚い膜となった場合は，モルタル中の水分が下地に吸込まれる量が不十分となり，接着性が不良となる。

6. ステンレス製建具の加工

ステンレス鋼板の曲げ加工において，角をシャープにするために，曲げる内側に切込みをいれることを角出し曲げ（角曲げ）という。角出し曲げができる板厚は一般に**1.5 mm**以上であり，切込み後の残り寸法が小さい方から，a角，b角，c角の3種類の加工方法がある。

7. アクリル樹脂系非水分散形塗料

アクリル樹脂系非水分散形塗料（NAD）は，非水分散形**ワニス**を用いた塗料で，主として建築物のコンクリート面やセメント・モルタル面，押出し成形板などの塗装に用いる。

8. タイルカーペット

タイルカーペット全面接着工法は，床パネルの目地と，タイルカーペットの目地をずらして割り付け，接着剤を**下地**面に平均に塗布し，接着剤が乾燥し十分粘着性がでたのち，隙間なく張り付ける。

［平成27年度］問題4

解 答

問題番号	解答番号	不適当な語句	適当な語句
1.	②	交互	同時
2.	②	下地モルタル	コンクリート
3.	①	離す	近い
4.	②	300	150
5.	③	はけ引き	木ごて
6.	①	インターロッキング	オーバーラッピング
7.	①	パテしごき	パテかい
8.	②	端	中央

解 説

1. ゴムアスファルト系塗膜防水

ゴムアスファルト系防水材には，造膜の方法により以下の3種類がある。

凝固造膜型は，ゴムアスファルトエマルション凝結剤が指定する割合になるように，専用吹付機械により **同時** に吹き付ける。

反応硬化型は，ゴムアスファルトエマルションと硬化剤を指定する割合で計量し，電動かくはん機を用いて充分にかくはん・混合する。

乾燥造膜型は，ゴムアスファルトエマルションを乾燥させて造膜させる。一液剤料ではあるが，電動かくはん機を用いて十分にかくはんし，均一な状態にする。

2. セメントモルタルによる外壁タイル後張り工法

セメントモルタルによる外壁タイル後張り工法の引張接着強度検査の時期は，施工後2週間以上経過してから実施するのが適切である。試験体は，タイルの周辺を **コンクリート** 面までカッターで切断したものとする。これはタイルのはく落がタイルだけではなく下地モルタルからはく落することが多いので，この部分まで試験するためである。試験体の個数は，3個以上，かつ，100 m^2 及びその端数につき1個以上として，壁面全体の代表となるよう無作為に選ぶ。試験結果の判定は，セメントモルタル張りの場合は，引張接着強度のすべての測定結果が 0.4 N/mm^2 以上の場合を合格とする。

3. 折板葺き屋根におけるけらば包み

折板葺き屋根における**けらば包み**は，1.2 m 以下の間隔で下地に取り付け，継手位置は端部用タイトフレームの位置の **近く** とする。けらば包みの継手の重ね幅は 60 mm 以上とし，重ね内部にシーリング材を挟み込み，タッピングねじ等で締め付ける。

4. 軽量鉄骨天井の下地

屋内の軽量鉄骨天井において，野縁受け，吊りボルトの間隔は 900 mm 程度とし，周辺部は端から 150 mm 以内とする。また下地張りのある場合，野縁の間隔は 360 mm 程度とする。

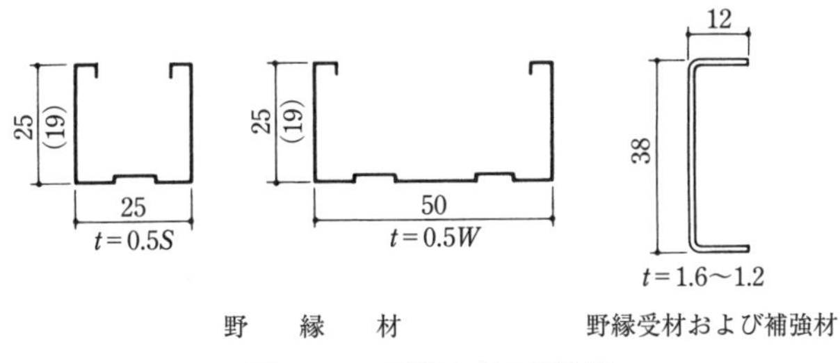

図 4・13　野縁などの下地材

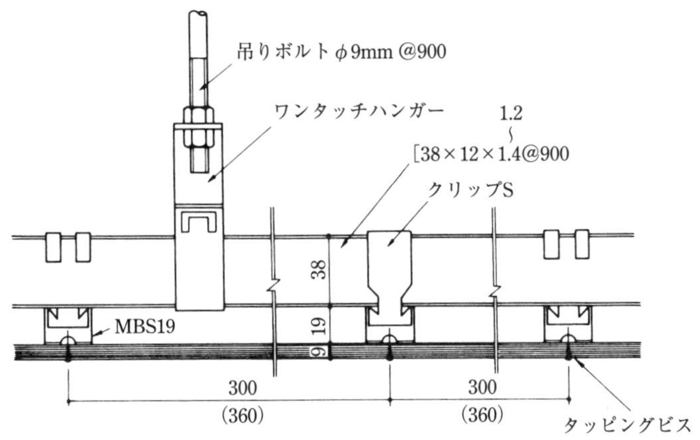

図 4・14　部材の間隔

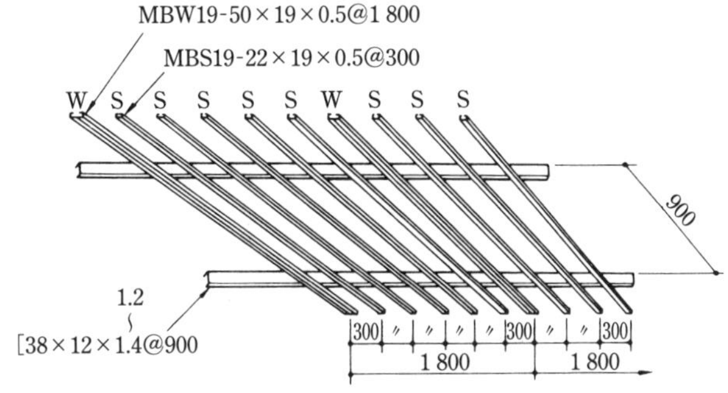

図 4・15　野縁の間隔例（間隔は 360 mm，455/2 mm）

表4・1 野縁の間隔

(単位：mm)

天井仕上げの種類	野縁の間隔	ダブル野縁の間隔
下地張りのある場合	360 程度	1,800 程度
仕上げ材料の直張り，壁紙または塗装下地の類を直接張付ける場合	300 程度	900 程度
ボード類の一辺の長さが 450 程度以下の場合の直張り	225 程度以下	450 程度以下
金属成形板張りの場合	360 程度	—

5. セメントモルタル塗りの表面仕上げ

仕上げの種類は，施工箇所に応じて，以下を標準とする。

表4・2 仕上げの種類

種 類	施工箇所
金ごて	一般塗装下地，壁紙張り下地，防水下地壁タイル接着剤張り下地
木ごて	セメントモルタルタイル張り下地
はけ引き	—

6. 防煙シャッター

重量シャッターは**スラット**の形状により，**インターロッキング**形は防火シャッターに，表面がフラットな**オーバーラッピング**形は防煙シャッターに使われる。また防煙シャッターのまぐさ部の遮煙材は不燃材料等とし，シャッター全閉鎖後もスラットと密着し，高い機密性を保持する。

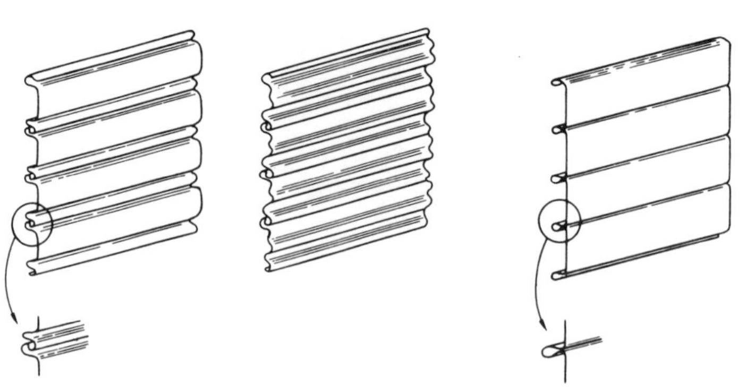

(a) インターロッキング形スラット　(b) オーバーラッピング形スラット

図4・16 スラットの形

7. パテ処理

塗装面の下地の不陸や目違いを平らにするには，

① 穴埋め：深い穴，大きな隙間等に穴埋め用パテ等をへら又はこてで押し込み埋める。

② **パテかい**：面の状況に応じて，面のくぼみ，隙間，目違い等の部分にパテをへら又はこてで薄く付ける。

③ **パテしごき**：(1)及び(2)を行ったのち，研磨紙ずりを行い，パテを全面にへら付けし（パテ付け），表面に過剰のパテを残さないよう，素地が現れるまで十分しごき取る。

8. タイルカーペット

フリーアクセスフロア下地の場合，タイルカーペットの張付けに先立ち，下地面の段違い，床パネルの隙間を1mm以下に調整し，パネルの目地にまたがるように割り付ける。コンクリート下地に張り付ける場合には，下地が十分乾燥していることを確認する。接着剤を下地面に平均に塗布し，接着剤が乾燥し十分粘着性がでたのち，隙間なく張り付ける。張付けは，基準線に沿って方向をそろえ，**中央**部から行う。

［平成25年度］問題4

解　答

問い番号	解答番号	不適当な語句	適当な語句
1.	③	40	100
2.	③	3	2
3.	①	良くして	なくして
4.	②	入れて	入れずに
5.	①	面	エッジ
6.	①	2	1
7.	②	下向き	上向き
8.	①	7	5

解　説

1. ストレッチルーフィング

アスファルトルーフィングの張付けにおいて，出隅・入隅には，幅300 mm以上のストレッチルーフィングを図4・17のように増張りする。

ALCパネルの短辺接合部やコンクリートの打継ぎ箇所，プレキャストコンクリート板の継手目地部は，幅300 mm程度の増張り用シートを用いて接合部両側に100 mm程度ずつ張り掛け絶縁増張りを図4・18のように行う。

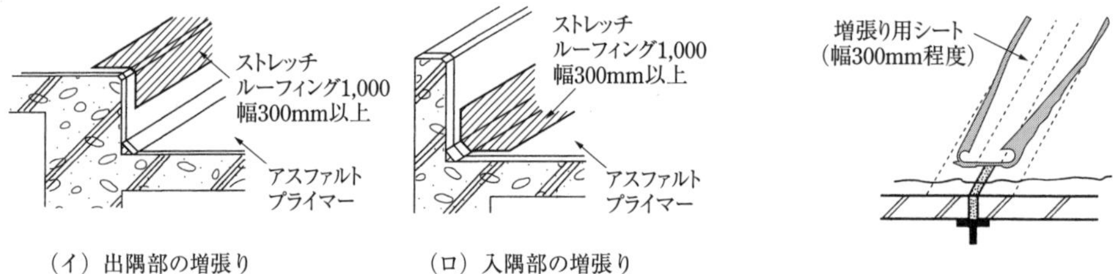

（イ）出隅部の増張り　（ロ）入隅部の増張り

図4・17　出隅・入隅部の増張り例

図4・18　ALCパネル短辺接合部の増張り例

2. タイル工事の改良圧着張り工法

改良圧着張りは，張付けモルタルを下地側とタイル裏面の両方に塗って，タイルを張り付ける工法である。

その特徴は，圧着張りに比べて施工能率は多少下がるが，塗置き時間の影響を受けにくいため，接着力が大きく安全な工法である。

施工上の留意事項は，次の①～⑤のうち，いずれか2つを解答する。

① 下地側に，軟らかめに練ったモルタルを金ごてを用いて薄くこすりつけるように塗りつけて，下地面との密着を確保したのち，直ちに張付けモルタルを塗り重ねて3～6 mm程度に塗り付ける。

② 定規を用いて平坦な面を出したのち，木ごて等で表面を平坦にするとともに，粗面状態とする。

③ この面にタイル張りを行うが，タイル張りまでの時間は，モルタル練りからタイル張り終了まで60分以内とする。また，1 回の塗付け面積は **2 m²** 以内 とする（JASS 19）。

④ タイル裏面に張付けモルタルを，3～4 mm ほどの厚さで金ごて等を用い，すき間なく，平らに塗り付け，直ちに下地面にたたき押えをして張り付けていく。

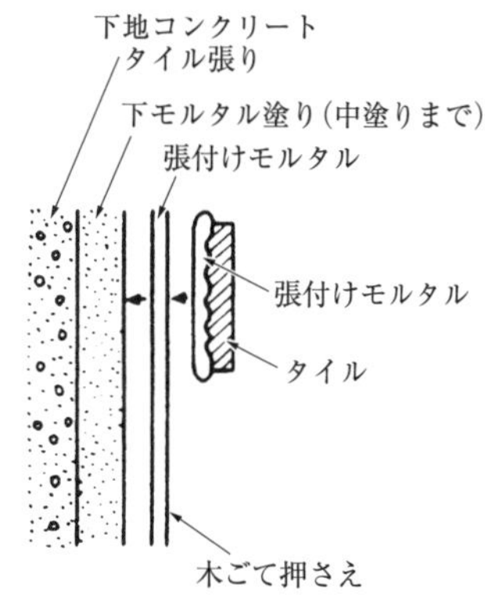

図 4・19　改良圧着張り

⑤ タイル張りを終了したのち，目地の通りを確認し，さらに，目地部の盛り上がったモルタルを目地ごて・木の棒等を用いて取り除き，細い割り竹を束ねたささら等を用いて掃除する。

3. セルフレベリング材塗り

セルフレベリング材は，それ自体で平滑な床下地面を得ることができるものであるが，下地となるコンクリートの精度が悪いと塗厚の不均等により不陸となるおそれがあるため，金ごて1回押さえとする。また，コンクリートの仕上りの平坦さは，3 m につき 10 mm 以下を標準とする。

セルフレベリング材が硬化する前に風が当たると，表層部分だけが動いて硬化後にしわが発生する場合がある。したがって，流し込み作業中はできる限り通風を **なくして**，施工後もセルフレベリング材が硬化するまでは，甚だしい通風を避ける。

セルフレベリング材塗り後の養生期間は，一般に 7 日間以上，冬期は 14 日間以上とし，施工場所の気温が 5℃ 以下の場合は施工しない。表面仕上げ材の施工までの期間は 30 日以内を標準とする。ただし，気象条件等により，これらの期間を増減することができる。

4. 長尺金属板葺の金属板

長尺金属板葺の下葺のアスファルトルーフィングは，軒先と平行に敷き込み，軒先から順次棟へ向かって張り，隣接するルーフィングとの重ね幅は，短辺部は 200 mm 以上，長辺部は 100 mm 以上とする。

長尺金属板を現場等で折曲げ加工する場合，塗装又はめっき及び地肌にき裂が生じないように，十分，曲げ半径をとり，切れ目を **入れずに** 折り曲げる。

こはぜは，主として屋根本体の板と板及び軒先，けらば部分のはぎ合せに使用される。

こはぜは，図4・20，図4・21のように加工し，3～6mm程度のすき間を作り，防水上，毛細管現象による雨水の浸入を防ぐ。ただし，すき間のないほうが風による吹上げに強いので，すき間が大きくならないように注意する。

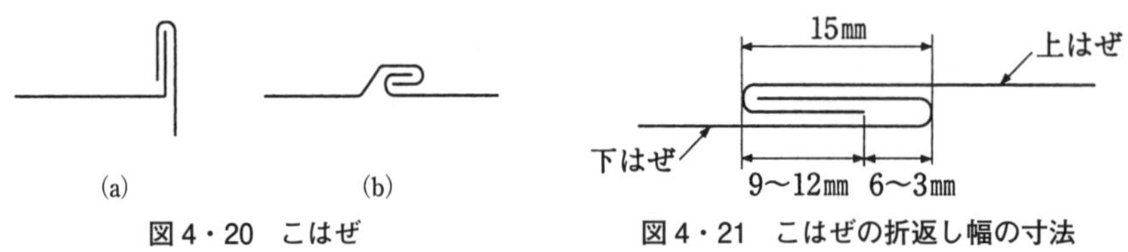

図4・20 こはぜ

図4・21 こはぜの折返し幅の寸法

5. 構造ガスケット構法によるガラスのはめ込み

図4・22からわかるように，ガラスはめ込み時にエッジクリアランスが大きくなるとかかり代が小さくなる。そのため，風圧を受けたときリップの転びが大きくなるため，止水性の低下や，ガラスが外れたり，構造ガスケットがアンカー溝や建具枠から外れたりするおそれがある。

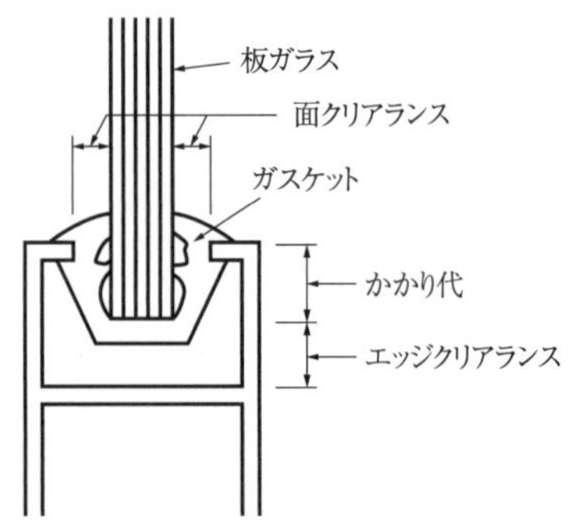

図4・22 構造ガスケットの場合

6. せっこうボードのせっこう系接着材直張り工法

① 下地の凹凸を加味して，床・壁などに仕上げの墨出しを行う。

② コンクリート面からボード仕上がり面までの寸法は，最低，ボード厚＋3mmとするが，標準寸法としては，9.5mm厚ボードで20mm，12.5mm厚ボードで25mm程度とする（図4・23(a)，(b)）。

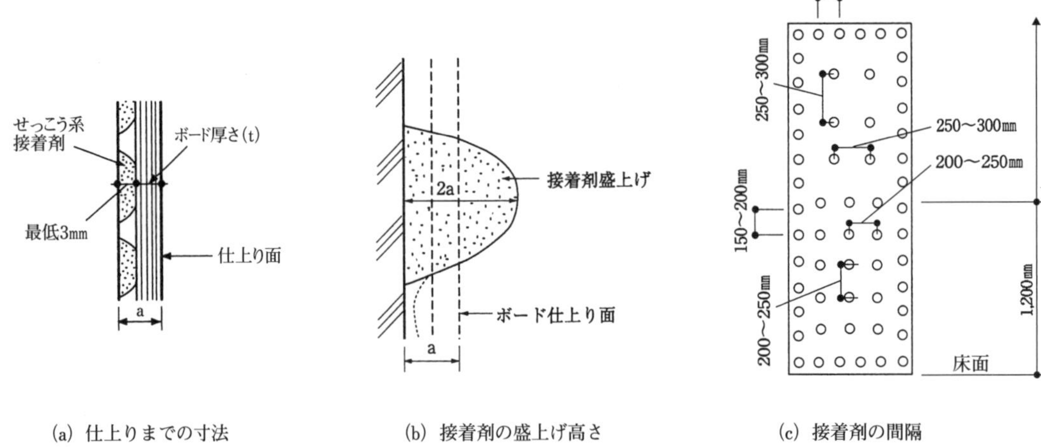

(a) 仕上りまでの寸法　(b) 接着剤の盛上げ高さ　(c) 接着剤の間隔

図4・23 せっこう系接着剤直張り工法

③ 一度に練る接着剤の分量は，**1時間**以内に使い切れる量とする。

④ 接着剤の間隔は，ボード周辺部は 150～200 mm，中央部は床面から 1,200 mm では 200～250 mm，床面から 1,200 mm を超える部分は 250～300 mm 程度とする（図 4・23(c)）。

⑤ ボードの圧着の際，床面からの水分の吸上げを防ぐため，くさび等をかい，床面から 10 mm 程浮かして張り付ける。

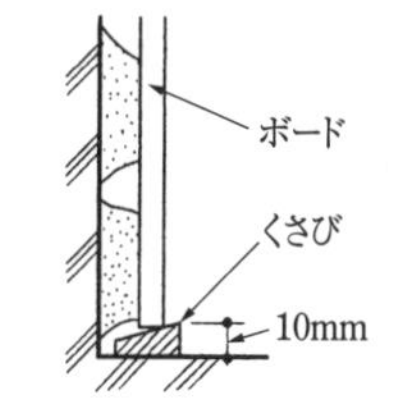

図 4・24 床取合いの例

7. 内装合成樹脂エマルション系薄付け仕上塗材仕上げ

内壁を砂壁状やゆず肌状の内装合成樹脂エマルション系薄付け仕上塗材仕上げとする場合，セメントモルタル下地表面は**金ごて仕上げ**又は木ごて仕上げとし，吹付けとするときは，スプレーガンのノズルは下地面に対して直角に吹き付けられるように，やや**上向き**に保ちながら一様に吹き付ける。主材塗り2工程の工程内間隔時間は2時間以上とする。

8. ALC 外壁パネルの横張り

ALC パネルを横張りで取り付ける場合，パネル荷重は下側のパネルに伝達されるため，パネル **5段** 以下ごとにパネルの質量を支持する受け鋼材を設け，支圧部圧力が 0.8 N/mm^2 以下となるようにする。また，自重受け鋼材を設けた部分の横目地には，10～20 mm の伸縮目地を設ける。

2.「記述式」の問題 〈出題：令和4，2，平成30，28，26年度〉

令和4年度

【解答欄】

1.	留意事項	(1)	
		(2)	
2.	留意事項	(1)	
		(2)	
3.	留意事項	(1)	
		(2)	
4.	留意事項	(1)	
		(2)	

問題4 次の1.から4.の問いに答えなさい。

ただし，解答はそれぞれ異なる内容の記述とし，材料（仕様，品質，運搬，保管等），作業環境（騒音，振動，気象条件等），下地，養生及び作業員の安全に関する記述は除くものとする。

1. 屋根保護防水断熱工法における保護層の平場部の施工上の**留意事項**を**2つ**，具体的に記述しなさい。
   なお，防水層はアスファルト密着工法とし，保護層の仕上げはコンクリート直均し仕上げとする。

2. 木製床下地にフローリングボード又は複合フローリングを釘留め工法で張るときの施工上の**留意事項**を**2つ**，具体的に記述しなさい。

3. 外壁コンクリート面を外装合成樹脂エマルション系薄付け仕上塗材（外装薄塗材E）仕上げとするときの施工上の**留意事項**を**2つ**，具体的に記述しなさい。

4. 鉄筋コンクリート造の外壁に鋼製建具を取り付けるときの施工上の**留意事項**を**2つ**，具体的に記述しなさい。

（解答☞ p.209）

令和2年度

【解答欄】

1.	留意事項	(1)	
		(2)	
2.	留意事項	(1)	
		(2)	
3.	留意事項	(1)	
		(2)	
4.	留意事項	(1)	
		(2)	

問題4　次の1.から4.の問いに答えなさい。

ただし，解答はそれぞれ異なる内容の記述とし，材料（仕様，品質，保管等），作業環境（騒音，振動，気象条件等）及び作業員の安全に関する記述は除くものとする。

1. タイル工事において，有機系接着剤を用いて外壁タイル張りを行うときの施工上の**留意事項**を**2つ**，具体的に記述しなさい。
   ただし，下地及びタイルの割付けに関する記述は除くものとする。

2. 屋根工事において，金属製折板屋根葺を行うときの施工上の**留意事項**を**2つ**，具体的に記述しなさい。

3. 内装工事において，天井仕上げとしてロックウール化粧吸音板を，せっこうボード下地に張るときの施工上の**留意事項**を**2つ**，具体的に記述しなさい。
   ただし，下地に関する記述は除くものとする。

4. 断熱工事において，吹付け硬質ウレタンフォームの吹付けを行うときの施工上の**留意事項**を**2つ**，具体的に記述しなさい。
   ただし，下地に関する記述は除くものとする。

（解答☞ p.211）

平成 30 年度

【解答欄】

1.	留意事項	(1)	
		(2)	
2.	留意事項	(1)	
		(2)	
3.	留意事項	(1)	
		(2)	
4.	留意事項	(1)	
		(2)	

問題 4 次の 1. から 4. の問いに答えなさい。

ただし，解答はそれぞれ異なる内容の記述とし，材料の保管，作業環境（気象条件等）及び作業員の安全に関する記述は除くものとする。

1. 屋上アスファルト防水工事において，平場部にアスファルトルーフィング類を張り付ける場合の，施工上の**留意事項**を **2 つ**，具体的に記述しなさい。
ただし，下地及び増張りに関する記述は除くものとする。

2. 外壁コンクリート面を外装合成樹脂エマルション系薄付け仕上塗材（外装薄塗材Ｅ）仕上げとする場合の，施工上の**留意事項**を **2 つ**，具体的に記述しなさい。
ただし，材料の調合に関する記述は除くものとする。

3. パラペット天端にアルミニウム笠木を設ける場合の，施工上の**留意事項**を **2 つ**，具体的に記述しなさい。
ただし，下地清掃及び防水層に関する記述は除くものとする。
なお，パラペットは現場打ちコンクリートとする。

4. 外壁下地モルタル面に小口タイルを改良圧着張りとする場合の，施工上の**留意事項**を **2 つ**，具体的に記述しなさい。
ただし，下地清掃，張付けモルタルの調合，タイルの割付け及びタイル面洗いに関する記述は除くものとする。

（解答☞ p.213）

平成28年度

【解答欄】

1.	留意事項	(1)	
		(2)	
2.	留意事項	(1)	
		(2)	
3.	留意事項	(1)	
		(2)	
4.	留意事項	(1)	
		(2)	

問題4　次の1.から4.の問いに答えなさい。

ただし，解答はそれぞれ異なる内容の記述とし，材料の保管，気象条件等による作業の中止及び作業員の安全に関する記述は除くものとする。

1. 屋上アスファルト防水保護層の平場部の工事における施工上の**留意事項**を**2つ**，具体的に記述しなさい。
   ただし，保護層の仕上げはコンクリート直均し仕上げとする。

2. 内装床の張物下地のセルフレベリング材塗りにおける施工上の**留意事項**を**2つ**，具体的に記述しなさい。
   ただし，セルフレベリング材は固定プラント式のスラリータイプとし，専用車両で現場まで輸送供給されるものとする。

3. 鉄筋コンクリート造の内壁モルタル下地面への有機系接着剤によるタイル後張り工法における施工上の**留意事項**を**2つ**，具体的に記述しなさい。
   ただし，ユニットタイル張りに関する記述は除くものとする。

4. 室内天井せっこうボード下地へのロックウール化粧吸音板張り工事における施工上の**留意事項**を**2つ**，具体的に記述しなさい。
   ただし，下地材の調整，開口部補強及び張付け後の養生に関する記述は除くものとする。

（解答☞ p.215）

平成26年度

【解答欄】

1.	留意事項	(1)	
		(2)	
2.	留意事項	(1)	
		(2)	
3.	留意事項	(1)	
		(2)	
4.	留意事項	(1)	
		(2)	

問題4　次の1.から4.の問いに答えなさい。

ただし，解答はそれぞれ異なる内容の記述とし，材料の保管，作業環境（気象条件等）及び作業員の安全に関する記述は除くものとする。

1. 鉄骨屋根下地に金属製重ね形折板葺きとするときの施工上の留意事項を**2つ**，具体的に記述しなさい。

2. 外壁コンクリート面に防水形合成樹脂エマルション系複層仕上塗材（防水形複層塗材E）を用いて外装仕上げとするときの施工上の留意事項を**2つ**，具体的に記述しなさい。

3. 木製床下地にフローリングボード又は複合フローリングを釘留め工法で張るときの施工上の留意事項を**2つ**，具体的に記述しなさい。

　ただし，下地又は張付け後の養生に関する記述は，除くものとする。

4. せっこうボード下地に壁紙を直張り工法で張るときの施工上の留意事項を**2つ**，具体的に記述しなさい。

（解答☞ p.217）

「記述式」の問題の解答例・解説

［令和4年度］問題4

解答例

1.	留意事項	(1)	アスファルトルーフィング類の張付けは，空隙，気泡，しわ等が生じないように平均に押し均して，下層に密着するように行う。
		(2)	アスファルトルーフィング類の継目は，両方向とも 100 mm 以上重ね合わせ，水下側が下側になるように張り重ねる。
2.	留意事項	(1)	フローリングの小口の継手位置は，乱になるように割り付ける。
		(2)	釘留め工法において，ボードは張り込み前に，数日間並べてから張り込む。
3.	留意事項	(1)	下塗りは，だれ，塗り残しのないよう均一に塗り付ける。
		(2)	主材塗りがローラー塗りの場合は，見本と同様の模様で均一に仕上がるように，所定のローラーを用いて塗り付ける。
4.	留意事項	(1)	くつずりはステンレス製とし，あらかじめモルタル詰めを行なった後に取りつける。
		(2)	雨水の侵入の恐れのある接合部には，その箇所にシーリングを用いて漏水を防ぐ。

解　説

1. 屋根保護防水断熱工法における保護層の平場部

次の①～⑤のうち，いずれか2つを解答する。

① アスファルトプライマーは，下地が十分乾燥したのち，**毛ばけ・ローラばけ**又は**ゴムばけ塗り**で均一に塗り付ける。

② アスファルトルーフィング類の張付けは，空隙（げき），気泡，しわ等が生じないように**平均に押し均して**，**下層に密着**するように行う。

③ アスファルトルーフィング類の継目は，両方向とも **100 mm 以上重ね合わせ**，**水下側が下側**になるように張り重ねる。

④ アスファルトルーフィング類の上下層の継目は，**同一箇所にならないよう**にする。

⑤ 保護コンクリートには，溶接金網を敷き込む。

2. 木製床下地にフローリングボード又は複合フローリングの釘留め工法

次の①～⑤のうち，いずれか2つを解答する。

① フローリングの小口の継手位置は，乱になるように割り付ける。

② **釘留め工法**において，ボードは張り込み前に，数日間並べてから張り込む。

③ フローリングボードは，根太に向け，雄ざねの付け根から隠し釘を**斜めに**打ち付ける。

④ 釘留め工法では，幅木下には板の伸縮を考慮して**隙間を設ける**。

⑤ 体育館など強度や弾力性が必要となる床にはほかの材料との取り合いに**エキスパンション用ゴム**を取り付ける。

3. 外装合成樹脂エマルション系薄付け仕上塗材（外装薄塗材E）仕上げ

次の①〜④のうち，いずれか2つを解答する。

① 下塗りは，**だれ，塗り残しのないよう**均一に塗り付ける。

② 主材塗りがローラー塗りの場合は，見本と同様の模様で均一に仕上がるように，**所定のローラーを用いて**塗り付ける。

③ 主材塗りが吹付けの場合は，見本と同様の模様で均一に仕上がるように，**指定の吹付け条件により**吹き付ける。

④ モルタル下地の仕上げは，**金ごて**又は**木ごて**を用いる。

4. 鉄筋コンクリート造の外壁の鋼製建具

次の①〜④のうち、いずれか2つを解答する。

① **くつずりはステンレス製**とし，あらかじめモルタル詰めを行なった後に取りつける。

② 雨水の侵入の恐れのある接合部には，その箇所に**シーリング**を用いて漏水を防ぐ。

③ 鋼製建具は錆びさせないように，できるだけ**雨がかりにしない**ように庇を設けたり，水切りをつける。

④ くさび等により仮留め後，サッシアンカーをコンクリートに固定された鉄筋に溶接し，くさびを撤去した後，モルタルを密実に充填する。

［令和２年度］問題４

解答例

1.	留意事項	(1)	接着剤の１回の塗布面積の限度は，3m²以内とし，かつ30分以内に張り終える面積とする。
		(2)	接着剤は金ごて等を用いて平坦に塗布したのち，所定のくし目ごてを用いてくし目を立てる。
2.	留意事項	(1)	タイトフレームは風による緩みを防ぐため隅肉溶接とし，受け梁に接合する。
		(2)	折版は各山ごとにタイトフレームに固定し，流れ方向の重ね部の緊結のボルト間隔は600mm程度とする。
3.	留意事項	(1)	下地材であるせっこうボードの目地と化粧材である吸音板の目地が合わないようにする。
		(2)	天井への張付けは，中央部分より張り始め，順次四周に向かって張り上げ，周囲に端物を持ってくる。
4.	留意事項	(1)	一層の吹付け厚さは30mm以下，一日の層厚は80mm以下とする。
		(2)	吹付厚さはピンの目視で行い，厚すぎて支障となるところは，カッターナイフで表層を除去する。

解　説

1. 有機系接着剤によるタイル後張り工法

次の①～④のうち，いずれか２つを解答する。

① 接着剤の１回の塗布面積の限度は**3 m² 以内**とし，かつ，**30分以内**に張り終える面積とする。また，練り混ぜる量は，１回の塗布量とする。

② 接着剤は金ごて等を用いて**平坦に塗布**したのち，所定の**くし目ごて**を用いてくし目を立てる。

③ 目地割りに基づいて水糸を引き通し，**基準となる定規張り**を行い，縦横目地引き通しに注意しながら張り上げる。

④ １枚張りの場合は，手でもみこむようにして押さえ付ける。

2. 金属製折版屋根葺

① 折板の流れ方向には，継手を設けない。ただし，やむを得ず継手が必要となる場合は，監督職員と協議する。

② 重ね形の折板は各山ごとにタイトフレームに固定し，流れ方向の重ね部の緊結のボルト間隔は600mm程度とする。

③ けらば包みは1.2m以下の間隔で下地に取り付ける。
けらば包みの継手の重ねは60mm以上とし，重ね内部にシーリング材を挟み込む。

④　タイトフレームは，風による緩みを防ぐため，隅肉溶接とし，受け梁に接合する。

3. 天井せっこうボード下地へのロックウール化粧吸音板張り

次の①～③のうち，いずれか2つを解答する。

①　接着工法で，せっこうボード下地にロックウール化粧吸音板を張る場合は，吸音板の**裏面に接着剤を塗布**し，**ステープル**でせっこうボードに張り付ける。

②　下地材であるせっこうボードの目地と，化粧材である吸音板の目地が**合わないように**する。

③　化粧板の天井への張付けは，**中央部分より張り始め**，順次**四周に向かって張り**上げ，周囲に端物をもってくる。

4. 吹付け硬質ウレタンフォーム断熱工事

・　室温が低いと均一に吹けないため，20℃～30℃を保つ必要がある（下地は5℃以上)。

・　吹付け中および，硬化後も火気厳禁である

・　吹付け厚さが均一で，所定厚さが確保されていることをピンの目視等で検査する。一回の吹付け厚さは30mm以下，一日の層厚は，80mm以下とする。

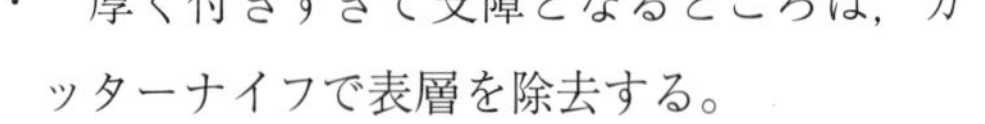

・　厚く付きすぎて支障となるところは，カッターナイフで表層を除去する。

・　自己接着性が大きく，接着剤等を使用しなくても強く接着する。

図4・25　ウレタンフォーム吹付け

［平成30年度］問題4

解答例

1.	留意事項	(1)	アスファルトプライマーは，毛ばけ・ローラばけ又はゴムばけ塗りとして均一に塗り付ける。
		(2)	ルーフィング類の重ねが，各層で1箇所に集まらないように張る。
2.	留意事項	(1)	下塗りは，だれ，塗り残しのないよう均一に塗り付ける。
		(2)	主材塗りがローラー塗りの場合は，見本と同様の模様で均一に仕上がるように，所定のローラーを用いて塗り付ける。
3.	留意事項	(1)	固定金具は笠木が通りよく，かつ，天端の水勾配が正しく保持されるように，あらかじめレベルを調整して取り付ける。
		(2)	取付けは，コーナー部分の笠木を先に取り付け，直線部分は定尺を中心に割付ける。
4.	留意事項	(1)	下地面には，柔らかめに練ったモルタルを薄く金ごてで塗り付け下地面と密着を確保したのち，直ちに張付けモルタルを塗り重ねて，あわせて4～6mmとする。
		(2)	タイル張りまでの時間は，モルタル練りからタイル張り終了まで60分以内とする。

解　説

1. 屋上アスファルト防水工事

次の①～④のうち，いずれか2つを解答する。

① アスファルトプライマーは，**毛ばけ・ローラばけ**又は**ゴムばけ塗り**で，均一に塗り付ける。

② ルーフィング類の張付けは，**千鳥張り**とする。

③ ルーフィング類の重ねが，**各層で1箇所に集まらないよう**に張る。

④ あなあきルーフィングは砂付き面を下向きにし，通気面を妨げないように**突付け**とする。

2. 外装合成樹脂エマルション系薄付け仕上げ塗材（外装薄塗材E）仕上げ

次の①～④のうち，いずれか2つを解答する。

① 下塗りは，**だれ，塗り残しのないよう**均一に塗り付ける。

② 主材塗りがローラー塗りの場合は，見本と同様の模様で均一に仕上がるように，**所定のローラーを用いて**塗り付ける。

③ 主材塗りが吹付けの場合は，見本と同様の模様で均一に仕上がるように，**指定の吹付け条件により**吹き付ける。

④ モルタル下地の仕上げは，**金ごて**又は**木ごて**を用いる。

3. アルミニウム笠木

次の①～④のうち，いずれか2つを解答する。

① 固定金具は笠木が通りよく，かつ，天端の水勾配が正しく保持されるように，**あらかじめレベルを調整**して取り付ける。

② 特に風が強い場所では，風荷重に対して十分な引抜耐力を有するように，アンカーの径，長さ，取付間隔を検討し，施工に注意する。

③ 取付けは，**コーナー部分の笠木を先に取り付け**，直線部分は定尺を中心に割付ける。

④ 継手部は**オープンジョイント**を原則とし，**温度変化による部材の伸縮への対応**のため，定尺が4m程度の場合，5～10mmのクリアランスを設ける。

4. 改良圧着張り

次の①～④のうち，いずれか2つを解答する。

① 下地面には，柔らかめに練ったモルタルを薄く金ごてで塗り付け下地面と密着を確保したのち，直ちに張付けモルタルを塗り重ねて，あわせて**4～6mm**とする。

② タイル張りまでの時間は，モルタル練りからタイル張り終了まで**60分以内**とする。

③ 張付けは，タイル裏面全面に張付けモルタルを平らに塗り付け，木づち等でタイル周辺から**モルタルがはみ出すまで**たたき締める。

④ 張付けモルタルは**作り置きをしない**で，タイル裏面に張付けモルタルを塗り付けたタイルは，直ちに張り付ける。

［平成 28 年度］問題 4

解答例

1.	留意事項	(1)	アスファルトルーフィング類の張付けは，空隙，気泡，しわ等が生じないように平均に押し均して，下層に密着するように行う。
		(2)	アスファルトルーフィング類の継目は，両方向とも 100 mm 以上重ね合わせ，水下側が下側になるように張り重ねる。
2.	留意事項	(1)	セルフレベリング材の流し込み作業中はできる限り通風をなくして，施工後も硬化するまでは，甚だしい通風を避ける。
		(2)	下地コンクリートは，精度が悪いと塗厚が不均等になるため，金ごて 1 回押さえとし，仕上りの平坦さは，3 m につき 10 mm 以下を標準とする。
3.	留意事項	(1)	接着剤の 1 回の塗布面積の限度は 3 m^2 以内とし，かつ，30 分以内に張り終える面積とする。また，練り混ぜる量は，1 回の塗布量とする。
		(2)	接着剤は金ごて等を用いて平坦に塗布したのち，所定のくし目ごてを用いてくし目を立てる。
4.	留意事項	(1)	接着工法で，せっこうボード下地にロックウール化粧吸音板を張る場合は，吸音板の裏面に接着剤を塗布し，ステープルでせっこうボードに張り付ける。
		(2)	下地材であるせっこうボードの目地と，化粧材である吸音板の目地が合わないようにする。

解　説

1. 屋上アスファルト防水保護層の平坦部

次の①～⑤のうち，いずれか 2 つを解答する。

① アスファルトプライマーは，下地が十分乾燥したのち，**毛ばけ・ローラばけ**又は**ゴムばけ塗り**で均一に塗り付ける。

② アスファルトルーフィング類の張付けは，空隙(げき)，気泡，しわ等が生じないように**平均に押し均して**，**下層に密着**するように行う。

③ アスファルトルーフィング類の継目は，両方向とも **100 mm 以上重ね合わせ**，**水下側が下側**になるように張り重ねる。

④ アスファルトルーフィング類の上下層の継目は，**同一箇所にならないよう**にする。

⑤ あなあきルーフィングは砂付き面を下向きにし，通気面を妨げないように**突付け**とする。

2. 内装床の張物下地のセルフレベリング材塗り

次の①～⑤のうち，いずれか 2 つを解答する。

① 下地コンクリートは，精度が悪いと塗厚が不均等になるため，**金ごて 1 回押さえ**とし，仕上りの平坦さは，3 m につき **10 mm 以下を標準**とする。

② セルフレベリング材の流し込み作業中は**できる限り通風をなくして**，施工後も硬化するまでは，甚だしい通風を避ける。

③　セルフレベリング材塗り後の養生期間は，一般に**7日間以上**，**冬期は14日間以上**とし，表面仕上げ材の施工までの期間は**30日以内を標準**とする。

④　硬化後，打継部の突起，気泡跡の周辺の突起等はサンダー等で削り取る。

⑤　気泡跡のへこみ等は，セルフレベリング材製造所の**指定する材料で補修**する。

3. 有機系接着剤によるタイル後張り工法

次の①～④のうち，いずれか2つを解答する。

①　接着剤の1回の塗布面積の限度は**3 m^2 以内**とし，かつ，**30分以内**に張り終える面積とする。また，練り混ぜる量は，1回の塗布量とする。

②　接着剤は金ごて等を用いて**平坦に塗布**したのち，所定の**くし目ごて**を用いてくし目を立てる。

③　目地割りに基づいて水糸を引き通し，**基準となる定規張り**を行い，縦横目地引き通しに注意しながら張り上げる。

④　1枚張りの場合は，手でもみこむようにして押さえ付ける。

4. 天井せっこうボード下地へのロックウール化粧吸音板張り

次の①～③のうち，いずれか2つを解答する。

①　接着工法で，せっこうボード下地にロックウール化粧吸音板を張る場合は，吸音板の**裏面に接着剤を塗布**し，**ステープル**でせっこうボードに張り付ける。

②　下地材であるせっこうボードの目地と，化粧材である吸音板の目地が**合わないように**する。

③　化粧板の天井への張付けは，**中央部分より張り始め**，順次**四周に向かって張り**上げ，周囲に端物をもってくる。

［平成 26 年度］問題 4

解答例

1.	留意事項	(1)	折板は，棟から軒までを継目のない長尺板として葺く。
		(2)	重ね形折板は，緊結ボルトを用いてしっかりとタイトフレームに固定する。
2.	留意事項	(1)	中塗り及び上塗りは，なるべく各層の色を変えて塗る。
		(2)	吹付け塗りに用いるスプレーガンの種類，口径，空気圧等は，塗料にあわせて適切なものとする。
3.	留意事項	(1)	フローリングの小口の継手位置は，乱になるように割り付ける。
		(2)	釘留め工法において，ボードは張り込み前に，数日間並べてから張り込む。
4.	留意事項	(1)	防火材料に認定された壁紙の防火性能は，下地材の種類や工法などの認定条件により認定材料となる。
		(2)	せっこう系接着剤で直張りした下地にビニールクロスを張る場合は，下地を 20 日間以上放置し，接着剤を乾燥させる。

解　説

1. 金属製重ね形折板葺き

折板は各山を**タイトフレーム**に固定し，緊結時のボルト間隔は 600 mm 以下とする。

けらば納めは，最端部には，1200 mm 以下の間隔で，折板の山間隔の 3 倍以上の長さの変形防止材を取り付ける。

① 折板は，棟から軒までを**継目のない長尺板**として葺く。

② 重ね形折板は，**緊結ボルト**を用いてしっかりとタイトフレームに固定する。

2. 防水形合成樹脂エマルション系複層仕上げ塗材

複層タイプの仕上げ材料に防水性を持たせたのが防水形複層仕上塗材である。

次の①〜③のうち，2 つを解答する。

① **中塗り**及び上塗りは，なるべく各層の色を変えて塗る。

② 吹付け塗りに用いるスプレーガンの種類，口径，空気圧等は，塗料にあわせて適切なものとする。

③ 下塗り塗料の乾燥を十分行ってから上塗りする。

3. 木製床下地にフローリングボード又は複合フローリングを釘留め工法

次の①〜⑤のうち，いずれか 2 つを解答する。

① フローリングの小口の継手位置は，乱になるように割り付ける。

② **釘留め工法**において，ボードは張り込み前に，数日間並べてから張り込む。

③ フローリングボードは，根太に向け，雄ざねの付け根から隠し釘を**斜めに**打ち付ける。

④ 釘留め工法では，幅木下には板の伸縮を考慮して**隙間を設ける**。

⑤ 体育館など強度や弾力性が必要となる床にはほかの材料との取り合いに**エキスパンション用ゴム**を取り付ける。

4. せっこうボード下地に壁紙の直張り工法

次の①～③のうち，いずれか2つを解答する。

① **防火材料**に認定された壁紙の防火性能は，下地材の種類や工法などの認定条件により認定材料となる。

② せっこう系接着剤で直張りした下地にビニールクロスを張る場合は，下地を20日間以上放置し，接着剤を乾燥させる。

③ 壁紙の張付け完了後の室内は，**急激な乾燥を避ける**ため，直射日光，通風などを避ける。

第5章

施工管理

　施工管理では，16 年間，バーチャート工程表の読み取り問題が出題されていましたが，平成 29 年度より 6 年連続でネットワーク工程表の出題でした。

出題内容は，次のようなものです。

- 工程に該当する作業名を答える問題
- 不適当な工程を抽出し，適当な工程に正す問題
- 未記入の作業の開始日と終了日を答える問題
- 総所要日数，フリーフロートを答える問題

5・1 施工管理の試験内容の分析

直近 10 年間の施工管理の出題内容

年　度	出　題　内　容
令和４年度	市街地の事務所ビル，鉄筋コンクリート造，地上６階，塔屋１階，延べ面積2,800 m^{2}の工程表 1. 内装工事の作業内容 2. 総所要日数 3. フリーフロート 4. 工程見直し後のクリティカルパスと総所要日数
令和３年度	市街地の事務所ビル，鉄筋コンクリート造，地上６階建，塔屋１階，延べ面積3,000 ㎡の工程表 1. 躯体工事の作業名記入 2. 床型枠組立てのフリーフロート 3. 工区ごとの割振り人数を変え，工期の短縮 4. 総所要日数
令和２年度	市街地の事務所ビル，鉄筋コンクリート造，地上６階，塔屋１階，延べ面積2,800 ㎡の工程表 1. 内装仕上げ工事の作業名記入 2. 壁せっこうボード張りのフリーフロート 3. 総所要日数と工事完了日 4. 作業員の人数の最少化
令和元年度	市街地の事務所ビル，鉄筋コンクリート造地下１階，地上６階，延べ面積3,200 m^{2}の工程表 1. 躯体工事の作業名記入 2. 床の配筋のフリーフロート 3. 総所要日数と工事完了日 4. 型枠作業の順序と工事完了日
平成 30 年度	市街地の事務所ビル，鉄筋コンクリート造地下１階，地上６階，延べ面積3,200 m^{2}の工程表 1. 内装仕上げ工事の作業名記入 2. 総所要日数 3. 工程見直し後の総所要日数とフリーフロートの記入
平成 29 年度	市街地の事務所ビル，躯体工事工程表 1. 柱型枠の組立て前の作業名記入 2. 壁の配筋の順序とフリーフロート 3. 総所要日数 4. 梁の配筋と壁型枠の順序
平成 28 年度	市街地の事務所ビル，鉄骨造地下１階，地上５階，延べ面積 3,200 ㎡の工程表 1. 鉄骨工事，内装工事の作業名記入 2. 作業の終了日が不適当な作業名 3. ２～５Ｆ外部建具取付けの作業工程の記入
平成 27 年度	市街地の事務所ビル，鉄骨造地下１階，地上６階，延べ面積 3,000 ㎡の工程表 1. 土工事，鉄骨工事の作業名記入 2. 作業の終了日が不適当な作業名 3. 梁上の頭付きスタッドの溶接の作業工程の記入
平成 26 年度	市街地の共同住宅，鉄筋コンクリート造地下１階，地上５階，塔屋１階，延べ面積 3,000 ㎡の工程表 1. 鉄筋・型枠・コンクリート工事，防水工事の作業名記入 2. 作業の終了日が不適当な作業名 3. 断熱材吹付け作業の開始日及び終了日

年　度	出　題　内　容
平成 25 年度	市街地の事務所ビル，鉄筋コンクリート造地下 1 階，地上 6 階，塔屋 1 階，延べ面積 3,000 m²の工程表 1.　土工事，杭地業工事の作業名記入 2.　作業の終了日が不適当な作業名 3.　内部建具取付け工事の作業工程の記入

5・2　直近10年間の施工管理の問題と解答

1．施工管理の問題〈出題：毎年度〉

令和4年度

【解答欄】

1.	作業内容 A1,B1	
	作業内容 A6,B6	
2.	総所要日数	
3.	フリーフロート	
4.	あ	
	い	

問題3　市街地での事務所ビル新築工事において，同一フロアをA，Bの工区に分けて施工を行うとき，右の内装工事工程表（3階）に関し，次の1．から4．の問いに答えなさい。

工程表は計画時点のもので，検査や設備関係の作業については省略している。

各作業日数と作業内容は工程表及び作業内容表に記載のとおりであり，Aで始まる作業名はA工区の作業を，Bで始まる作業名はB工区の作業を，Cで始まる作業名は両工区を同時に行う作業を示すが，作業A1, B1及び作業A6, B6については作業内容を記載していない。

各作業班は，それぞれ当該作業のみを行い，各作業内容共，A工区の作業が完了してからB工区の作業を行う。また，A工区における作業A2と作業C2以外は，工区内で複数の作業を同時に行わず，各作業は先行する作業が完了してから開始するものとする。

なお，各作業は一般的な手順に従って施工されるものとする。

〔工事概要〕

用　　途：事務所

構造・規模：鉄筋コンクリート造，地上6階，塔屋1階，延べ面積2,800 m²

仕　上　げ：床は，フリーアクセスフロア下地，タイルカーペット仕上げ
　　　　　壁は，軽量鉄骨下地，せっこうボード張り，ビニルクロス仕上げ
　　　　　天井は，システム天井下地，ロックウール化粧吸音板仕上げ
　　　　　A工区の会議室に可動間仕切設置

1. 作業A1, B1及び作業A6, B6の**作業内容**を記述しなさい。

2. ㊟始から㊟終までの**総所要日数**を記入しなさい。

3. 作業A4の**フリーフロート**を記入しなさい。

4. 次の記述の ＿＿ に**当てはまる作業名と数値**をそれぞれ記入しなさい。

建具枠納入予定日の前日に，A工区分の納入が遅れることが判明したため，B工区の建具枠取付けを先行し，その後の作業もB工区の作業が完了してからA工区の作業を行うこととした。

なお，変更後のB工区の建具枠取付けの所要日数は2日で，納入の遅れたA工区の建具枠は，B工区の壁せっこうボード張り完了までに取り付けられることが判った。

このとき，当初クリティカルパスではなかった作業 [あ] から作業A8までがクリティカルパスとなり，㊤始から㊤終までの総所要日数は [い] 日となる。

内装工事工程表（3階）

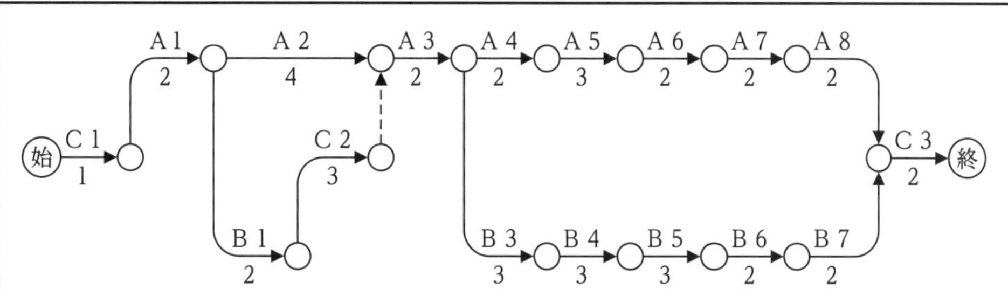

※　凡例　○—B 1→○（2）：作業B 1の所要日数が2日であることを表している。

※　所要日数には，各作業に必要な仮設，資機材運搬を含む。

作業内容表（各作業に必要な仮設，資機材運搬を含む）

作業名	作業内容
C 1	墨出し
A 1，B 1	[　　　　]
A 2	可動間仕切レール取付け（下地共）
C 2	建具枠取付け
A 3，B 3	壁せっこうボード張り
A 4，B 4	システム天井組立て（ロックウール化粧吸音板仕上げを含む）
A 5，B 5	壁ビニルクロス張り
A 6，B 6	[　　　　]
A 7，B 7	タイルカーペット敷設，幅木張付け
A 8	可動間仕切壁取付け
C 3	建具扉吊込み

検討用

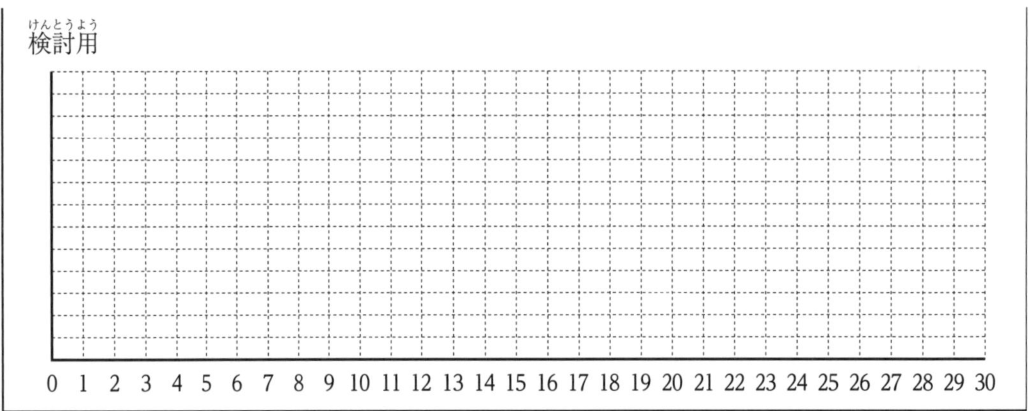
0 1 2 3 4 5 6 7 8 9 10 11 12 13 14 15 16 17 18 19 20 21 22 23 24 25 26 27 28 29 30

（解答☞ p.244）

令和 3 年度

【解答欄】

1.	作業内容 A4,B4	
	作業内容 A8,B8	
2.	フリーフロート	
3.	あ	
	い	
4.	総所要日数	

問題 3 市街地での事務所ビルの新築工事において，各階を施工数量の異なる A 工区と B 工区に分けて工事を行うとき，右の躯体工事工程表（基準階の柱，上階の床，梁部分）に関し，次の 1. から 4. の問いに答えなさい。

工程表は検討中のもので，型枠工 10 人，鉄筋工 6 人をそれぞれ半数ずつの 2 班に割り振り，両工区の施工を同時に進める計画とした。

各作業班の作業内容は作業内容表のとおりであり，A で始まる作業名は A 工区の作業を，B で始まる作業名は B 工区の作業を，C で始まる作業名は両工区同時に行う作業を示すが，作業 A4，B4 及び作業 A8，B8 については作業内容を記載していない。

各作業は一般的な手順に従って施工されるものとして，検査や設備関係の作業については省略している。

なお，安全上の観点から鉄筋工事と型枠工事の同時施工は避け，作業 A3，B3 及び作業 A7，B7 は A，B 両工区の前工程が両方とも完了してから作業を行うこととする。

〔工事概要〕
用　　途：事務所
構造・規模：鉄筋コンクリート造，地上 6 階，塔屋 1 階，延べ面積 3,000 m^2
　　　　　階段は鉄骨造で，別工程により施工する。

1. 作業 A4，B4 及び A8，B8 の**作業内容**を記述しなさい。
2. 作業 B6 の**フリーフロート**を記入しなさい。
3. 次の記述の ＿＿ に**当てはまる数値**をそれぞれ記入しなさい。

A工区とB工区の施工数量の違いから，各作業に必要な総人数に差のある作業A1，B1から作業A4，B4までについて，最も効率の良い作業員の割振りに変え，所要日数の短縮を図ることとした。

ただし，一作業の1日当たりの最少人数は2人とし，一作業の途中での人数の変更は無いものとする。

このとき，変更後の1日当たりの人数は，作業A1は2人，作業B1は4人に，作業A2は4人，作業B2は2人に，**作業A3の人数**は［あ］人となり，**作業A4の人数**は［い］人となる。

4. 3.で求めた，作業A1，B1から作業A4，B4の工事ごと，工区ごとの割振り人数としたとき，㊙から㊚までの**総所要日数**を記入しなさい。

躯体工事工程表（基準階の柱，上階の床，梁部分）

※ 凡例 ○─B1 2→○：作業B1の所要日数が2日であることを表している。

なお，工程表にダミー線は記載していない。

作業内容表（所要日数，必要総人数には仮設，運搬を含む）

作業名	作業員（人）	所要日数（日）	必要総人数（人）	作業内容
C1	2	1	2	墨出し
A1	3	1	2	柱配筋 ※1
B1	3	2	4	
A2	3	3	8	壁配筋
B2	3	1	2	
A3	5	1	5	柱型枠建込み
B3	5	3	14	
A4	5	5	24	［　　］
B4	5	1	5	
A5	5	2	10	梁型枠組立て
B5	5	2	10	
A6	5	3	15	床型枠組立て
B6	5	3	15	
A7	3	4	12	梁配筋 ※1
B7	3	4	12	
A8	3	4	12	［　　］
B8	3	4	12	
A9	5	1	5	段差，立上り型枠建込み
B9	5	1	5	
C2	2（台）	1	2（台）	コンクリート打込み

※1：圧接は，配筋作業に合わせ別途作業員にて施工する。

検討用

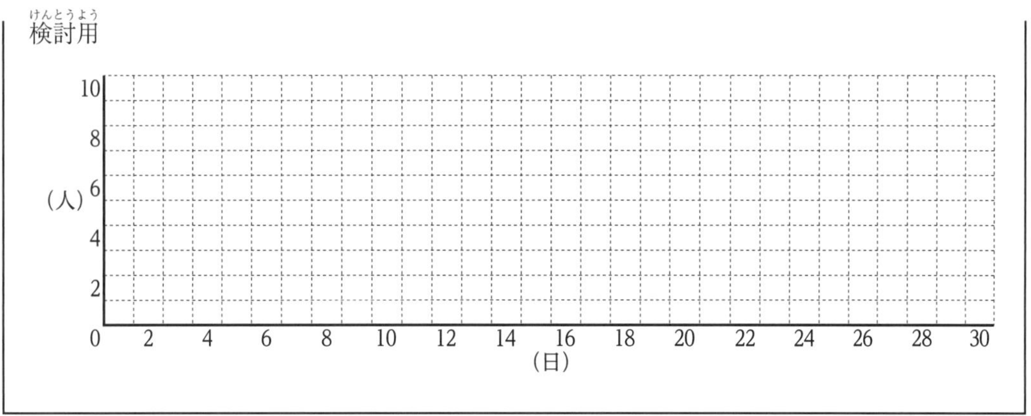

（解答☞ p.245）

令和2年度

【解答欄】

1.	作業内容	
2.	フリーフロート	
3.	総所要日数	
	工事完了日	
4.	あ	
	い	

問題5 市街地での事務所ビルの内装工事において，各階を施工量の異なるA工区とB工区に分けて工事を行うとき，右の内装仕上げ工事工程表（3階）に関し，次の1.から4.の問いに答えなさい。

工程表は計画時点のもので，検査や設備関係の作業については省略している。

各作業班の作業内容及び各作業に必要な作業員数は作業内容表のとおりであり，Aで始まる作業名はA工区の作業を，Bで始まる作業名はB工区の作業を，Cで始まる作業名は両工区同時に行う作業を示すが，作業A4及び作業B4については作業内容を記載していない。

各作業班は，それぞれ当該作業のみを行い，各作業内容共，A工区の作業が完了してからB工区の作業を行うものとする。また，工区内では複数の作業を同時に行わず，各作業は先行する作業が完了してから開始するものとする。なお，各作業は一般的な手順に従って施工されるものとする。

〔工事概要〕

用　　途：事務所

構造・規模：鉄筋コンクリート造，地下6階，塔屋1階，延べ面積2,800 m^2

仕　上　げ：床は，フリーアクセスフロア下地，タイルカーペット仕上げ

間仕切り壁は，軽量鉄骨下地せっこうボード張り，ビニルクロス仕上げ

天天井は，システム天井下地，ロックウール化粧吸音板取付け

なお，3階の仕上げ工事部分床面積は455 m^2（A工区：273 m^2，B工区182 m^2）である。

1. 作業A4及び作業B4の**作業内容**を記述しなさい。

2. 作業B2の**フリーフロート**を記入しなさい。

3. ㊙から㊚までの**総所要日数**と，工事を令和3年2月8日（月曜日）より開始するときの**工事完了日**を記入しなさい。

   ただし，作業休止日は，土曜日，日曜日及び祝日とする。

   なお，2月8日以降3月末までの祝日は，建国記念の日（2月11日），天皇誕生日（2月23日），春分の日（3月20日）である

4. 次の記述の［　　］に**当てはまる数値**をそれぞれ記入しなさい。

総所要日数を変えずに，作業B2及び作業B4の1日当たりの作業員の人数をできるだけ少なくする場合，作業B2の人数は［あ］人に，作業B4の人数は［い］人となる。

ただし，各作業に必要な作業員の総人数は変わらないものとする。

内装仕上げ工事工程表（3階）

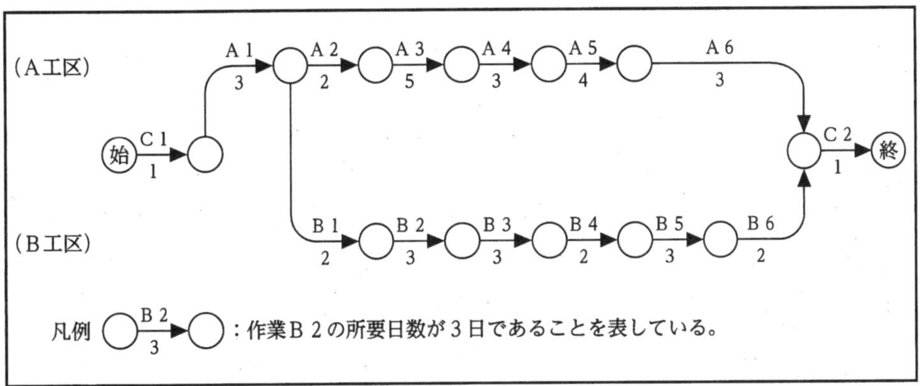

作業内容表

作 業 名	各作業班の作業内容[注)]	1日当たりの作業員数
C 1	3階墨出し	2人
A 1，B 1	壁軽量鉄骨下地組立て（建具枠取付けを含む）	4人
A 2，B 2	壁せっこうボード張り （A工区：1枚張り，B工区：2枚張り）	5人
A 3，B 3	システム天井組立て （ロックウール化粧吸音板取付けを含む）	3人
A 4，B 4	［　　］	4人
A 5，B 5	フリーアクセスフロア敷設	3人
A 6，B 6	タイルカーペット敷設，幅木張付け	3人
C 2	建具扉の吊込み	2人

注）各作業内容には，仮説，運搬を含む。

検討用

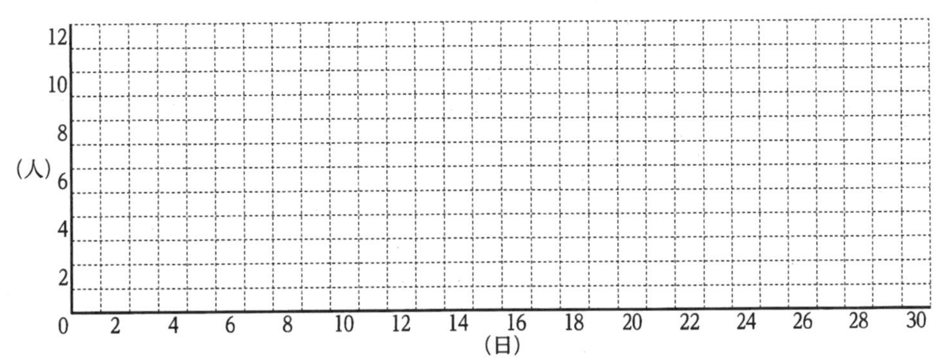

（解答☞ p.246）

令和元年度

【解答欄】

1.	作業内容	
2.	フリーフロート	
3.	総所要日数	
	工事完了日	
4.	あ	
	い	

問題 5　市街地での事務所ビルの建設工事において，各階を施工量の異なるA工区とB工区に分けて工事を行うとき，右の躯体工事工程表（3階柱，4階床梁部分）に関し，次の1.から4.の問いに答えなさい。

工程表は作成中のもので，検査や設備関係の作業については省略している。

各作業の内容は作業内容表のとおりであり，Aで始まる作業名はA工区の作業を，Bで始まる作業名はB工区の作業を示すが，作業A2及び作業B2については作業内容及び担当する作業班を記載していない。

なお，各作業班は，各工区ごとに確保できているものとする。

また，各作業は一般的な手順に従って施工し，各作業班は複数の作業を同時に行わず，先行する作業が完了してから後続の作業を開始するものとする。

〔工事概要〕

用　　　途：事務所

構造・規模：鉄筋コンクリート造，地下1階，地上6階，延べ面積3,200 m^2

　　　　　　鉄筋コンクリート製の壁はなく，階段は鉄骨造で別工程により施工する。

外　　　壁：ALCパネル

1. 作業A2及び作業B2の**作業内容**を記述しなさい。

2. 作業B7の**フリーフロート**を記入しない。

3. ㊚から㊛までの**総所要日数**と，工事を令和元年10月23日（水曜日）より開始するとき**工事完了日**を記入しなさい。

ただし，作業休止日は，土曜日，日曜日，祝日，振替休日のほか，雨天1日とする。

なお，10月23日以降年末までの祝日は，文化の日（11月3日）と勤労感謝の日（11月23日）である。

4. 工事着手に当たり，各作業班の手配状況を確認したところ，型枠作業班が1班しか手配できないため，1班で両工区の作業を行うこととなった。

このときの，次の記述の［　　］に**当てはまる語句又は数値**をそれぞれ記入しなさい。

工程の見直しに当たって，型枠作業班は同じ工区の作業を続けて行うこととしたため，作業B3は，作業B2の完了後で作業［　あ　］の完了後でないと開始できないこととなる。

このため，作業休止日が同じ場合，工事完了日は当初工程より暦日で［　い　］日遅れることとなる。

躯体工事工程表（3階柱，4階床梁部分）

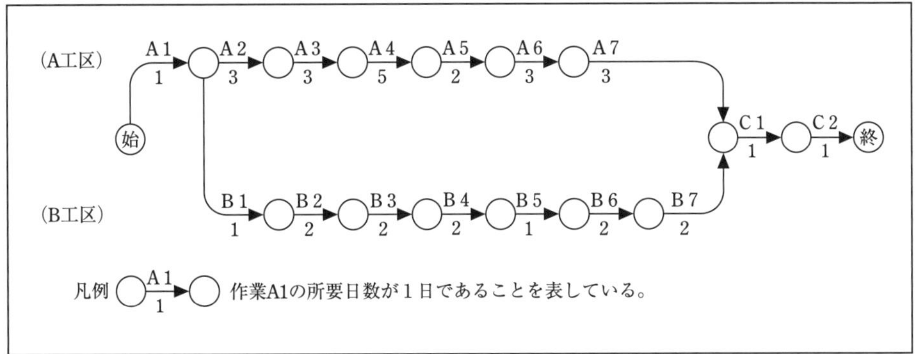

作業内容表

作 業 名	作 業 内 容	担当する作業班
A1，B1	3階墨出し	墨出し作業班
A2，B2	［　　］	［　　］
A3，B3	柱型枠の組立て	型枠作業班
A4，B4	梁型枠の組立て（梁下支保工を含む）	型枠作業班
A5，B5	フラットデッキの敷設	型枠作業班
A6，B6	梁の配筋	鉄筋作業班
A7，B7	床の配筋	鉄筋作業班
C1	清掃及び打込み準備（A工区及びB工区）	清掃準備作業班
C2	コンクリート打込み（A工区及びB工区）	打込み作業班

（解答☞ p.247）

平成30年度

【解答欄】

1.	作業内容	
2.	総所要日数	
	班数	
3.	あ	
	い	
	う	

問題5 市街地での事務所ビルの建設工事において，事務室の内装仕上げ工事について各階を施工量のほぼ等しいA工区とB工区に分けて工事を行うとき，右の内装仕上げ工事工程表（3階部分）に関し，次の1.から3.の問いに答えなさい。

工程表は作成中のもので，検査や設備関係の作業については省略している。

各作業の内容は作業内容表のとおりであり，Aで始まる作業名はA工区の作業を，Bで始まる作業名はB工区の作業を示すが，作業A8及び作業B8については作業内容を記載していない。

なお，各作業は一般的な手順に従って施工されるものとする。

また，各作業を担当する作業班は複数の作業を同時に行わず，各作業は先行する作業が完了してから開始するものとする。

〔工事概要〕

用　　途：事務所

構造・規模：鉄筋コンクリート造地下1階，地上6階，延べ面積3,200 m^2

仕 上 げ：床は，フリーアクセスフロア下地タイルカーペット仕上げ

間仕切り壁は，軽量鉄骨下地せっこうボード張りクロス仕上げ，ソフト幅木取付け

天井は，システム天井下地吸音板取付け

1. 作業A8及び作業B8の**作業内容**を記述しなさい。

2. ㊮から㊦までの**総所要日数**を記入しなさい。

ただし，各作業班は工程に影響を及ぼさないだけの班数が確保できているものとする。

また，この日数で工事を行うときに，作業A1及び作業B1について最低限手配すべき**班数**を記入しなさい。

3. 作業A3及び作業B3を担当する作業班が1班しか手配できないことが判ったため，工程を見直すこととなった。

このときの，次の記述の［　　］に**当てはまる語句又は数値**をそれぞれ記入しなさい。

作業B3は，作業B2の完了後で作業名［あ］の完了後でないと開始できない。
このため，総所要日数は［い］日，作業B2のフリーフロートは［う］日となる。

内装仕上げ工事工程表（3階部分）

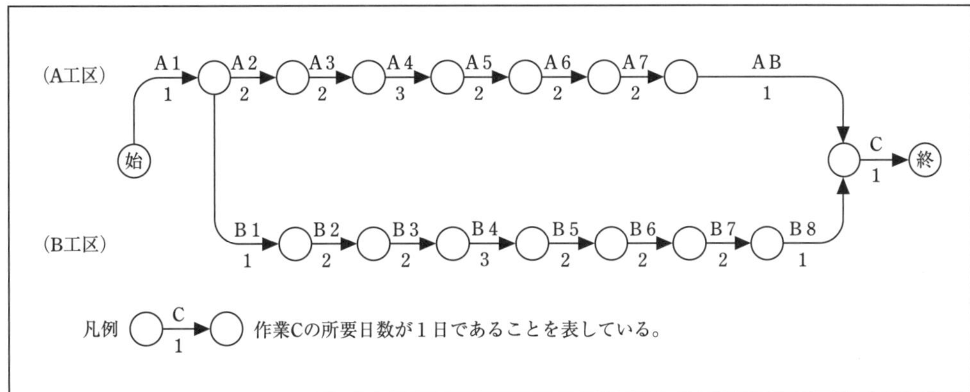

作業内容表

作業名	作業内容
A1，B1	3階墨出し
A2，B2	壁軽量鉄骨下地組立て（建具枠を含む）
A3，B3	壁せっこうボード張り
A4，B4	システム天井組立て（吸音板を含む）
A5，B5	壁クロス張り
A6，B6	フリーアクセスフロア敷設
A7，B7	タイルカーペット敷設
A8，B8	［　　］
C	建具の吊込み（A工区及びB工区）

（解答☞ p.248）

施工管理問題

平成 29 年度

【解答欄】

1.	作業内容	
2.	作業名①	
	日数②	
3.	総所要日数	
4.	日数③	
	作業名④	

問題 5 市街地での事務所ビルの建設工事における右の躯体工事工程表（3階部分）に関し，次の 1. から 4. の問いに答えなさい。

工程表は作成中のもので，各作業は一般的な手順に従って施工され，各部位においては複数の作業を同時に行わないものとする。ただし，作業Eについては後続する作業との関係を記載していない。

また，各作業の内容及び所要日数は作業内容表のとおりである。ただし，作業Bについては作業内容を記載していない。

〔工事概要〕
用　　途：事務所
構造・規模：鉄筋コンクリート造地下1階，地上6階，延べ面積 3,200m^2

1. 作業Bの**作業内容**を記述しなさい。

2. 次の記述の［ ① ］に当てはまる**作業名**，［ ② ］に当てはまる**日数**をそれぞれ記入しなさい。

　作業Eは，作業Bの完了後に開始できる。ただし，［ ① ］の開始前に完了させる必要がある。そのため，作業Eのフリーフロートは［ ② ］となる。

3. ㊎から㊇までの**総所要日数**を記入しなさい。

施工管理 問題

4. 工程の再検討を行ったところ，作業Gの所要日数が6日になることが判った。

総所要日数を元のとおりとするために，作業Gを壁が有る部分の作業G1と壁が無い部分の作業G2に分割して作業を行うこととした。

この時に，次の記述の ③ に当てはまる**日数**及び ④ に当てはまる**作業名**をそれぞれ記入しなさい。

作業G1の所要日数は， ③ 以内とする必要がある。

作業G2は， ④ の完了後に開始できる。

躯体工事工程表（3階部分）

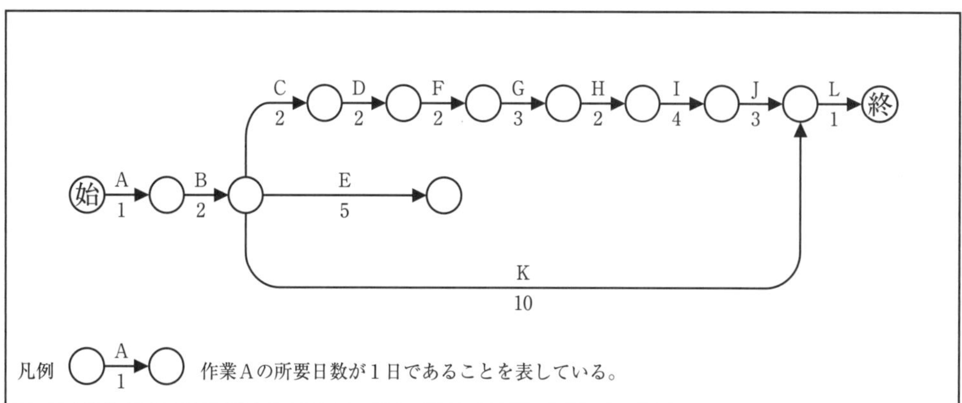

作業内容表

作業名	作業内容	所要日数
作業A	3階墨出し	1日
作業B		2日
作業C	柱型枠の組立て	2日
作業D	壁片側型枠の組立て	2日
作業E	壁の配筋	5日
作業F	壁返し型枠の組立て	2日
作業G	梁型枠の組立て（梁下支保工を含む）	3日
作業H	デッキプレートの敷設	2日
作業I	梁の配筋	4日
作業J	床の配筋（設備スリーブ，配管等を含む）	3日
作業K	設備スリーブ，配管，配線（柱，梁，壁）	10日
作業L	コンクリート打込み	1日

（解答☞ p.249）

施工管理問題

平成28年度

【解答欄】

1.	Aに該当する作業名		
	Bに該当する作業名		
2.	最も不適当な作業名		
	適当な工程となる終了日		
3.	2～5F外部建具取付け	開始日	
		終了日	

問題5 市街地での事務所ビルの建設工事における右に示す工程表に関し，次の1. から3. の問いに答えなさい。

なお，**解答の旬日は，上旬，中旬，下旬**で記述しなさい。

〔工事概要〕

用　　途：事務所

構造・規模：鉄骨造　地上5階，地下1階　延べ面積3,200 m^2
ただし，地下1階は鉄骨鉄筋コンクリート造とする。

基　　礎：直接基礎（べた基礎）

山 留 め：ソイルセメント壁水平切梁工法とし，応力材の鋼材は引き抜かない。山留め壁は，地下外周壁の外型枠として兼用する。

揚　　重：鉄骨建方及びPCカーテンウォールの取付けは，クライミング式ジブクレーンで行う。

外部仕上げ：屋根はアスファルト防水のうえ，保護コンクリート直均し仕上げ，外壁のうち2面はスパンドレル方式の50角モザイクタイル打込みPCカーテンウォール，他の2面は工場で仕上げ済みのALCパネルとする。

1. 工程表中の鉄骨工事の**A**及び内装工事の**B**に該当する作業名をあげなさい。

2. 作業の終了日が工程上**最も不適当な作業名**を工程表の中より選び，適当な工程となるように，その**終了日**を月次と旬日で定めなさい。

3. 建具工事における**2～5F外部建具取付け**の作業工程は，未記入となっている。適当な工程となるように，その作業の**開始日**及び**終了日**の期日を月次と旬日で定めなさい。

工種＼月	1	2	3	4	5	6	7	8	9	10	11	12
	着工▽				地下躯体完了▽		躯体完了▽			受電▽		竣工▽
仮設工事	準備	乗入れ構台		クライミング式ジブクレーン		外部足場　ロングスパンエレベーター		仮設ゴンドラ			片付け清掃	
土工事	山留め壁、1次掘削	切梁、2次掘削										
地業工事		砂利地業・捨てコンクリート										
鉄筋・型枠コンクリート工事			地中梁・B1F床、耐圧盤	B1F立上り・1F床		2F床、3F床	4F床、RF床、5F床	揚重機開口閉鎖		保護コンクリート		
鉄骨工事			A	B1F鉄骨建方・本締め		地上鉄骨建方・本締め、デッキプレート敷き・頭付きスタッド溶接		合成耐火被覆吹付け				
防水工事								外部シーリング(1)	屋根アスファルト防水	伸縮調整目地、外部シーリング(2)		
ALCパネル（外壁）工事							ALCパネル取付け					
PCカーテンウォール工事							PCカーテンウォール取付け					
建具工事								2〜5Fガラス取付け	内部建具・ガラス取付け共	1F外部建具取付け、1Fガラス取付け		
金属工事								壁・天井軽量鉄骨下地組み				
内装工事									壁ボード張り、天井ボード張り、内部壁紙張り	B		
塗装工事									塗装仕上げ			
外構工事										植栽・舗装工事		
エレベーター工事								据付工事		仮設使用		
設備工事		電気・給排水衛生・空調設備工事										
検査						中間検査			消防中間検査			完了検査

(解答☞ p.250)

平成 27 年度

【解答欄】

<table>
<tr><td rowspan="2">1.</td><td colspan="2">A に該当する作業名</td><td></td></tr>
<tr><td colspan="2">B に該当する作業名</td><td></td></tr>
<tr><td rowspan="2">2.</td><td colspan="2">最も不適当な作業名</td><td></td></tr>
<tr><td colspan="2">適当な工程となる終了日</td><td></td></tr>
<tr><td rowspan="2">3.</td><td rowspan="2">梁上の頭付きスタッドの溶接</td><td>開始日</td><td></td></tr>
<tr><td>終了日</td><td></td></tr>
</table>

問題 5 市街地での事務所ビルの建設工事における右に示す工程表に関し，次の 1. から 3. の問いに答えなさい。なお，**解答の旬日は**，**上旬**，**中旬**，**下旬**で記述しなさい。

〔工事概要〕

用　　途：事務所

構造・規模：地下 1 階，地上 6 階，延べ面積 3,000 m²
　　　　　地下は鉄筋コンクリート造，地上は鉄骨造

基　　礎：直接基礎（べた基礎）

山 留 め：親杭横矢板水平切梁工法とし，親杭は引き抜かない。
　　　　　山留め壁は，地下外周壁の外型枠を兼用する。

鉄骨工事：建方は，建物外周の 2 方向から行う。

外部仕上げ：屋根は，アスファルト防水のうえ，保護コンクリート直均し仕上げ
　　　　　外壁 2 面は，方立方式のメタルカーテンウォール
　　　　　他の 2 面は，ALC パネル張りのうえ，複層仕上げ塗材仕上げ

1. 表中の土工事の **A** 及び鉄骨工事の **B** に該当する作業名をあげなさい。

2. 作業の終了日が工程上**最も不適当な作業名**を表の中より選び，適当な工程となるように，その**終了日**を月次と旬日で定めなさい。

3. 鉄骨工事における**梁上の頭付きスタッドの溶接**の作業工程は，未記入となっている。適当な工程となるように，溶接作業の**開始日**及び**終了日**の期日を月次と旬日で定めなさい。

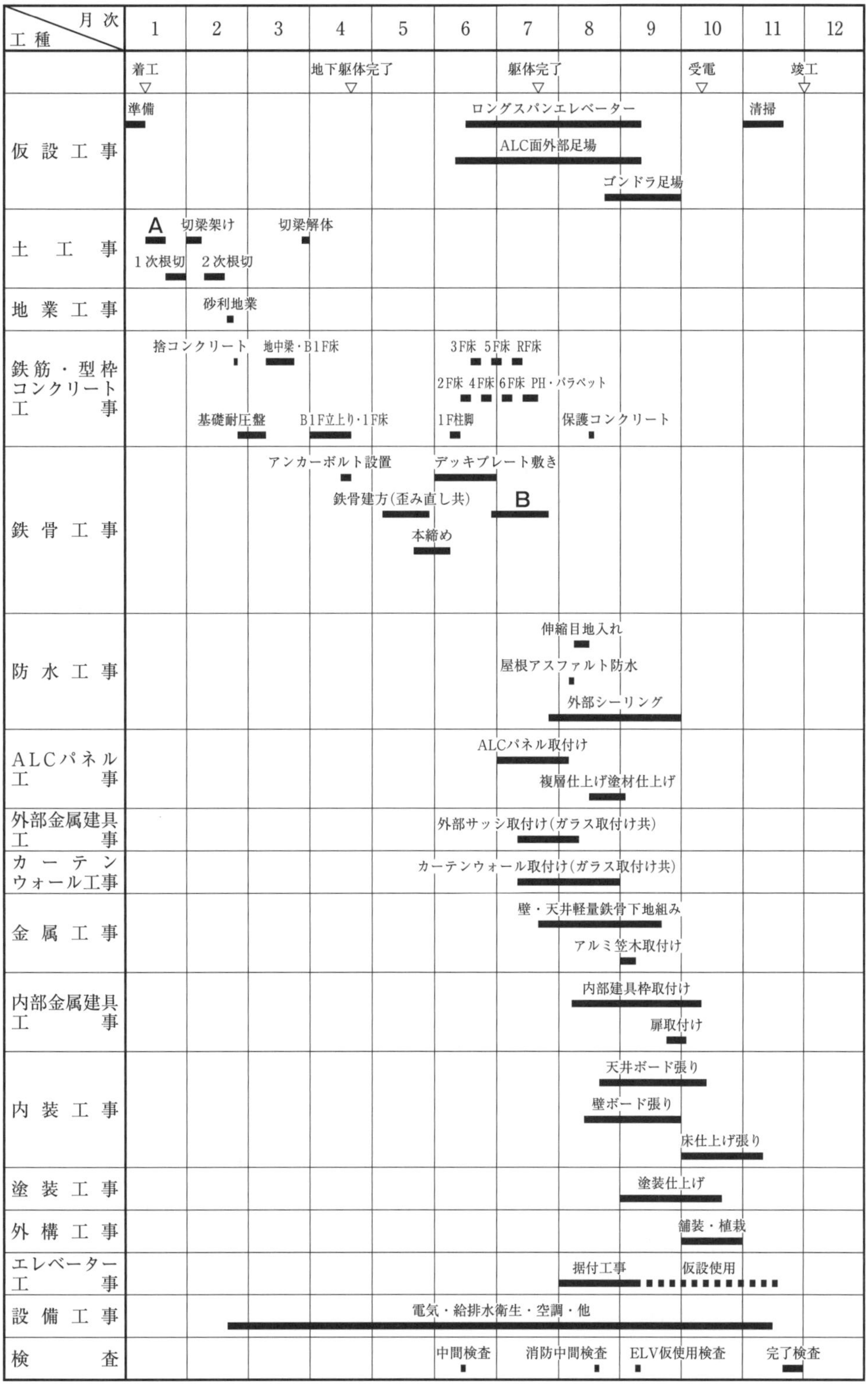

工種＼月次	1	2	3	4	5	6	7	8	9	10	11	12
	着工▽			地下躯体完了▽			躯体完了▽			受電▽		竣工▽
仮設工事	準備					ロングスパンエレベーター ALC面外部足場		ゴンドラ足場			清掃	
土工事	A 1次根切	切梁架け 2次根切	切梁解体									
地業工事		砂利地業										
鉄筋・型枠コンクリート工事		捨コンクリート 基礎耐圧盤	地中梁・B1F床	B1F立上り・1F床		3F床 2F床　4F床 1F柱脚	5F床　RF床 6F床　PH・パラペット	保護コンクリート				
鉄骨工事				アンカーボルト設置	鉄骨建方（歪み直し共） 本締め	デッキプレート敷き B						
防水工事							外部シーリング	伸縮目地入れ 屋根アスファルト防水				
ALCパネル工事							ALCパネル取付け	複層仕上げ塗材仕上げ				
外部金属建具工事							外部サッシ取付け（ガラス取付け共）					
カーテンウォール工事							カーテンウォール取付け（ガラス取付け共）					
金属工事							壁・天井軽量鉄骨下地組み		アルミ笠木取付け			
内部金属建具工事								内部建具枠取付け	扉取付け			
内装工事								天井ボード張り 壁ボード張り		床仕上げ張り		
塗装工事									塗装仕上げ			
外構工事										舗装・植栽		
エレベーター工事								据付工事	仮設使用			
設備工事		電気・給排水衛生・空調・他										
検査						中間検査		消防中間検査	ELV仮使用検査		完了検査	

（解答☞ p.251）

施工管理問題

平成 26 年度

【解答欄】

<table>
<tr><td rowspan="2">1.</td><td colspan="2">A に該当する作業名</td><td></td></tr>
<tr><td colspan="2">B に該当する作業名</td><td></td></tr>
<tr><td rowspan="2">2.</td><td colspan="2">最も不適当な作業名</td><td></td></tr>
<tr><td colspan="2">適当な工程となる終了日</td><td></td></tr>
<tr><td rowspan="2">3.</td><td rowspan="2">外壁室内側現場発泡断熱材吹付け</td><td>開始日</td><td></td></tr>
<tr><td>終了日</td><td></td></tr>
</table>

問題 5　市街地での共同住宅の建設工事における右に示す工程表に関し，次の 1．から 3．の問いに答えなさい。なお，**解答の旬日は，上旬，中旬，下旬**で記述しなさい。

〔工事概要〕

用　　　途：開放片廊下型共同住宅（バルコニー付き，トランクルームは地下 1 階とする。）

構造・規模：鉄筋コンクリート造地下 1 階，地上 5 階，塔屋 1 階建，延べ面積 3,000 m²とする。

基　　　礎：基礎はマット基礎とし，地下 1 階の床はマット基礎の上に湧水処理層形成材を敷き込みの上，床コンクリート直均し仕上げとする。

山　留　め：親杭横矢板，山留め壁自立工法とし，親杭は引き抜かないものとする。山留め壁は，地下外壁型枠兼用とする。

外壁仕上げ：モルタル下地の上，二丁掛タイル張りとし，建具はアルミニウム製とする。

屋 上 防 水：アスファルト防水の上，保護コンクリート仕上げとする。

バルコニー及び開放片廊下床仕上げ：化粧防水シート張りとし，排水溝回り及びサッシ取合い立上り部は，塗膜防水とする。

1. 表中の鉄筋・型枠・コンクリート工事の **A** 及び防水工事の **B** に該当する作業名をあげなさい。

2. 作業の終了日が工程上**最も不適当な作業名**を表の中より選び，適当な工程となるように，その**終了日**を月次と旬日で定めなさい。

3. 内装工事の**外壁室内側現場発泡断熱材吹付け**の作業工程は未記入となっている。適当な工程となるように，断熱材吹付け作業の**開始日**及び**終了日**の期日を月次と旬日で定めなさい。

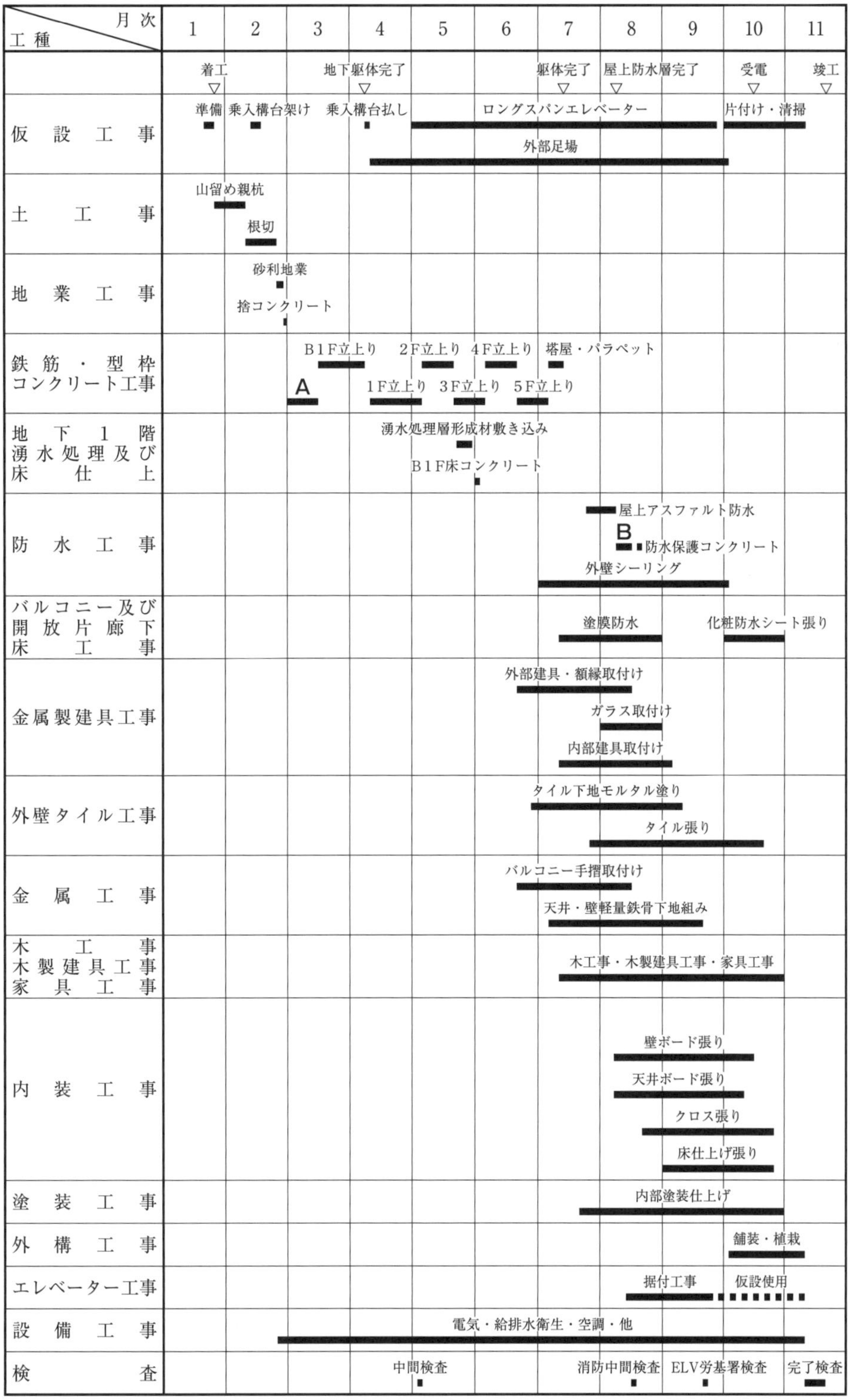

工種＼月次	1	2	3	4	5	6	7	8	9	10	11
	着工▽			地下躯体完了▽			躯体完了▽	屋上防水層完了▽		受電▽	竣工▽
仮設工事	準備	乗入構台架け		乗入構台払し 外部足場	ロングスパンエレベーター					片付け・清掃	
土工事	山留め親杭	根切									
地業工事			砂利地業 捨コンクリート								
鉄筋・型枠 コンクリート工事			A B1F立上り	1F立上り	2F立上り 3F立上り	4F立上り 5F立上り	塔屋・パラペット				
地下1階 湧水処理及び 床仕上					湧水処理層形成材敷き込み	B1F床コンクリート					
防水工事							屋上アスファルト防水 外壁シーリング	B 防水保護コンクリート			
バルコニー及び 開放片廊下 床工事							塗膜防水			化粧防水シート張り	
金属製建具工事						外部建具・額縁取付け	内部建具取付け	ガラス取付け			
外壁タイル工事						タイル下地モルタル塗り		タイル張り			
金属工事						バルコニー手摺取付け	天井・壁軽量鉄骨下地組み				
木工事 木製建具工事 家具工事							木工事・木製建具工事・家具工事				
内装工事								壁ボード張り 天井ボード張り クロス張り	床仕上げ張り		
塗装工事							内部塗装仕上げ				
外構工事										舗装・植栽	
エレベーター工事								据付工事		仮設使用	
設備工事			電気・給排水衛生・空調・他								
検査					中間検査			消防中間検査	ELV労基署検査		完了検査

（解答☞ p.252）

平成25年度

【解答欄】

1.	Aに該当する作業名		
	Bに該当する作業名		
2.	終了日が最も不適当な作業名		
	適当な工程となる終了日		
3.	内部建具取付け	開始日	
		終了日	

問題5 市街地での事務所ビルの建設工事における右に示す工程表に関し，次の問いに答えなさい。なお，**解答の旬日は，上旬，中旬，下旬**で記述しなさい。

〔工事概要〕

構造・規模：鉄筋コンクリート造地下1階，地上6階，塔屋1階，延べ面積3,000 m^2とする。

地　　業：アースドリル杭とする。

山 留 め：親杭横矢板・水平切梁工法で外部型枠兼用とし，親杭は引き抜かないものとする。

外壁仕上げ：コンクリート打ち放しの上，複層仕上塗材吹付け仕上げとし，アルミニウム製の横連窓建具とする。

屋上防水：アスファルト防水の上，保護コンクリート仕上げとする。

1. 表中の土工事の**A**及び杭地業工事の**B**に該当する作業名をあげなさい。
2. 作業の**終了日が工程上最も不適当な作業名**を表の中より選び，適当な工程となるようその**終了日**を月次と旬日で定めなさい。
3. 金属製建具工事の**内部建具取付け**作業の工程は未記入となっている。適当な工程となるように内部建具取付け作業の**開始日**及び**終了日**の期日を月次と旬日で定めなさい。

ヒント

1. 水平切梁工法とは何か？
   杭打ちの最後に行う作業は？
2. 外壁の施工順序を考える。
3. 内部建具を取付ける前に必要な作業と取付けなければできない作業を考える。

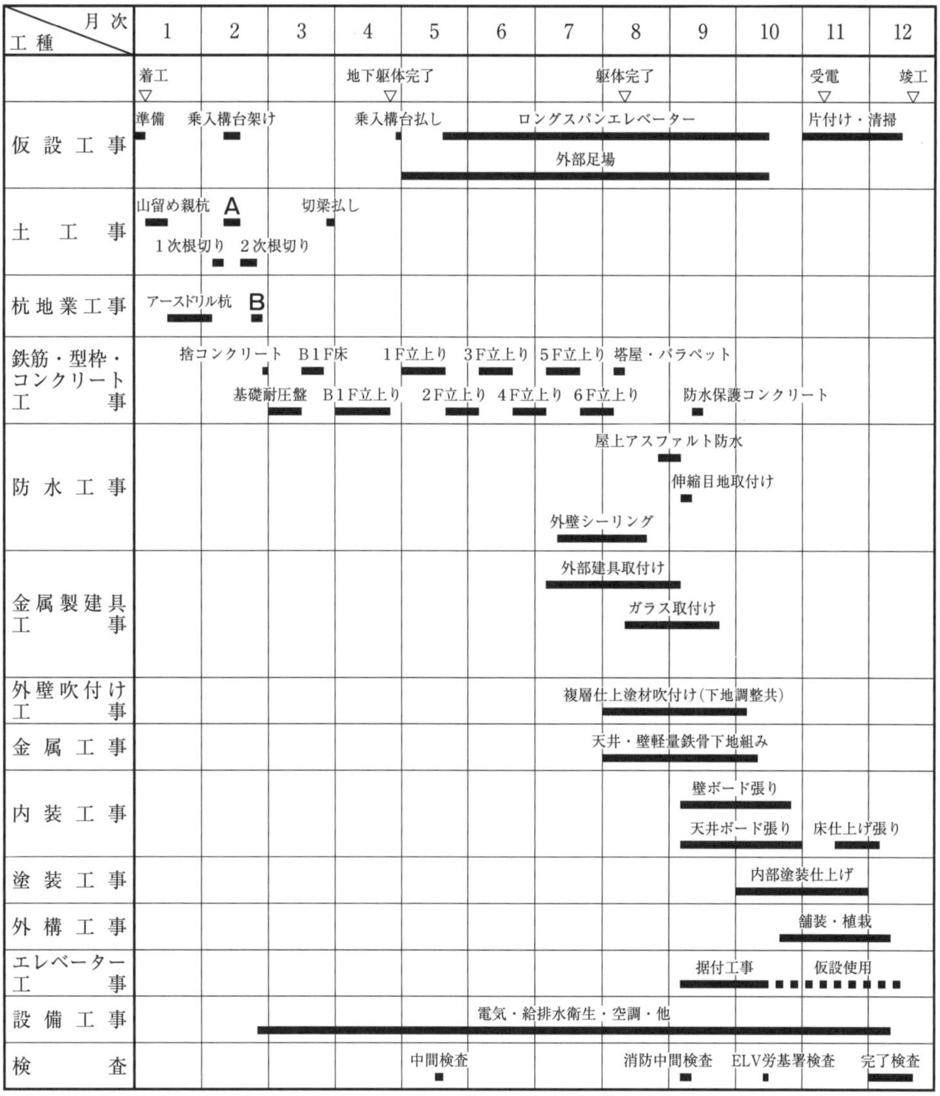

工種＼月次	1	2	3	4	5	6	7	8	9	10	11	12
	着工 ▽			地下躯体完了 ▽				躯体完了 ▽			受電 ▽	竣工 ▽
仮設工事	準備	乗入構台架け		乗入構台払し		ロングスパンエレベーター	外部足場				片付け・清掃	
土工事	山留め親杭 1次根切り	A 2次根切り	切梁払し									
杭地業工事	アースドリル杭	B										
鉄筋・型枠・コンクリート工事		捨コンクリート 基礎耐圧盤	B1F床 B1F立上り	1F立上り	2F立上り	3F立上り 4F立上り	5F立上り 6F立上り	塔屋・パラペット	防水保護コンクリート			
防水工事							外壁シーリング	屋上アスファルト防水	伸縮目地取付け			
金属製建具工事							外部建具取付け	ガラス取付け				
外壁吹付け工事								複層仕上塗材吹付け(下地調整共)				
金属工事								天井・壁軽量鉄骨下地組み				
内装工事									壁ボード張り 天井ボード張り		床仕上げ張り	
塗装工事										内部塗装仕上げ		
外構工事											舗装・植栽	
エレベーター工事									据付工事		仮設使用	
設備工事						電気・給排水衛生・空調・他						
検査					中間検査			消防中間検査		ELV労基署検査		完了検査

(解答☞ p.253)

2. 施工管理の問題の解答・解説

[平成4年度] 問題3

解答例

1.	作業内容 A1,B1	壁軽量鉄骨下地組立て
	作業内容 A6,B6	フリーアクセスフロア敷設
2.	総所要日数	25 日
3.	総所要日数	0 日
4.	あ	A5
	い	27

解　説

1. 作業 A1，B1 は，可動間仕切レール取付け（下地共）と建具枠取付けの前に行う作業であるから，**壁軽量鉄骨下地組立て**である。作業 A6，B6 は，タイルカーペット敷設，幅木張付けの前の作業であるので，**フリーアクセスフロア敷設**である。
2. クリティカルパスは，C1 → A1 → B1 → C2 → A3 → B3 → B4 → B5 → B6 → B7 → C3 であり，総所要日数は，1 + 2 + 2 + 3 + 2 + 3 + 3 + 3 + 2 + 2 + 2 = **25 日**である。
3. 作業 A4 のフリーフロートは，B4 の作業開始までに 1 日の余裕があるように見えるが，作業 A5 を始めるための余裕はないので，**0 日**が正解である。
4. 問題文より、作業 C2 の建具枠取付けは、B 工区を先行させ（この作業を C2-B とする。所要日数は 2 日)、次に作業 B3 の壁せっこうボード張りを行うこととなる。A 工区の建具枠取付け（この作業を C2-A とする。所要日数は 2 日）は、作業 B3 完了までに終了するので、変更後の内装工事工程表は、下記のようになる。

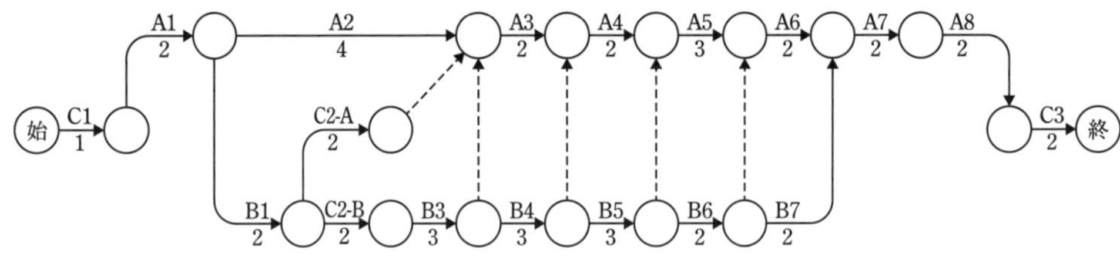

当初クリティカルパスでなかった作業 **A5** から作業 A8 までがクリティカルパスになり、㊕から㊎までの総所要日数は、1 + 2 + 2 + 2 + 3 + 3 + 3 + 3 + 2 + 2 + 2 + 2 = **27 日**となる。

施工管理 解答

［令和3年度］問題3

解答例

1.	作業内容 A4,B4	壁型枠組立て
	作業内容 A8,B8	床配筋
2.	フリーフロート	2日
3.	あ	3
	い	8
4.	総所要日数	24日

解　説

1. 作業A4,B4は，柱配筋・壁配筋・柱型枠建込み後の作業であるから，**壁型枠組立て**である。作業A8,B8は，梁配筋の後の作業であるので，**床配筋**である。
2. 問題文の条件から，作業A3,B3は，作業A2,B2の終了後に始めるので，6日目からの作業になる。したがって，作業A6の最早終了時刻は，5＋1＋5＋2＋3＝16日，作業B6の最早終了時刻は，5＋3＋1＋2＋3＝14日となり，作業B6のフローフロートは16－14＝**2日**である。
3. 作業B3の所要日数を短縮するには，必要総人数が14人なので，作業員を7人にすると所要日数が2日となり，1日短縮できる。同様に作業A4は，必要総人数が24人なので，作業員を8人にすると所要日数が3日となり，2日短縮できる。したがって，［あ］は，**3**，［い］は，**8**となる。
4. 作業A2の所要日数が3→2日，作業A3の所要日数が1→2日，作業A4の所要日数が5→3日になったことを考慮すると，クリティカルパスは，C1→A1→A2→A3（B3）→A4（B4）→A5（B5）→A6（B6）→A7（B7）→A8（B8）→A9（B9）→C2であり，総所要日数は，1＋1＋2＋2＋3＋2＋3＋4＋4＋1＋1＝**24日**である。

[令和2年度] 問題5

解答例

1.	作業内容	壁ビニルクロス張り
2.	フリーフロート	2日
3.	総所要日数	24日
	工事完了日	3月15日
4.	あ	3
	い	2

解　説

1. 壁せっこうボード張り・システム天井組立とフリーアクセスフロア敷設・タイルカーペット敷設・幅木張付けに挟まれた作業として考えられるのは，間仕切り壁の仕上げである。したがって，作業A4及び作業B4は，**壁ビニルクロス張り**である。
2. 作業A3の最早終了時刻は11日であり，作業B2の最早終了時刻は9日であるので，作業B2のフローフロートは11－9＝**2日**である。
3. クリティカルパスは，C1→A1→A2→A3→A4→A5→A6→B6→C2であり，総所要日数は，1＋3＋2＋5＋3＋4＋3＋2＋1＝**24日**である。工事を令和3年2月8日（月曜日）より開始すると，作業休止日が12日あることを考慮すると，工事完了日は，**3月15日**である。
4. 作業B2は，5人で3日間の作業であるが，2日のフリーフロートがあるので，5日間で作業することを考えると，5人×3日÷5日＝3人となる。作業B4は，並行している作業A5を考慮すると2日のフリーフロートがあるので，4日間で作業することを考えると，4人×2日÷4日＝2人となる。したがって，［あ］は，**3**，［い］は，**2**となる。

［令和元年度］問題5

解答例

1.	作業内容	柱の配筋
2.	フリーフロート	7日
3.	総所要日数	22日
	工事完了日	11月25日
4.	あ	A5
	い	3

解　説

1. 柱の配筋は，柱型枠の組立て（A3，B3）前に完了している必要がある。したがって，作業A2，B2は，**柱の配筋**である。
2. 作業A7の最早終了時刻が20日であり，作業B7の最早終了時刻が13日であるので，作業B7のフリーフロートは，20 − 13 = **7日**である。
3. クリティカルパスは，A1→A2→A3→A4→A5→A6→A7→C1→C2であり，総所要日数は，1 + 3 + 3 + 5 + 2 + 3 + 3 + 1 + 1 = **22日**である。工事を令和元年10月23日（水曜日）より開始すると，作業休止日が12日あることを考慮すると，工事完了日は，**11月25日**である。
4. 型枠作業班が1班しか手配できず，同じ工区の作業を続けて行う場合，作業**A5**が終了するまで，作業B3は開始できない。その場合，クリティカルパスは，A1→A2→A3→A4→A5→B3→B4→B5→B6→B7→C1→C2となり，総所要日数は，1 + 3 + 3 + 5 + 2 + 2 + 2 + 1 + 2 + 2 + 1 + 1 = 25日となり，工事完了日は，**3日**遅れる。

施工管理 解答

[平成30年度] 問題5

解答例

1.	作業内容	ソフト幅木取付け
2.	総所要日数	17日
	班数	1班
3.	あ	A3
	い	18
	う	1

解　説

1. **ソフト幅木取付け**は，タイルカーペット敷設後，建具の吊込み前に完了している必要がある。したがって，作業A8及び作業B8は，**ソフト幅木取付け**である。
2. クリティカルパスは，A1→B1→B2→B3→B4→B5→B6→B7→B8→Cであり，総所要日数は，1＋1＋2＋2＋3＋2＋2＋2＋1＋1＝**17日**である。作業A1と作業B1は連続している作業であるので，最低限手配すべき班数は，**1班**である。
3. 作業A3及び作業B3を担当する作業班が1班しか手配できないとすると，作業B3は，作業B2と作業**A3**が完了していないと開始できない。しがたって，クリティカルパスは，A1→A2→A3→B3→B4→B5→B6→B7→B8→Cとなり，総所要日数は，1＋2＋2＋2＋3＋2＋2＋2＋1＋1＝**18日**となる。また，作業B2のフリーフロートは**1日**となる。

[平成29年度] 問題5

解答例

1.	作業内容	柱の配筋
2.	作業名①	作業F
	日数②	0日
3.	総所要日数	23日
4.	日数③	3日
	作業名④	作業C

解　説

1. **柱の配筋**は，柱型枠の組立て（作業C）前に完了している必要がある。したがって，作業Bは，**柱の配筋**である。
2. 壁の配筋（作業E）は，壁片側型枠の組立て（作業D）後に始め，壁の返し型枠の組立て（**作業F**）前に完了している必要がある。したがって，壁の配筋（作業E）の余裕日数は**0日**である。
3. クリティカルパスは，A→B→E→F→G→H→I→J→Lであり，総所要日数は，1＋2＋5＋2＋3＋2＋4＋3＋1＝**23日**である。
4. 壁の無い部分の梁型枠（作業G2）は，柱型枠の組立て（**作業C**）後に始められる。また，壁の有る部分の梁型枠（作業G1）は，壁の返し型枠の組立て（作業F）後に行わなければならないので，総所要日数を元のとおりとするには，所要日数は，**3日**となる。

[平成 28 年度] 問題 5

解答例

1.	A に該当する作業名		アンカーボルト設置
	B に該当する作業名		床仕上げ
2.	最も不適当な作業名		屋根アスファルト防水
	適当な工程となる終了日		8月中旬
3.	2～5F 外部建具取付け	開始日	7月下旬
		終了日	8月中旬

解 説

1. A は鉄骨工事であり，B1F 鉄骨建方の前に行う作業である。したがって，**アンカーボルト設置**である。

   B は内装工事であり，最後に行う作業である。したがって，**床仕上げ**である。

2. **屋根アスファルト防水**は，内装工事が始まる前に終了していなくてはならない。したがって，屋根アスファルト防水の終了日は，**8 月中旬**となる。

3. 2～5F 外部建具取付けの開始日は，PC カーテンウォール取付けが進み始めた**7 月下旬**から開始し，外部シーリングが進む**8 月中旬**までに終了していなくてはならない。

［平成27年度］問題5

解答例

<table>
<tr><td rowspan="2">1.</td><td colspan="2">Aに該当する作業名</td><td>山留め親杭打ち</td></tr>
<tr><td colspan="2">Bに該当する作業名</td><td>耐火被覆</td></tr>
<tr><td rowspan="2">2.</td><td colspan="2">最も不適当な作業名</td><td>内部建具枠取付け</td></tr>
<tr><td colspan="2">適当な工程となる終了日</td><td>9月中旬</td></tr>
<tr><td rowspan="2">3.</td><td rowspan="2">梁上の頭付きスタッドの溶接</td><td>開始日</td><td>6月上旬</td></tr>
<tr><td>終了日</td><td>7月上旬</td></tr>
</table>

解　説

1. Aは土工事であり，1次根切り前の作業であるので，山留めである。この工事の山留めは親杭横矢板水平切梁工法であるので，**山留め親杭打ち** が該当する。
   Bは鉄骨工事であり，鉄骨工事の最後に行う作業は，**耐火被覆** である。
2. 内部金属建具工事の **内部建具枠取付け** である。内部建具枠取付け，扉取付けおよび壁ボード張り完了前に完了させなければならない。したがって，内部建具枠取付けの終了日は **9月中旬** となる。
3. 鉄骨工事の梁上の頭付きスタッドの溶接は，デッキプレート敷きの次に行い，床工事の前に終わらせる作業であるので，**6月上旬** に開始し，**7月上旬** には終了させなければならない。

［平成 26 年度］問題 5

解答例

<table>
<tr><td rowspan="2">1.</td><td colspan="2">Aに該当する作業名</td><td>マット基礎</td></tr>
<tr><td colspan="2">Bに該当する作業名</td><td>伸縮目地取付け</td></tr>
<tr><td rowspan="2">2.</td><td colspan="2">最も不適当な作業名</td><td>タイル張り</td></tr>
<tr><td colspan="2">適当な工程となる終了日</td><td>9月下旬</td></tr>
<tr><td rowspan="2">3.</td><td rowspan="2">外壁室内側現場発泡断熱材吹付け</td><td>開始日</td><td>7月中旬</td></tr>
<tr><td>終了日</td><td>9月中旬</td></tr>
</table>

解　説

1. Aは，B1F立上り躯体工事の前の作業であるので，B1F床工事を含めた基礎工事となる。この工事の基礎はマット基礎であるので，**マット基礎** が該当する。
   Bは，防水工事の屋上アスファルト防水が完了して，コンクリート工事の，防水保護コンクリートを打設するまでの工事であるため，**伸縮目地取付け** が該当する。
2. 外部タイル工事の，**タイル張り** である。タイル張り工事は，外部足場解体および外壁シーリング工事完了前に完了させなければならない。したがって，タイル張り工事の終了日は，**9月下旬** となる。
3. 内装工事の外壁室内側現場発泡断熱材吹付けは，外部建具・額縁取付けが終わり，壁ボード張りの前に行う作業であるので，**7月中旬** に開始し，**9月中旬** には終了させなければならない。

［平成25年度］問題5

解答例

<table>
<tr><td rowspan="2">1.</td><td colspan="2">Aに該当する作業名</td><td>切梁架け</td></tr>
<tr><td colspan="2">Bに該当する作業名</td><td>杭頭処理</td></tr>
<tr><td rowspan="2">2.</td><td colspan="2">終了日が最も不適当な作業名</td><td>外壁シーリング</td></tr>
<tr><td colspan="2">適当な工程となる終了日</td><td>9月下旬</td></tr>
<tr><td rowspan="2">3.</td><td rowspan="2">内部建具取付け</td><td>開始日</td><td>8月中旬</td></tr>
<tr><td>終了日</td><td>10月上旬</td></tr>
</table>

解　説

1. Aは土工事であり，「山留め親杭」と「切梁払し」の間で行う作業であるので，**切梁架け** である。
   Bは杭地業工事であり，杭地業工事の最後に行う作業は，**杭頭処理** である。
2. **外壁シーリング** は，外部建具取付けを終えて，外壁吹付け工事に着手する前までに行うので，その終了日は **9月下旬** となる。
3. 金属製内部建具取付け作業は，取付け箇所の壁・天井軽量鉄骨下地組みが終わり，壁ボード張りに着手する前までに完了させなければならないので，**8月中旬** に開始し，**10月上旬** までには，終了していなければならない。

第6章

法　規

新制度となった令和３年度からも出題傾向は変わっていません。

「建設業法」、「建築基準法」、「労働安全衛生法」を復習しておくことが必要です。

6・1　法規の試験内容の分析

直近10年間の法規の出題内容

分類	出題内容	年度{令和：R 平成：H}	R 4年	R 3年	R 2年	R 元年	H 30年	H 29年	H 28年	H 27年	H 26年	H 25年
建設業法	第4条	附帯工事										
	第19条の2	現場代理人の選任等に関する通知										
	第20条	建設工事の見積り等					○			○		
	第24条	請負契約とみなす場合		○								
	第24条の4	検査及び引渡し			○						○	
	第24条の6	特定建設業者の下請代金の支払期日等	○									○
	第24条の7	下請負人に対する特定建設業者の指導等										
	第24条の8	施工体制台帳及び施工体系図の作成等						○				
	第26条	主任技術者及び監理技術者の設置等				○			○			
建築基準法施行令	第136条の2の20	仮囲い					○			○		
	第136条の3	根切り工事，山留め工事等を行う場合の危害の防止			○			○				
	第136条の5	落下物に対する防護	○			○					○	○
	第136条の6	建て方		○					○			
労働安全衛生法	第3条	事業者等の責務					○					
	第10条	総括安全衛生管理者			○							
	第29条	元方事業者の講ずべき措置等		○								
	第29条の2	建設業の元方事業者の講ずべき措置等	○							○		
	第30条	特定元方事業者等の講ずべき措置				○					○	
	第59条	安全衛生教育										
	第60条	安全衛生教育						○				○
	第66条	健康診断							○			

6・2　直近10年間の法規の問題と解答

1. 法規の問題〈毎年度〉

令和4年度

【解答欄】

問い番号	番号	記号	正しい語句
1.	①		
	②		
2.	③		
	④		
3.	⑤		
	⑥		

問題6　次の1. から3. の各法文において，[　　] に当てはまる**正しい語句又は数値**を，下の該当する枠内から**1つ**選びなさい。

1. 建設業法（特定建設業者の下請代金の支払期日等）

第24条の6　特定建設業者が [①] となった下請契約（下請契約における請負人が特定建設業者又は資本金額が政令で定める金額以上の法人であるものを除く。以下この条において同じ。）における下請代金の支払期日は，第24条の4第2項の申出の日（同項ただし書の場合にあっては，その一定の日。以下この条において同じ。）から起算して [②] 日を経過する日以前において，かつ，できる限り短い期間内において定められなければならない。

2（略）

3（略）

4（略）

①	① 注文者	② 発注者	③ 依頼者	④ 事業者	⑤ 受注者

②	① 20	② 30	③ 40	④ 50	⑤ 60

2. 建築基準法施行令（落下物に対する防護）

第136条の5（略）

2　建築工事等を行なう場合において，建築のための工事をする部分が工事現場の境界線から水平距離が [③] m以内で，かつ，地盤面から高さが [④] m以上にあるとき，その他はつり，除却，外壁の修繕等に伴う落下物によって工事現場の周辺に危害を生ずるおそれがあるときは，国土交通大臣の定める基準に従って，工事現場の周囲その他危害防止上必要な部分を鉄網又は帆布でおおう等落下物による危害を防止するための措置を講じなければならない。

③	①3	②4	③5	④6	⑤7

④	①3	②4	③5	④6	⑤7

3. 労働安全衛生法（元方事業者の講ずべき措置等）

第29条の2　建設業に属する事業の元方事業者は，土砂等が崩壊するおそれのある場所，機械等が転倒するおそれのある場所その他の厚生労働省令で定める場所において関係請負人の労働者が当該事業の仕事の作業を行うときは，当該関係請負人が講ずべき当該場所に係る［⑤］を防止するための措置が適正に講ぜられるように，［⑥］上の指導その他の必要な措置を講じなければならない。

⑤	①破損	②損壊	③危険	④労働災害	⑤事故

⑥	①教育	②技術	③施工	④作業	⑤安全

（解答☞ p.271）

令和 3 年度

【解答欄】

問い番号	番号	記号	正しい語句
1.	①		
	②		
2.	③		
	④		
3.	⑤		
	⑥		

問題 6　次の 1. から 3. の各法文において，［　　］に**当てはまる正しい語句**を，下の該当する枠内から **1 つ**選びなさい。

1. 建設業法（請負契約とみなす場合）

第 24 条　委託その他いかなる［ ① ］をもってするかを問わず，［ ② ］を得て建設工事の完成を目的として締結する契約は，建設工事の請負契約とみなして，この法律の規定を適用する。

①	① 業務	② 許可	③ 立場	④ 名義	⑤ 資格

②	① 報酬	② 利益	③ 許可	④ 承認	⑤ 信用

2. 建築基準法施行令（建て方）

第 136 条の 6　建築物の建て方を行なうに当たっては，仮筋かいを取り付ける等荷重又は外力による［ ③ ］を防止するための措置を講じなければならない。

2　鉄骨造の建築物の建て方の［ ④ ］は，荷重及び外力に対して安全なものとしなければならない。

③	① 事故	② 災害	③ 変形	④ 傾倒	⑤ 倒壊

④	① ワイヤロープ	② 仮筋かい	③ 仮締	④ 本締	⑤ 手順

3. 労働安全衛生法（元方事業者の講ずべき措置等）

第29条　元方事業者は，関係請負人及び関係請負人の労働者が，当該仕事に関し，この法律又はこれに基づく命令の規定に違反しないよう必要な［⑤］を行なわなければならない。

2　元方事業者は，関係請負人又は関係請負人の労働者が，当該仕事に関し，この法律又はこれに基づく命令の規定に違反していると認めるときは，［⑥］のため必要な指示を行なわなければならない。

3（略）

⑤	① 説明	② 教育	③ 指導	④ 注意喚起	⑤ 契約

⑥	① 衛生	② 是正	③ 改善	④ 安全	⑤ 健康

（解答☞ p.272）

令和２年度

【解答欄】

1.	①	
	②	
2.	③	
	④	
3.	⑤	
	⑥	

問題６　次の1.から3.の問いに答えなさい。

1.「建設業法」に基づく建設工事の完成を確認するための検査及び引渡しに関する次の文章において，［　］に**当てはまる語句又は数値**を記入しなさい。

元請負人は，下請負人からその請け負った建設工事が完成した旨の通知を受けたときは，当該通知を受けた日から［①］日以内で，かつ，できる限り短い期間内に，その完成を確認するための検査を完了しなければならない。

元請負人は，前項の検査によって建設工事の完成を確認した後，下請負人が申し出たときは，直ちに，当該建設工事の目的物の引渡しを受けなければならない。ただし，下請契約において定められた工事完成の時期から［①］日を経過した日以前の一定の日に引渡しを受ける旨の［②］がされている場合には，この限りでない。

2.「建築基準法施行令」に基づく山留め工事等を行う場合の危害の防止に関する次の文章において，［　］に**当てはまる語句**を記入しなさい。

建築工事等における根切り及び山留めについては，その工事の施工中必要に応じて［③］を行ない，山留めを補強し，排水を適当に行なう等これを安全な状態に維持するための措置を講ずるとともに，矢板等の抜取りに際しては，周辺の地盤の［④］による危害を防止するための措置を講じなければならない。

3.「労働安全衛生法」に基づく総括安全衛生管理者に関する次の文章において，［　］に**当てはまる語句**を記入しなさい。

事業者は，政令で定める規模の事業場ごとに，厚生労働省令で定めるところにより，総括安全衛生管理者を選任し，その者に安全管理者，衛生管理者又は第二十五条の二第二項の規定により技術的事項を管理する者の指揮をさせるとともに，次の業務を総括管理させなければならない。

一　労働者の［⑤］又は健康障害を防止するための措置に関すること。

二　労働者の安全又は衛生のための［⑥］の実施に関すること。

三　健康診断の実施その他健康の保持増進のための措置に関すること。

問法
題規

四 労働災害の原因の調査及び再発防止対策に関すること。

五 前各号に掲げるもののほか，労働災害を防止するため必要な業務で，厚生労働省令で定めるもの

（解答☞ p.273）

令和元年度

【解答欄】

1.	①	
	②	
2.	③	
	④	
3.	⑤	
	⑥	

問題6　次の1. から3. の問いに答えなさい。

1.「建設業法」に基づく主任技術者及び監理技術者の職務等に関する次の文章において，□に**当てはまる語句**を記入しなさい。

主任技術者及び監理技術者は，工事現場における建設工事を適正に実施するため，当該建設工事の［①］の作成，工程管理，品質管理その他の技術上の管理及び当該建設工事の施工に従事する者の技術上の［②］の職務を誠実に行わなければならない。

2.「建築基準法施行令」に基づく落下物に対する防護に関する次の文章において，□に**当てはまる語句又は数値**を記入しなさい。

建築工事等を行なう場合において，建築のための工事をする部分が工事現場の境界線から水平距離が［③］m以内で，かつ，地盤面から高さが7m以上にあるとき，その他はつり，除却，外壁の修繕等に伴う落下物によって工事現場の周辺に危害を生ずるおそれがあるときは，国土交通大臣の定める基準に従って，工事現場の周囲その他危害防止上必要な部分を［④］又は帆布でおおう等落下物による危害を防止するための措置を講じなければならない。

3.「労働安全衛生法」に基づく特定元方事業者等の講ずべき措置に関する次の文章において，□に**当てはまる語句**を記入しなさい。

特定元方事業者は，その労働者及び関係請負人の労働者の作業が同一の場所において行われることによって生ずる［⑤］を防止するため，［⑥］の設置及び運営を行うこと，作業間の連絡及び調整を行うこと，作業場所を巡視すること，関係請負人が行う労働者の安全又は衛生のための教育に関する指導及び援助を行うこと等に関する必要な措置を講じなければならない。

（解答☞ p.275）

平成 30 年度

【解答欄】

1.	①	
	②	
2.	③	
	④	
3.	⑤	
	⑥	

問題 6 次の 1. から 3. の問いに答えなさい。

1. 「建設業法」に基づく建設工事の見積り等に関する次の文章において，[ ] に**当てはまる語句**を記入しなさい。

建設業者は，建設工事の [①] を締結するに際して，工事内容に応じ，工事の種別ごとに材料費，労務費その他の [②] の内訳を明らかにして，建設工事の見積りを行うよう努めなければならない。

2. 「建築基準法施行令」に基づく仮囲いに関する次の文章において，[ ] に**当てはまる語句又は数値**を記入しなさい。

木造の建築物で高さが 13 m 若しくは軒の高さが 9 m を超えるもの又は木造以外の建築物で [③] 以上の階数を有するものについて，建築，修繕，模様替又は除却のための工事を行う場合においては，工事期間中工事現場の周囲にその地盤面（その地盤面が工事現場の周辺の地盤面より [④] 場合においては，工事現場の周辺の地盤面）からの高さが 1.8 m 以上の板塀その他これに類する仮囲いを設けなければならない。ただし，これらと同等以上の効力を有する他の囲いがある場合又は工事現場の周辺若しくは工事の状況により危害防止上支障がない場合においては，この限りでない。

3. 「労働安全衛生法」に基づく事業者等の責務に関する次の文章において，[ ] に**当てはまる語句**を記入しなさい。

建設工事の注文者等仕事を他人に請け負わせる者は，施工方法，[⑤] 等について，安全で衛生的な作業の遂行をそこなうおそれのある [⑥] を附さないように配慮しなければならない。

（解答☞ p.277）

平成29年度

【解答欄】

1.	①	
	②	
2.	③	
	④	
3.	⑤	
	⑥	

問題6　次の1. から3. の問いに答えなさい。

1. 「建設業法」に基づく元請負人の義務に関する次の文章において，［　　］に**当てはまる語句**を記入しなさい。

　特定建設業者は，国土交通省令で定めるところにより，当該建設工事における各下請負人の施工の［ ① ］関係を表示した，［ ② ］を作成し，これを当該工事現場の見やすい場所に掲げなければならない。

2. 「建築基準法施行令」に基づく工事現場の危害の防止に関する次の文章において，［　　］に**当てはまる語句**を記入しなさい。

　建築工事等における根切り及び山留めについては，その工事の施工中必要に応じて点検を行ない，山留めを補強し，［ ③ ］を適当に行なう等これを安全な状態に維持するための措置を講ずるとともに，矢板等の抜取りに際しては，周辺の地盤の［ ④ ］による危害を防止するための措置を講じなければならない。

3. 「労働安全衛生法」に基づく労働者の就業に当たっての措置に関する次の文章において，［　　］に**当てはまる語句**を記入しなさい。

　事業者は，その事業場が建設業に該当するときは，新たに職務につくこととなった職長その他の作業中の労働者を直接［ ⑤ ］又は監督する者（作業主任者を除く。）に対し，次の事項について，厚生労働省令で定めるところにより，安全又は衛生のための教育を行なわなければならない。

　一　作業方法の決定及び労働者の配置に関すること

　二　労働者に対する［ ⑤ ］又は監督の方法に関すること

　三　前二号に掲げるもののほか，［ ⑥ ］を防止するため必要な事項で，厚生労働省令で定めるもの

（解答☞ p.278）

平成 28 年度

【解答欄】

1.	①	
	②	
2.	③	
	④	
3.	⑤	
	⑥	

問題6 次の1. から3. の問いに答えなさい。

1. 「建設業法」に基づく主任技術者及び監理技術者に関する次の文章において，[ ]**にあてはまる語句**を記述しなさい。

主任技術者及び監理技術者は，工事現場における建設工事を適正に実施するため，当該建設工事の[①]の作成，[②]，品質管理その他の技術上の管理及び当該建設工事の施工に従事する者の技術上の指導監督の職務を誠実に行わなければならない。

2. 「建築基準法施行令」に基づく建て方に関する次の文章において，[ ]**にあてはまる語句**を記述しなさい。

建築物の建て方を行なうに当たっては，[③]を取り付ける等荷重又は外力による[④]を防止するための措置を講じなければならない。

3. 「労働安全衛生法」に基づく健康診断に関する次の文章において，[ ]**にあてはまる語句**を記述しなさい。

事業者は，[⑤]な業務で，政令で定めるものに従事する労働者に対し，厚生労働省令で定めるところにより，[⑥]による特別の項目についての健康診断を行なわなければならない。

（解答☞ p.280）

平成27年度

【解答欄】

1.	①	
	②	
2.	③	
	④	
3.	⑤	
	⑥	

問題6　次の1. から3. の問いに答えなさい。

1. 「建設業法」に基づく建設工事の請負契約に関する次の文章において，［　　］に**あてはまる語句**を記述しなさい。

　建設業者は，建設工事の請負契約を締結するに際して，工事内容に応じ，工事の種別ごとに材料費，労務費その他の［ ① ］の内訳を明らかにして，建設工事の見積りを行うよう努めなければならない。

　建設業者は，建設工事の［ ② ］から請求があったときは，請負契約が成立するまでの間に，建設工事の見積書を提示しなければならない。

2. 「建築基準法施行令」に基づく工事現場の危害の防止に関する次の文章において，［　　］に**あてはまる語句又は数値**を記述しなさい。

　木造の建築物で高さが13 m若しくは［ ③ ］が9 mを超えるもの又は木造以外の建築物で2以上の階数を有するものについて，建築，修繕，模様替又は除却のための工事を行う場合においては，工事期間中工事現場の周囲にその地盤面（その地盤面が工事現場の周辺の地盤面より低い場合においては，工事現場の周辺の地盤面）からの高さが［ ④ ］m以上の板塀その他これに類する仮囲いを設けなければならない。

　ただし，これらと同等以上の効力を有する他の囲いがある場合又は工事現場の周辺若しくは工事の状況により危害防止上支障がない場合においては，この限りでない。

3. 「労働安全衛生法」に基づく元方事業者の講ずべき措置等に関する次の文章において，［　　］に**あてはまる語句**を記述しなさい。

　建設業に属する事業の元方事業者は，土砂等が崩壊するおそれのある場所，機械等が転倒するおそれのある場所その他の厚生労働省令で定める場所において［ ⑤ ］の労働者が当該事業の仕事の作業を行うときは，当該［ ⑤ ］が講ずべき当該場所に係る危険を防止するための措置が適正に講ぜられるように，技術上の［ ⑥ ］その他の必要な措置を講じなければならない。

（解答☞ p.281）

平成 26 年度

【解答欄】

1.	①	
	②	
2.	③	
	④	
3.	⑤	
	⑥	

問題 6 次の 1. から 3. の問いに答えなさい。

1. 「建設業法」に基づく建設工事の完成を確認するための検査及び引渡しに関する次の文章において，［　　］に**当てはまる語句又は数値**を記入しなさい。

　元請負人は，下請負人からその請け負った建設工事が完成した旨の通知を受けたときは，当該通知を受けた日から［　①　］日以内で，かつ，できる限り短い期間内に，その完成を確認するための検査を完了しなければならない。

　元請負人は，検査によって建設工事の完成を確認した後，下請負人が申し出たときは，直ちに，当該建設工事の目的物の引渡しを受けなければならない。ただし，［　②　］において定められた工事完成の時期から［　①　］日を経過した日以前の一定の日に引渡しを受ける旨の特約がされている場合には，この限りでない。

2. 「建築基準法施行令」に基づく落下物に対する防護に関する次の文章において，［　　］に**当てはまる語句又は数値**を記入しなさい。

　建築工事等において工事現場の境界線からの水平距離が 5 m 以内で，かつ，地盤面からの高さが［　③　］m 以上の場所からくず，ごみその他飛散するおそれのある物を投下する場合においては，［　④　］を用いる等当該くず，ごみ等が工事現場の周辺に飛散することを防止するための措置を講じなければならない。

3. 「労働安全衛生法」に基づく特定元方事業者の講ずべき措置等に関する次の文章において，［　　］に**当てはまる語句**を記入しなさい。

　特定元方事業者は，その労働者及び関係請負人の労働者の作業が［　⑤　］の場所において行われることによって生ずる労働災害を防止するため，［　⑥　］の設置及び運営を行うこと，作業間の連絡及び調整を行うこと，作業場所を巡視すること，関係請負人が行う労働者の安全又は衛生のための教育に関する指導及び援助を行うこと等に関する必要な措置を講じなければならない。

（解答☞ p.282）

平成25年度

【解答欄】

1.	①	
	②	
2.	③	
	④	
3.	⑤	
	⑥	

問題6　次の1. から3. の問いに答えなさい。

1. 「建設業法」に基づく特定建設業者の下請代金の支払期日等に関する次の文章において，［　　］に**当てはまる語句**を記入しなさい。

　特定建設業者が［①］となった下請契約（下請契約における請負人が特定建設業者又は資本金額が4,000万円以上の法人であるものを除く。）における下請代金の支払期日は，下請負人からその請け負った建設工事の完成した旨の通知を受け，検査によって建設工事の完成を確認した後，下請負人が当該建設工事の引渡しを申し出た日（下請契約において定められた工事完成の時期から20日を経過した日以前の一定の日に引渡しを受ける旨の特約がされている場合にあっては，その一定の日。）から起算して［②］日を経過する日以前において，かつ，できる限り短い期間内において定められなければならない。

2. 「建築基準法施行令」に基づく落下物に対する防護に関する次の文章において，［　　］に**当てはまる語句**を記入しなさい。

　建築工事を行なう場合において，建築のための工事をする部分が工事現場の境界線から水平距離が5m以内で，かつ，地盤面から高さが［③］m以上にあるとき，その他はつり，除却，外壁の修繕等に伴う落下物によって工事現場の周辺に危害を生ずるおそれがあるときは，国土交通大臣の定める基準に従って，工事現場の周囲その他危害防止上必要な部分を鉄網又は［④］でおおう等落下物による危害を防止するための措置を講じなければならない。

3. 「労働安全衛生法」に基づく労働者の就労に当たっての措置に関する次の文章において，［　　］に**当てはまる語句**を記入しなさい。

　建設業に該当する事業者は，その事業場に新たにつくことになった職長その他の作業中の労働者を直接指導又は監督する者（作業主任者を除く。）に対して，次の事項について厚生労働省令で定めるところにより，安全又は衛生のための教育を行なわなければならない。

1 作業方法の決定及び労働者の ⑤ に関すること。

2 労働者に対する指導又は監督の方法に関すること。

3 1及び2に掲げるもののほか， ⑥ を防止するため必要な事項で，厚生労働省令で定めるもの。

（解答☞ p.284）

2. 法規の問題の解答・解説

［令和４年度］問題６

解　答

問い番号	番号	記号	正しい語句
1.	①	①	注文者
	②	④	50
2.	③	③	5
	④	⑤	7
3.	⑤	③	危険
	⑥	②	技術

解　説

1.　建設業法／特定建設業者の下請代金の支払期日等

第24条の6　特定建設業者が**注文者**となった下請契約（下請契約における請負人が特定建設業者又は資本金額が政令で定める金額以上の法人であるものを除く。以下この条において同じ。）における下請代金の支払期日は，第24条の4第2項の申出の日（同項ただし書の場合にあっては，その一定の日。以下この条において同じ。）から起算して**50**日を経過する日以前において，かつ，できる限り短い期間内において定められなければならない。

2.　建築基準法施行令／落下物に対する防護

第136条の5　（略）

2　建築工事等を行う場合において，建築のための工事をする部分が工事現場の境界線から水平距離が**5** m以内で，かつ，地盤面から高さが**7** m以上にあるとき，その他はつり，除却，外壁の修繕等に伴う落下物によって工事現場の周辺に危害を生ずるおそれがあるときは，国土交通大臣の定める基準に従って，工事現場の周囲その他危害防止上必要な部分を鉄網又は帆布でおおう等落下物による危害を防止するための措置を講じなければならない。

3.　労働安全衛生法／元方事業者の講ずべき措置等

第29条の2　建設業に属する事業の元方事業者は，土砂等が崩壊するおそれのある場所，機械等が転倒するおそれのある場所その他の厚生労働省令で定める場所において関係請負人の労働者が当該事業の仕事の作業を行うときは，当該関係請負人が講ずべき当該場所に係る**危険**を防止するための措置が適正に講ぜられるように，**技術**上の指導その他の必要な措置を講じなければならない。

【令和3年度】問題6

解 答

問い番号	番号	記号	正しい語句
1.	①	④	名義
	②	①	報酬
2.	③	⑤	倒壊
	④	③	仮締
3.	⑤	③	指導
	⑥	②	是正

解 説

1. 建設業法／請負契約とみなす場合

第24条 委託その他いかなる**名義**をもってするかを問わず，**報酬**を得て建設工事の完成を目的として締結する契約は，建設工事の請負契約とみなして，この法律の規定を適用する。

2. 建築基準法施行令／建て方

第136条の6 建築物の建て方を行なうに当たっては，仮筋かいを取り付ける等荷重又は外力による**倒壊**を防止するための措置を講じなければならない。

2 鉄骨造の建築物の建て方の**仮締**は，荷重及び外力に対して安全なものとしなければならない。

3. 労働安全衛生法／元方事業者の講ずべき措置等

第29条 元方事業者は，関係請負人及び関係請負人の労働者が，当該仕事に関し，この法律又はこれに基づく命令の規定に違反しないよう必要な**指導**を行なわなければならない。

2 元方事業者は，関係請負人又は関係請負人の労働者が，当該仕事に関し，この法律又はこれに基づく命令の規定に違反していると認めるときは，**是正**のため必要な指示を行なわなければならない。

3 (略)

【令和2年度】問題6

解 答

1.	①	20
	②	特約
2.	③	点検
	④	沈下
3.	⑤	危険
	⑥	教育

解 説

1. 建設業法／検査及び引渡し

第24条の4 元請負人は，下請負人からその請け負った建設工事が完成した旨の通知を受けたときは，当該通知を受けた日から20日以内で，かつ，できる限り短い期間内に，その完成を確認するための検査を完了しなければならない。

2 元請負人は，前項の検査によって建設工事の完成を確認した後，下請負人が申し出たときは，直ちに，当該建設工事の目的物の引渡しを受けなければならない。ただし，下請契約において定められた工事完成の時期から20日を経過した日以前の一定の日に引渡しを受ける旨の**特約**がされている場合には，この限りでない。

2. 建築基準法施行令／根切り工事，山留め工事等を行う場合の危害の防止

第136条の3（略）

6 建築工事等における根切り及び山留めについては，その工事の施工中必要に応じて**点検**を行ない，山留めを補強し，排水を適当に行なう等これを安全な状態に維持するための措置を講ずるとともに，矢板等の抜取りに際しては，周辺の地盤の**沈下**による危害を防止するための措置を講じなければならない。

3. 労働安全衛生法／総括安全衛生管理者

第10条 事業者は，政令で定める規模の事業場ごとに，厚生労働省令で定めるところにより，総括安全衛生管理者を選任し，その者に安全管理者，衛生管理者又は第25条の2第2項の規定により技術的事項を管理する者の指揮をさせるとともに，次の業務を統括管理させなければならない。

一 労働者の**危険**又は健康障害を防止するための措置に関すること。

二 労働者の安全又は衛生のための**教育**の実施に関すること。

三 健康診断の実施その他健康の保持増進のための措置に関すること。

四 労働災害の原因の調査及び再発防止対策に関すること。

五 前各号に掲げるもののほか，労働災害を防止するため必要な業務で，厚生労働省令で定めるもの

【令和元年度】問題6

解　答

1.	①	施工計画
	②	指導監督
2.	③	5
	④	鉄網
3.	⑤	労働災害
	⑥	協議組織

解　説

1.　建設業法／主任技術者及び監理技術者の職務等

第26条の3　主任技術者及び監理技術者は，工事現場における建設工事を適正に実施するため，当該建設工事の **施工計画** の作成，工程管理，品質管理その他の技術上の管理及び当該建設工事の施工に従事する者の技術上の **指導監督** の職務を誠実に行わなければならない。

2.　建築基準法施行令／落下物に対する防護

第136条の5　建築工事等において工事現場の境界線からの水平距離が5メートル以内で，かつ，地盤面からの高さが3メートル以上の場所からくず，ごみその他飛散するおそれのある物を投下する場合においては，ダストシュートを用いる等当該くず，ごみ等が工事現場の周辺に飛散することを防止するための措置を講じなければならない。

2　建築工事等を行う場合において，建築のための工事をする部分が工事現場の境界線から水平距離が **5** メートル以内で，かつ，地盤面から高さが7メートル以上にあるとき，その他はつり，除却，外壁の修繕等に伴う落下物によつて工事現場の周辺に危害を生ずるおそれがあるときは，国土交通大臣の定める基準に従つて，工事現場の周囲その他危害防止上必要な部分を **鉄網** 又は帆布でおおう等落下物による危害を防止するための措置を講じなければならない。

3.　労働安全衛生法／特定元方事業者の講ずべき措置

第30条　特定元方事業者は，その労働者及び関係請負人の労働者の作業が同一の場所において行われることによつて生ずる **労働災害** を防止するため，次の事項に関する必要な措置を講じなければならない。

一 **協議組織** の設置及び運営を行うこと。

二 作業間の連絡及び調整を行うこと。

三 作業場所を巡視すること。

四 関係請負人が行う労働者の安全又は衛生のための教育に対する指導及び援助を行うこと。

五 仕事を行う場所が仕事ごとに異なることを常態とする業種で，厚生労働省令で定めるものに属する事業を行う特定元方事業者にあつては，仕事の工程に関する計画及び作業場所における機械，設備等の配置に関する計画を作成するとともに，当該機械，設備等を使用する作業に関し関係請負人がこの法律又はこれに基づく命令の規定に基づき講ずべき措置についての指導を行うこと。

六 前各号に掲げるもののほか，当該労働災害を防止するため必要な事項

[平成30年度] 問題6

解 答

1.	①	請負契約
	②	経費
2.	③	2
	④	低い
3.	⑤	工期
	⑥	条件

解 説

1. 建設業法／建設工事の見積り等

第20条第1項 建設業者は，建設工事の **請負契約** を締結するに際して，工事内容に応じ，工事の種別ごとに材料費，労務費その他の **経費** の内訳を明らかにして，建設工事の見積もりを行うよう努めなければならない。

2. 建築基準法施行令／仮囲い

第136条の2の20 木造の建築物で高さが13 m若しくは軒の高さが9 mを超えるもの又は木造以外の建築物で **2** 以上の階数を有するものについて，建築，修繕，模様替又は除却のための工事を行う場合においては，工事期間中工事現場の周囲にその地盤面（その地盤面が工事現場の周辺の地盤面より **低い** 場合においては，工事現場の周辺の地盤面）からの高さが1.8 m以上の板塀その他これに類する仮囲いを設けなければならない。ただし，これらと同等以上の効力を有する他の囲いがある場合又は工事現場の周辺若しくは工事の状況により危害防止上支障がない場合においては，この限りでない。

3. 労働安全衛生法／事業者等の責務

第3条第3項 建設工事の注文者等仕事を他人に請け負わせる者は，施工方法，**工期** 等について，安全で衛生的な作業の遂行をそこなうおそれのある **条件** を附さないように配慮しなければならない。

［平成29年度］問題6

解　答

1.	①	分担
	②	施工体系図
2.	③	排水
	④	沈下
3.	⑤	指導
	⑥	労働災害

解　説

1.　建設業法／施工体制台帳及び施工体系図の作成等

第24条の7　特定建設業者は，発注者から直接建設工事を請け負つた場合において，当該建設工事を施工するために締結した下請契約の請負代金の額（当該下請契約が二以上あるときは，それらの請負代金の額の総額）が政令で定める金額以上になるときは，建設工事の適正な施工を確保するため，国土交通省令で定めるところにより，当該建設工事について，下請負人の商号又は名称，当該下請負人に係る建設工事の内容及び工期その他の国土交通省令で定める事項を記載した施工体制台帳を作成し，工事現場ごとに備え置かなければならない。

・・・(略)・・・

4　第一項の特定建設業者は，国土交通省令で定めるところにより，当該建設工事における各下請負人の施工の **分担** 関係を表示した **施工体系図** を作成し，これを当該工事現場の見やすい場所に掲げなければならない。

2.　建築基準法施行令／根切り工事，山留め工事等を行う場合の危害の防止

第136条の3　建築工事等において根切り工事，山留め工事，ウエル工事，ケーソン工事その他基礎工事を行なう場合においては，あらかじめ，地下に埋設されたガス管，ケーブル，水道管及び下水道管の損壊による危害の発生を防止するための措置を講じなければならない。

・・・(略)・・・

6　建築工事等における根切り及び山留めについては，その工事の施工中必要に応じて点検を行ない，山留めを補強し， **排水** を適当に行なう等これを安全な状態に維持するための措置を講ずるとともに，矢板等の抜取りに際しては，周辺の地盤の **沈下** による危害を防止するための措置を講じなければならない。

3.　労働安全衛生法／安全衛生教育

第60条　事業者は，その事業場の業種が政令で定めるものに該当するときは，新たに職務につくこととなつた職長その他の作業中の労働者を直接 **指導** 又は監督する者（作業主任者を除く。）に対し，次の事項について，厚生労働省令で定めるところにより，安全又は衛生のための教育を行なわなければならない。

一　作業方法の決定及び労働者の配置に関すること。

二　労働者に対する **指導** 又は監督の方法に関すること。

三　前二号に掲げるもののほか，**労働災害** を防止するため必要な事項で，厚生労働省令で定めるもの。

[平成 28 年度] 問題 6

解 答

1.	①	施工計画
	②	工程管理
2.	③	仮筋かい
	④	倒壊
3.	⑤	有害
	⑥	医師

解 説

1. 建設業法／主任技術者及び監理技術者の職務等

第 26 条の 3 主任技術者及び監理技術者は，工事現場における建設工事を適正に実施するため，当該建設工事の**施工計画**の作成，**工程管理**，品質管理その他の技術上の管理及び当該建設工事の施工に従事する者の技術上の指導監督の職務を誠実に行わなければならない。

2 工事現場における建設工事の施工に従事する者は，主任技術者又は監理技術者がその職務として行う指導に従わなければならない。

2. 建築基準法施行令／建て方

第 136 条の 6 建築物の建て方を行なうに当たっては，**仮筋かい**を取り付ける等荷重又は外力による**倒壊**を防止するための措置を講じなければならない。

2 鉄骨造の建築物の建て方の仮締は，荷重及び外力に対して安全なものとしなければならない。

3. 労働安全衛生法／健康診断

第 66 条 事業者は，労働者に対し，厚生労働省令で定めるところにより，医師による健康診断を行わなければならない。

2 事業者は，**有害**な業務で，政令で定めるものに従事する労働者に対し，厚生労働省令で定めるところにより，**医師**による特別の項目についての健康診断を行なわなければならない。有害な業務で，政令で定めるものに従事させたことのある労働者で，現に使用しているものについても，同様とする。

［平成27年度］問題6

解　答

1.	①	経費
	②	注文者
2.	③	軒の高さ
	④	1.8
3.	⑤	関係請負人
	⑥	指導

解　説

1.　建設業法／建設工事の見積り等

第20条　建設業者は，建設工事の請負契約を締結するに際して，工事内容に応じ，工事の種別ごとに材料費，労務費その他の **経費** の内訳を明らかにして，建設工事の見積りを行うよう努めなければならない。

2　建設業者は，建設工事の **注文者** から請求があつたときは，請負契約が成立するまでの間に，建設工事の見積書を交付しなければならない。

2.　建築基準法施行令／仮囲い

第136条の2の20　木造の建築物で高さ13 m若しくは **軒の高さ** が9 mを超えるもの又は木造以外の建築物で2以上の階数を有するものについて，建築，修繕，模様替え又は除却のための工事を行う場合においては，工事期間中工事現場の周囲にその地盤面からの高さが **1.8** m以上の板塀その他これに類する仮囲いを設けなければならない。ただし，これらと同等以上の効力を有する他の囲いがある場合又は工事現場の周辺若しくは工事の状況により危害防止上支障がない場合においては，この限りでない。

3.　労働安全衛生法／元方事業者の講ずべき措置等

第29条の2　建設業に属する事業の元方事業者は，土砂等が崩壊するおそれのある場所，機械等が転倒するおそれのある場所その他の厚生労働省令で定める場所において **関係請負人** の労働者が当該事業の仕事の作業を行うときは，当該 **関係請負人** が講ずべき当該場所に係る危険を防止するための措置が適正に講ぜられるように，技術上の **指導** その他の必要な措置を講じなければならない。

[平成 26 年度] 問題 6

解 答

1.	①	20
	②	下請契約
2.	③	3
	④	ダストシュート
3.	⑤	同一
	⑥	協議組織

解 説

1. 建設業法／検査及び引渡し

第 24 条の 4 元請負人からその請け負った建設工事が完了した旨の通知を受けたときは，当該通知を受けた日から 20 日以内で，かつ，できる限り短い期間内にその完成を確認するための検査を完了なければならない。

2 元請負人は，前項の検査によって建設工事の完成を確認した後，下請負人が申し出たとき直ちに，当該建設工事の目的物の引き渡しを受けなければならない。ただし，**下請契約** において定められた工事完了の時期から 20 日を経過した日以前の一定の日に引き渡しを受ける旨の特約がされている場合にはこの限りではない。

2. 建築基準法施行令／落下物に対する防護

第 136 条の 5 建築工事等において工事現場の境界線から水平距離が五メートル以内で，かつ，地盤面からの高さが **3** メートル以上の場所からくず，ごみその他飛散するおそれのあるものを投下する場合においては，**ダストシュート** を用いる等当該くず，ごみ等が工事現場の周辺に飛散することを防止するための措置を講じなければならない。

2 建築工事等を行う場合において，建築のための工事をする部分が工事現場の境界線から水平距離が 5 メートル以内で，かつ，地盤面から高さが 7 メートル以上にあるとき，その他はつり，除却，外壁の修繕等に伴う落下物によって工事現場の周辺に危害を生ずるおそれのあるときは，国土交通大臣の定める基準に従って，工事現場の周囲その他危害防止上必要な部分を鉄網又は帆布でおおう等落下物による危害を防止するための措置を講じなければならない。

3. 労働安全衛生法／特定元方事業者等の講ずべき措置

第 30 条 特定元方事業者は，その労働者及び関係請負人の労働者の作業が **同一** の場所において行われることによって生ずる労働災害を防止するため，次の事項に関する必要な措置を講じなければならない。

一　**協議組織**の設置及び運営を行うこと。

二　作業間の連結及び調整を行うこと。

三　作業場所を巡視すること。

四　関係請負人が行う労働者の安全又は衛生のための教育に対する指導及び援助を行うこと。

五　仕事を行う場所が仕事ごとに異なることを常態とする業種で，構成労働省令で定めるものに属する事業を行う特定元方事業者にあたっては，仕事の工程に関する計画及び作業場所における機械，設備等の配置に関する計画を作成するとともに，該当機械，設備等を使用する作業に関し関係請負人がこの法律又はこれに基づく命令の規定に基づき講ずべき措置についての指導を行うこと。

六　前各号に掲げるもののほか，該当労働災害を防止するため必要な事項

[平成 25 年度] 問題 6

解 答

1.	①	注文者
	②	50
2.	③	7
	④	帆布
3.	⑤	配置
	⑥	労働災害

解 説

1. 建設業法／特定建設業者の下請代金の支払期日

（特定建設業者の下請代金の支払期日等）

第 24 条の 5 特定建設業者が **注文者** となつた下請契約（下請契約における請負人が特定建設業者又は資本金額が政令で定める金額以上の法人であるものを除く。以下この条において同じ。）における下請代金の支払期日は，前条第 2 項の申出の日（同項ただし書の場合にあつては，その一定の日。以下この条において同じ。）から起算して **50** 日を経過する日以前において，かつ，できる限り短い期間内において定められなければならない。

2．特定建設業者が注文者となつた下請契約において，下請代金の支払期日が定められなかつたときは前条第 2 項の申出の日が，前項の規定に違反して下請代金の支払期日が定められたときは同条第 2 項の申出の日から起算して 50 日を経過する日が下請代金の支払期日と定められたものとみなす。

3．特定建設業者は，当該特定建設業者が注文者となつた下請契約に係る下請代金の支払につき，当該下請代金の支払期日までに一般の金融機関（預金又は貯金の受入れ及び資金の融通を業とする者をいう。）による割引を受けることが困難であると認められる手形を交付してはならない。

4．特定建設業者は，当該特定建設業者が注文者となつた下請契約に係る下請代金を第一項の規定により定められた支払期日又は第 2 項の支払期日までに支払わなければならない。当該特定建設業者がその支払をしなかつたときは，当該特定建設業者は，下請負人に対して，前条第二項の申出の日から起算して 50 日を経過した日から当該下請代金の支払をする日までの期間について，その日数に応じ，当該未払金額に国土交通省令で定める率を乗じて得た金額を遅延利息として支払わなければならない。

2.　建築基準法施行令／工事現場の周囲その他危害防止

（落下物に対する防護）

第136条の5　建築工事等において工事現場の境界線からの水平距離が5m以内で，かつ，地盤面からの高さが3m以上の場所からくず，ごみその他飛散するおそれのある物を投下する場合においては，ダストシユートを用いる等当該くず，ごみ等が工事現場の周辺に飛散することを防止するための措置を講じなければならない。

2. 建築工事等を行なう場合において，建築のための工事をする部分が工事現場の境界線から水平距離が5m以内で，かつ，地盤面から高さが7m以上にあるとき，その他はつり，除却，外壁の修繕等に伴う落下物によつて工事現場の周辺に危害を生ずるおそれがあるときは，国土交通大臣の定める基準に従つて，工事現場の周囲その他危害防止上必要な部分を鉄網又は **帆布** でおおう等落下物による危害を防止するための措置を講じなければならない。

3.　労働安全衛生法／労働者を直接指導又は監督する者に対する事業者の安全又は衛生のための教育

（安全衛生教育）

第60条　事業者は，その事業場の業種が政令で定めるものに該当するときは，新たに職務につくこととなつた職長その他の作業中の労働者を直接指導又は監督する者（作業主任者を除く。）に対し，次の事項について，厚生労働省令で定めるところにより，安全又は衛生のための教育を行なわなければならない。

一　作業方法の決定及び労働者の **配置** に関すること。

二　労働者に対する指導又は監督の方法に関すること。

三　前二号に掲げるもののほか，**労働災害** を防止するため必要な事項で，厚生労働省令で定めるもの

［編 著 者］ 宮下　真一（みやした　しんいち）
〔略歴〕
1983 年　東京工業大学大学院 総合理工学研究科
社会開発工学専攻 修士課程 修了
現　在　東急建設株式会社，博士（工学）
構造設計 1 級建築士，1 級建築士

青木　雅秀（あおき　まさひで）
〔略歴〕
1987 年　早稲田大学大学院 理工学研究科
建設工学専攻 博士課程 前期修了
1987 年　東急建設株式会社
現　在　国際美建株式会社
構造設計 1 級建築士，1 級建築士

清水　憲一（しみず　けんいち）
〔略歴〕
1999 年　工学院大学大学院 工学研究科
建築学専攻　修士課程　修了
1999 年　株式会社　大本組
現　在　日本工学院八王子専門学校
1 級建築施工管理技士

［編修協力］ 玉井　孝幸（国立米子工業高等専門学校）
池冨　　真（株式会社フジタ）
大越　　潤（清水建設株式会社）
栃窪　信幸（大東建託株式会社）

令和 6 年度版
1 級建築施工管理技士
実戦セミナー　　第二次検定

2024 年 7 月 15 日　初 版 印 刷
2024 年 7 月 25 日　初 版 発 行

編著者　宮　下　真　一
　　　　青　木　雅　秀
　　　　清　水　憲　一
発行者　澤　崎　明　治

（印刷）新日本印刷　（製本）大日本法令印刷
（トレース）丸山図芸社

発行所　株式会社　市ヶ谷出版社
東京都千代田区五番町 5
電話　03－3265－3711㈹
FAX　03－3265－4008
http://www.ichigayashuppan.co.jp

ISBN 978-4-86797-333-2